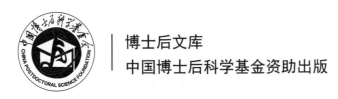

博士后文库

中国博士后科学基金资助出版

大型远洋船舶营运能效
智能优化技术

王　凯　著

科学出版社

北　京

内 容 简 介

船舶营运能效智能优化技术研究与应用是实现船舶节能减排的有效途径，也是落实我国航运业绿色化与智能化发展战略的具体有力体现。本书系统地阐述了船舶能效管理要求与优化技术体系，构建了船舶营运能效建模理论与方法，提出了船舶航速智能优化方法、船舶航线智能优化方法、船舶纵倾智能优化决策方法、船舶能效联合智能优化方法、新能源混合动力船舶能效智能优化方法，并分析了船舶能效优化管理技术应用与发展趋势，其对船舶营运能效智能优化技术与装备的研究和产业化应用具有重要的参考价值。

本书可作为船海及交通运输等相关领域的科研工作者和工程技术人员的参考用书，也可作为高等院校相关专业本科生、研究生及教师的工具书。

图书在版编目（CIP）数据

大型远洋船舶营运能效智能优化技术 / 王凯著. -- 北京：科学出版社，2025.3. -- ISBN 978-7-03-081502-6

Ⅰ. U674.1

中国国家版本馆 CIP 数据核字第 20250EX906 号

责任编辑：杨慎欣　孟宸羽 / 责任校对：何艳萍
责任印制：徐晓晨 / 封面设计：无极书装

科学出版社 出版
北京东黄城根北街 16 号
邮政编码：100717
http://www.sciencep.com

三河市春园印刷有限公司印刷
科学出版社发行　各地新华书店经销
*

2025 年 3 月第　一　版　　开本：720×1000　1/16
2025 年 3 月第一次印刷　　印张：17 1/4
字数：348 000

定价：168.00 元
（如有印装质量问题，我社负责调换）

"博士后文库"序言

1985 年，在李政道先生的倡议和邓小平同志的亲自关怀下，我国建立了博士后制度，同时设立了博士后科学基金。30 多年来，在党和国家的高度重视下，在社会各方面的关心和支持下，博士后制度为我国培养了一大批青年高层次创新人才。在这一过程中，博士后科学基金发挥了不可替代的独特作用。

博士后科学基金是中国特色博士后制度的重要组成部分，专门用于资助博士后研究人员开展创新探索。博士后科学基金的资助，对正处于独立科研生涯起步阶段的博士后研究人员来说，适逢其时，有利于培养他们独立的科研人格、在选题方面的竞争意识以及负责的精神，是他们独立从事科研工作的"第一桶金"。尽管博士后科学基金资助金额不大，但对博士后青年创新人才的培养和激励作用不可估量。四两拨千斤，博士后科学基金有效地推动了博士后研究人员迅速成长为高水平的研究人才，"小基金发挥了大作用"。

在博士后科学基金的资助下，博士后研究人员的优秀学术成果不断涌现。2013 年，为提高博士后科学基金的资助效益，中国博士后科学基金会联合科学出版社开展了博士后优秀学术专著出版资助工作，通过专家评审遴选出优秀的博士后学术著作，收入"博士后文库"，由博士后科学基金资助、科学出版社出版。我们希望，借此打造专属于博士后学术创新的旗舰图书品牌，激励博士后研究人员潜心科研，扎实治学，提升博士后优秀学术成果的社会影响力。

2015 年，国务院办公厅印发了《关于改革完善博士后制度的意见》（国办发〔2015〕87 号），将"实施自然科学、人文社会科学优秀博士后论著出版支持计划"作为"十三五"期间博士后工作的重要内容和提升博士后研究人员培养质量的重要手段，这更加凸显了出版资助工作的意义。我相信，我们提供的这个出版资助平台将对博士后研究人员激发创新智慧、凝聚创新力量发挥独特的作用，促使博士后研究人员的创新成果更好地服务于创新驱动发展战略和创新型国家的建设。

祝愿广大博士后研究人员在博士后科学基金的资助下早日成长为栋梁之才，为实现中华民族伟大复兴的中国梦做出更大的贡献。

中国博士后科学基金会理事长

序

水路运输具有运量大、成本低、环境友好等优势，对国际贸易及国民经济的发展具有重要的支撑作用。然而，水路运输快速发展的同时也面临一些问题和挑战，如能源消耗与环境污染等问题。随着运输需求的不断增长，航运业的能源消耗和碳排放逐年攀升，其对环境的污染已引起国际社会的高度关注。根据国际海事组织（International Maritime Organization，IMO）发布的温室气体报告，国际航运业 CO_2 年排放量约占全球 CO_2 年排放总量的 3%。航运业实现节能减排尤为迫切，其已成为航运业发展的重要战略措施。

近年来，航运业对船舶污染气体排放的重视程度日益提高。《国际防止船舶造成污染公约》（International Convention for the Prevention of Pollution from Ships，MARPOL）附则Ⅵ修正案对控制船舶温室气体排放给出了明确的规定，并推出了强制性的能效管理机制，包括新造船舶能效设计指数（energy efficiency design index，EEDI）和船舶能效管理计划（ship energy efficiency management plan，SEEMP）等。针对大量营运船舶，IMO 先后提出了船舶能效营运指数（energy efficiency operation index，EEOI）、现有船舶能效指数（energy efficiency existing ship index，EEXI）和碳强度指数（carbon intensity indicator，CII）等作为船舶营运能效的监测指标。此外，IMO 于 2023 年进一步明确了航运业的减排战略，即到 2030 年，全球航运温室气体年度排放总量比 2008 年至少降低 20%，力争降低 30%；并且，加大采用可实现温室气体零排放或接近零排放的技术、燃料或能源，到 2030 年该能源至少占国际航运所用能源的 5%，力争达到 10%；到 2040 年，国际海运温室气体年度排放总量比 2008 年至少降低 70%，并力争降低 80%。我国也非常重视温室气体的排放问题，交通运输部发布了《珠三角、长三角、环渤海（京津冀）水域船舶排放控制区实施方案》，通过建立船舶大气污染排放控制区，促进船舶节能减排和绿色航运的发展。航运业作为碳排放的主要来源之一，面临着巨大的减排压力，如何在确保船舶安全航行的条件下有效降低船舶能耗和温室气体排放，成为航运业亟待解决的重大课题。

随着大数据、人工智能、机器学习等技术的不断发展，面向智能船舶的智能能效管理技术的研究与应用将是大势所趋。中国船级社（China Classification Society，CCS）发布的《智能船舶规范（2024）》将智能能效管理作为智能船舶的六大功能组成之一。智能能效管理以实现船舶能效实时监控、智能评估及优化，提高船舶能效管理水平为目的，通过采用大数据分析与智能优化决策等技术，为船舶操作提供数据分析结果和辅助决策建议。船舶智能能效管理技术的研究与应用可以降低船舶能耗、减少碳排放、提高经济性，对促进船舶的智能化、绿色化发展，以及提升航运企业市场核心竞争力等方面都具有重要意义。综上所述，船舶营运能效智能优化技术研究与应用不仅是我国实现船舶节能减排的有效途径，同时也是落实我国航运业低碳发展战略的具体体现。

　　船舶营运能效水平不仅与船舶状态参数有关，而且与航行环境、航行姿态、动力系统运行特性等因素有关，可以说船舶营运能效是多要素、多参数综合作用的结果。风、浪、流等航行环境较为复杂，具有较强的时空差异性和复杂多变性等特点，从而导致不同航行环境条件下的船舶运行状态及船舶动力系统能耗特性的分析十分复杂。并且，航行环境的复杂多样性使得不同航行环境下的船舶运行状态以及船舶推进系统的工作特性具有较大的差异，进而使得多环境要素对船舶营运能效的耦合作用关系分析较为复杂，而多环境要素与船舶营运能效的动态响应关系是船舶营运能效建模与智能优化算法研究的基础。此外，船舶在航行过程中，风、浪、流等随机环境因素的不断变化，使得船舶的运行工况也在不断变化，进而影响船舶航速、动力系统功率输出及能源消耗等多个方面。因此，船舶营运能效优化具有一定的复杂性，特别是复杂海况条件下船舶营运能效优化管理技术的研究与应用具有一定的难度和挑战。要想实现多变航行环境条件下船舶营运能效的智能优化管理，有必要系统地分析船舶营运能效的主要影响因素，探明船舶动力系统能效动态响应关系，揭示多变影响因素与船舶营运能效耦合作用机理，构建复杂航行环境条件下的船舶营运能效优化理论与方法，进而形成船舶营运能效智能优化与控制技术体系，研发船舶营运能效智能优化系统与控制装备，从而有效提升实际运行条件下的船舶营运能效水平。

　　针对营运船舶的特点和节能减排的要求，国际上主要的能效优化理论与方法包括航速优化、航线优化、纵倾优化、动力系统优化管理与控制等方面。相关研究表明：采用航速优化可以降低碳排放量 2%～10%，采用航线优化技术可以降低碳排放量 2%～5%，采用纵倾优化等优化方法可以降低碳排放量 1%～5%。

　　船舶营运能效智能优化与控制是实现船舶节能减排的有效途径之一，能否实现复杂航行环境条件下船舶动力系统能效水平合理表征，以及多变航行环境条件下船舶营运能效智能优化决策与控制，最重要的是能否揭示多变航行环境要素与船舶动力系统能效的耦合作用机制、复杂航行条件下船舶营运能效动态协同优化机理，并突破实海况条件下船舶营运能效多源协同优化控制技术。

　　王凯自 2013 年以来，在我的指导下开始从事船舶营运能效优化控制关键技术与基础理论方法的研究，取得了一定的研究成果。十余年来，在国家重点研发计划和国家自然科学基金等重要项目的支持下，王凯及其团队成员开展了船舶营运能效优化基础理论与方法的研究，尤其解决了多变航行条件下船舶营运能效智能优化的工程应用关键问题，所形成的船舶营运能效智能优化技术及研发的能效优化管理系统在多艘大型远洋船舶上获得应用，取得了较好的应用效果。团队先后获得了中国航海学会科学技术奖一等奖、中国造船工程学会科学技术奖一等奖。

该书系统地阐述了船舶营运能效智能优化技术体系，分析了船舶营运能效优化国内外研究现状，揭示了多变航行环境与船舶营运能效耦合作用机理，形成了复杂航行条件下船舶营运能效智能优化关键技术，指出了船舶营运能效智能优化未来的研究和发展方向，是王凯多年来在船舶营运能效智能优化技术研究方面的成果总结。

相信该书的出版将进一步推动船舶营运能效智能优化理论与方法的深入研究和发展，为船舶营运能效优化与控制技术的产业化应用做出积极贡献，促进航运业的智能化与绿色化发展，服务于交通强国、海洋强国等国家重大发展战略。

中国工程院院士、武汉理工大学教授、
水路交通控制全国重点实验室主任
2024 年 5 月 20 日

前　　言

船舶营运能效智能优化技术以实现船舶能效实时监控、智能评估与优化，以及提高船舶能效水平为目的，通过大数据分析、能效建模及智能优化等关键技术，为船舶提供能效评估分析结果和辅助决策建议，是船舶与海洋工程学科的重要研究方向之一，其对促进船舶的绿色化与智能化发展具有重要意义。

近年来，在船舶绿色化与智能化发展的背景下，船舶营运能效智能优化与控制技术获得了快速的发展和应用。世界范围内的科学工作者致力于船舶营运能效智能优化与控制技术的研究，包括船舶能效监测、分析与评估、建模与预测、智能优化决策等。随着船舶营运能效智能优化技术研究的不断深入，工业界也对船舶营运能效智能优化技术的发展给予了极大的关注，一直推动船舶营运能效智能优化与控制技术的产业化应用。例如，相关单位研发了船舶能效监测系统、船舶能效大数据分析平台与智能评估系统、船舶能效智能优化决策系统等，这些研究工作为解决船舶营运能效智能优化管理的产业化应用问题起到积极的作用和贡献。

大量研究表明船舶营运能效智能优化与控制是实现船舶节能减排的有效途径之一，其关键是如何构建多变要素耦合作用下的船舶能效模型，以及如何实现复杂航行条件下船舶能效的智能优化决策与控制。因此，揭示多变航行环境要素与船舶动力系统能效的耦合作用机制，研究突破实海况条件下船舶营运能效智能优化理论方法与关键技术是当前实现船舶营运能效智能优化决策控制的重要基础，这一研究方向获得了国内外研究者的广泛关注和重视。

本人于 2013 年 9 月作为直接攻博研究生，师从武汉理工大学严新平教授攻读博士学位，2017 年作为联合培养博士生，师从荷兰代尔夫特理工大学鲁迪·内根伯恩（Rudy Negenborn）教授，研究方向为船舶能效提升与优化控制技术，开展了基于营运数据分析的船队能效优化方法研究。2020 年师从大连海事大学孙培廷教授开展船舶与海洋工程学科博士后的相关研究工作。多年来，我一直围绕船舶营运能效监测、分析与评估、能效建模与预测、智能优化决策等方面开展研究工作。本人于 2013 年参与了国家科技支撑计划项目"长江船运主力船型清洁能源推进系统关键技术及示范应用"（2013BAG25B03）；2018 年参与了国家自然科学基金青年科学基金项目"复杂环境与载况耦合作用下的混合动力船舶能效预测控制方法研究"（51809202）；2019 年主持了国家自然科学基金青年科学基金项目"多变环境要素耦合作用下的船舶能效动态智能优化算法研究"（51909020），同年主持了辽宁省科学基金项目"基于多源信息融合的船舶能效智能优化方法与系统设计"（2019-BS-023）；2020 年主持了中国博士后科学基金面上项目"面向动态航行环境的风翼助航船舶能效智能协同优化算法研究"（2020M670735）；2021 年主持了中国博士后科学基金特别资助（站中）项目"数据与模型融合驱动的船舶能效智能协同优化算法及虚拟验证技术研究"（2021T140080）；2022 年主持了国家自然科学基金面上项目"复杂航行条件下船舶'风-机-电'混合动力系统能效协同优化机理研究"（52271305），同年主持了国家重点研发计划项目"船舶运行能效提升与排放控制技术"（2022YFB4300800）子课题。这些项目主要围绕船舶能效建模与优化机理开展研究，为我和团队持续开展船舶能效优化控制研究创造了良好的条件。

在严新平、孙培廷等教授的悉心指导下，我和团队研究生通过多年的刻苦钻研和不懈努力，比较系统地阐明了船舶营运能效优化与控制技术体系，分析了国内外船舶能效提升与控制的研究方向，揭示了多变航行环境与船舶能效耦合作用机理，形成了复杂航行条件下船舶能效智能优化关键技术，指出了船舶营运能效优化与控制未来的研究和发展方向，先后发表了 80 余篇高水平学术论文，申请发明专利 40 余项，形成了具有我国自主知识产权的船舶能效优化与控制技术，与业界单位联合研发了船舶能效优化管理系统，并在多艘船舶上获得应用，取得较好的经济效益和社会效益，对提升船舶绿色化与智能化水平具有重要意义。我整理和归纳十余年来在船舶营运能效智能优化方面的研究成果和进展，形成了这本著作。

本书共 9 章。其中，第 1 章主要论述船舶营运能效优化管理的内涵与意义，以及船舶营运能效优化技术发展现状；第 2 章分析船舶能效管理要求，介绍船舶营运能效优化技术体系；第 3 章介绍考虑多因素的船舶能效机理模型、基于机器学习的船舶能效模型，以及数据与知识融合驱动的船舶能效模型；第 4 章提出船舶航速智能优化实现方法、船舶航行海况分析与类别划分、航段智能划分方法、船舶航速智能优化与效果分析；第 5 章介绍船舶航线智能优化方法，包括船舶航线分析、船舶航线智能优化实现方法、船舶航线智能优化模型与算法、船舶航线智能优化案例分析；第 6 章提出船舶纵倾智能优化决策实现方法、不同纵倾下船舶航行阻力分析、船舶纵倾优化决策模型与算法；第 7 章提出船舶航线航速联合智能优化方法，以及时变要素影响下船舶能效动态联合优化方法；第 8 章主要论述船舶清洁能源应用技术分析、风帆助航船舶能效分析与评价、风翼助航船舶能效联合智能优化方法、风帆助航船舶能效多源协同智能优化方法；第 9 章开展能效优化管理技术碳减排效果与应用前景分析、面向法规要求的船舶能效优化管理技术发展分析，以及能效优化管理技术发展趋势与发展路径分析。本书内容涵盖船舶能效法规与管理规范，船舶营运能效优化技术体系，船舶营运能效分析与建模，航速、航线、纵倾智能优化技术与方法，以及风帆助航船舶能效优化理论与方法。全书以能效监测、建模预测、智能优化、应用分析为主线，系统地阐明了船舶营运能效智能优化与控制的关键核心技术，并开展了相关技术应用案例分析，对船舶营运能效智能优化技术与装备的研究和产业化应用具有重要参考价值。

自在大连海事大学开展科研工作以来，我作为导师和副导师指导了10余名研究生参与船舶营运能效智能优化与控制方面的研究。其中，李嘉源、徐浩、董思邑、孙晓雷、王建行等研究生的学术论文开展了船舶能效监测、能效数据分析、能效作用机理、优化模型与算法，以及能效管理系统研发等研究工作，他们的积极探索和深入研究形成了不少有创意的学术论文，先后发表在国内外知名学术刊物上，丰富了船舶营运能效智能优化与控制这一方向的理论与方法，推动了船舶营运能效智能优化技术与控制装备的发展和应用。

在从事船舶营运能效智能优化与控制技术研究的过程中，我有幸得到许多专家的热心帮助和大力支持，他们是我的博士生导师武汉理工大学首席教授、中国工程院院士严新平，博士生联合培养导师荷兰代尔夫特理工大学 Rudy Negenborn 教授，武汉理工大学袁裕鹏副教授，以及博士后合作导师大连海事大学孙培廷教授。我也有幸得到业界优秀学者和知名专家的指导和帮助，他们是荷兰代尔夫特理工大学江晓丽（Xiaoli Jiang）副教授，上海交通大学陈俐教授，武汉理工大学张笛教授、袁成清教授，大连海事大学黄连忠教授、吴桂涛教授、尹勇教授、张跃文教授、魏一教授，大连船舶重工集团有限公司彭贵胜高级工程师，中国船级社蔡玉良高级工程师，中国船舶重工集团公司第七〇二研究所陈纪军高级工程师等。借此机会，一并表示衷心的感谢。

本书的撰写一直得到严新平院士的鼓励和指导，有些内容源自我的博士论文，相关技术的突破和成果的取得也都离不开严院士的指导，严院士还亲自为本书作序，在此我表示诚挚的感谢。

本书的出版得到国家自然科学基金项目和中国博士后科学基金优秀学术专著出版基金的资助。同样感谢大连海事大学及相关领导对专著出版的大力支持。在本书撰写的过程中，研究生李嘉源、王欢、董思邑、国鑫等参与了文字的整理和图表的绘制工作，在此一并表示感谢。

船舶营运能效智能优化与控制是船舶与海洋工程学科的一个新的发展方向，相关技术理论与方法也在持续发展中，还需不断挖掘新理论、拓展新技术。因此，本书的观点和论述也难免有不完善之处，敬请读者和同行予以批评指正。

王　凯

2024 年 5 月 28 日

目 录

第 1 章　船舶营运能效优化概述

本章阐明了船舶营运能效优化管理的内涵与意义，分析了船舶营运能效优化技术的研究与发展现状，并论述了本书的主要内容。

1.1　船舶营运能效优化管理的内涵与意义

1.1.1　船舶营运能效优化管理的内涵

船舶营运能效优化管理是指对船舶能源消耗、能源利用效率和 CO_2 排放进行控制和管理的相关活动，包括制定能效方针、目标，以及能效策划、能效控制和能效改进。船舶营运能效优化管理通过制定船舶能效评价指标、采用船舶能效提升方法与技术、建立船舶能效综合管理体系，来提高船舶能源利用效率并减少碳排放，进而实现船舶节能减排的目标。

智能能效是船舶智能化发展的重要内容之一，以实现船舶能效实时监控、智能评估及优化，以及提高船舶能效管理水平为目的，通过大数据分析、能效建模及智能优化等关键技术，为船舶提供能效评估分析结果和辅助决策建议[1]。智能能效通过能耗在线智能监控和船舶航行优化决策与控制，可以实现船舶能耗的智能分析、评估与自主决策。船舶能效智能在线监控、航速优化、基于纵倾优化的船舶最佳配载等技术的应用，可有效提高船舶营运能效水平，降低船舶能耗和温室气体排放，对促进船舶的绿色化与智能化发展具有重要意义[2]。

1.1.2　船舶营运能效优化管理的意义

随着世界航运贸易量的增长，船舶燃油消耗产生的 CO_2 排放随之攀升。为降低航运业的碳排放，IMO 等相关组织提出了一系列温室气体排放控制法规和减排措施[3]。我国政府也非常重视气候变化与污染气体排放问题，先后提出了一系列航运业温室气体减排政策和指导文件。在低碳航运发展战略背景下，船舶作为碳排放的大户，面临巨大的减排压力，如何在保证船舶航行安全的前提下，实现船舶节能减排的目标，对满足日益严格的排放法规、落实国家重大发展战略，以及降低船舶营运成本和提高航运企业市场核心竞争力等方面都具有重要意义。

1. 满足日益严格的船舶碳排放控制法规的必然要求

随着国际社会对温室气体排放问题的持续关注，海洋环境保护委员会（Marine Environment Protection Committee，MEPC）也非常重视船舶污染气体排放问题，并开展 MARPOL 附则Ⅵ"防止船舶造成空气污染规则"的修订工作。第 59 届 MEPC 会议上通过了《新船能效设计指数（EEDI）计算方法临时导则》《新船能效设计指数自愿验证临时导则》《船舶能效管理计划（SEEMP）制订导则》《船舶能效营运指数（EEOI）自愿使用导则》等技术通函。第 62 届 MEPC 会议审议通过了国际航行船舶温室气体减排措施，即在 MARPOL 附则Ⅵ中增加了新的船舶能效附则，标志着世界首部具有强制性的 CO_2 减排法规的实施和生效。随着温室气体减排策略及温室气体排放法规的相继出台并生效，节能减排已成为航运业重要的战略措施。航运业作为碳排放的主要来源之一，面临巨大的减排压力，如何在确保船舶安全航行的条件下，有效降低船舶能耗和温室气体排放，成为航运业亟待解决的重大课题[4]。

船舶温室气体排放主要来源于船舶燃料的消耗，如何采取有效措施降低船舶燃料消耗是降低船舶温室气体排放的有效途径，也是满足船舶排放控制法规的内在需求。船舶营运能效优化管理的研究与应用可有效降低船舶燃油消耗，因此，其是满足船舶排放控制法规的必然要求。

2. 落实国家低碳航运发展战略的具体体现

我国政府非常重视航运业的能源消耗与污染气体排放问题，《"十三五"控制温室气体排放工作方案》明确提出了船舶节能减排的措施和实施方案，并确立了降低营运船舶 CO_2 排放的目标。此外，交通运输部于 2015 年底发布了《关于珠三角、长三角、环渤海（京津冀）水域船舶排放控制区实施方案》，通过建立船舶大气污染排放控制区，加快推进船舶节能减排和绿色航运的发展。在规范制定方面，中国船级社发布了以绿色和可持续发展为核心内容的《绿色船舶规范 2015》，倡导发展和应用绿色技术。

此外，信息感知、大数据分析、人工智能等相关技术的快速发展，有力地推动了船舶能效管理技术的智能化发展，不断提升船舶能效管理的数字化与智能化水平，并在一定程度上促进了船舶智能能效管理系统的研发和应用[5]。《智能船舶规范（2024）》《智能船舶发展行动计划（2019—2021 年）》等相关文件，都把船舶智能能效管理作为智能船舶发展的主要内容之一，由此可见，船舶智能能效管理是智能船舶发展的重要一环。船舶智能能效管理通过能耗在线智能监控和船舶航行的优化决策与控制，可以实现船舶能耗的自动监测、分析与自主决策，从而降低船舶能耗和温室气体排放，因此，其是落实国家低碳航运发展战略的具体体现，对促进船舶的绿色化与低碳化发展具有重要意义。

3. 提升航运业市场核心竞争力的迫切需要

船舶燃油的成本约占船舶运营成本的 60%以上，可以说燃油的费用支出是船舶运营的主要成本，其对船舶运营的经济性及航运企业的市场核心竞争力具有较大影响。然而，目前我国船舶动力系统的运行效率及能效水平还有待进一步提高，能源利用效率尚有较大的提升空间。通过船舶营运能效优化管理，可有效降低船舶能耗和运营成本，进而可以提高航运企业的经济效益[6]。因此，船舶营运管理节能技术与方法的研究与应用，不仅可以提高船舶的能效水平，也可以提升航运企业市场核心竞争力。

船舶能效智能优化技术与控制系统的研发和应用可以促进船舶的绿色化发展，降低船舶能耗，并有效提高船舶营运经济性，是航运公司发展的内在需求。此外，船舶能效智能优化与控制系统的研发和应用可以提高船舶的信息化与智能化水平，减少人力成本，实现船舶营运的精细化管理[7]。然而，目前我国在船舶能效智能优化关键技术及能效优化控制系统核心产品方面的研发和应用不足，亟须开展船舶营运节能优化管理关键技术的研究与应用，打破国外的技术垄断，提升我国船舶能效优化装备技术水平及市场的核心竞争力。

1.2　船舶营运能效优化技术研究与发展现状

1.2.1　船舶能效智能监测与分析研究现状

1. 基于大数据的全船用能监测与分析

大数据技术的应用可助力实现全船用能的智能化监测与分析，通过对监测数据的深度挖掘分析可获得船舶的实时运行状态及关键能耗设备的能效水平，进而辅助船舶管理者分析全船的用能状态、探索船舶节能减排的有效途径[8]。

基于大数据的全船用能监测与分析通过各种传感设备获取船舶关键系统设备的能源消耗与排放数据，形成船舶能耗大数据库，并通过北斗、5G 等通信技术，实现船岸大数据信息一体化。通过大数据分析及智能算法对监测数据进行挖掘分析，可识别能效水平低下的设备，并进行能效水平低下的致因分析，实现人工难以判断的智能分析与优化决策。采用基于大数据技术的船舶油耗监测系统，可以实现船舶油耗信息的收集、整合和挖掘。基于所收集的船舶性能和航行数据，采用大数据技术可实现不同优化控制措施下的船舶能效水平的分析与评估。此外，通过开发基于智能物联网和互联网融合技术的船舶能效大数据监控平台，可实现船舶航速、油耗、气象等数据的采集与传输，进而实现船舶能效大数据的挖掘分析[9]。基于大数据平台硬件系统及船载能效数据采集系统，可构建船岸一体化的船舶能效大数据分析平台，如图 1.1 所示，其可为船舶能效分析与智能优化决策的研究提供重要基础[10]。

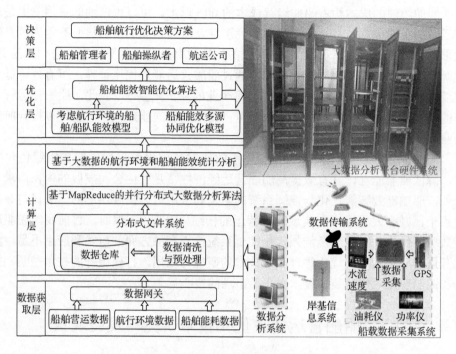

图 1.1　船舶能效大数据分析平台

　　在船舶能效大数据获取的基础上，通过建立船舶动力系统能耗分布模型，可实现全船能量流和不同能耗设备的用能分析。此外，通过构建能耗分析系统可以实现全船用能的监测分析，挖掘能量利用效率的薄弱环节，从而为船舶能效优化管理方法的研究奠定基础[11]。

　　虽然，现有船舶能效在线监控系统可实现船舶能效大数据的获取与分析处理，并为船舶能效优化辅助决策提供参考，然而，船舶能效监控与分析的智能化水平有待进一步提升，在能效大数据分析算法及其多样性、实时性和准确性等方面有待开展深入研究。

　　2. 船舶航行环境智能分析与预测

　　风、浪、流等航行环境要素的复杂多变性直接影响船舶推进系统的工作状态，进而影响主机功率和燃油消耗率。此外，航行环境的变化也会对船舶航行时间和航行路线决策产生影响，因此，航行环境智能分析与预测技术的研究是实现船舶能效智能优化方法的基础和前提，对实现船舶营运能效智能化管理至关重要。基于大数据分析可以挖掘航行环境的时空分布特征，如图 1.2 所示，其是船舶能效与航行环境的动态关系分析及船舶能效时空分布特征分析的重要基础[12]。

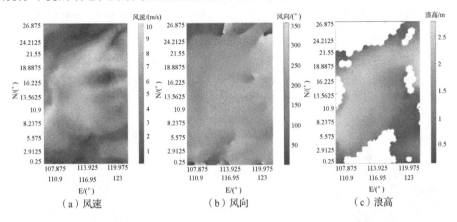

（a）风速　　　　　　　　（b）风向　　　　　　　　（c）浪高

图 1.2　基于大数据的航行环境时空分布特征分析（扫封底二维码查看彩图）

此外，船舶航行环境智能识别的核心是航行环境类别知识库的建立和基于智能算法的航行环境识别，具体实现过程如图 1.3 所示。首先，基于所获取的大量数据，建立航行环境大数据库；然后，通过改进 k 均值（k-means）聚类算法等智能算法建立航行环境类别识别库；最后，通过改进 k 近邻（k-nearest neighbor，KNN）算法等智能算法实现目标航线航行环境的智能识别。研究表明，此方法可实现航行环境的有效识别，从而可为基于航段划分的船舶航速智能优化方法的研究奠定基础[13]。

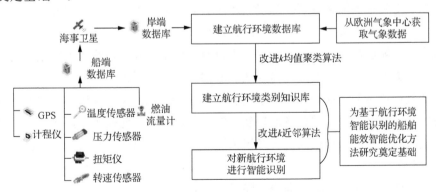

图 1.3　船舶航行环境智能识别实现过程

基于大数据的航行环境智能预测可实现船舶航行前方航行环境的预判，进而可提前对船舶航行状态进行优化调整与控制，保证船舶航行至前方相应的航行环境时能够在能效最佳的状态下航行，避免船舶大惯性对能效优化准确性和有效性的影响。

基于大数据分析的船舶航行环境智能预测实现过程如图 1.4 所示。基于所获取的航行环境大数据，采用神经网络等机器学习方法可构建较为准确的预测模型。基于船舶航行环境大数据及其预测模型，可以预测船舶前方的航行环境参数，进而实现基于大数据的航行环境智能预测。在此基础上，通过动态寻优算法，可实现不同航行环境下的船舶能效最佳主机转速优化决策，从而提高船舶能效水平[14]。

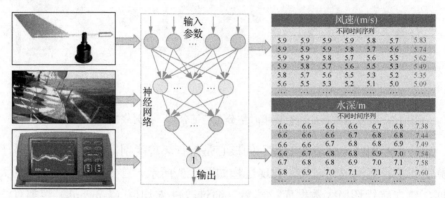

图 1.4　基于大数据分析的船舶航行环境智能预测

3. 船舶航行状态智能识别与能效评估

船舶运行状态主要有停泊状态、机动航行、定速航行和大风浪航行，不同状态下船舶能耗设备的运行状况和能效水平具有较大的差异。为更加准确地判断船舶能耗设备的工作情况，从而有针对性地分析特定航行状态下的船舶运营状态和能效水平，船舶航行状态智能识别尤为重要。由于不同航行状态下船舶的运行参数具有较大的差异性，因此，可以通过采用基于大数据训练神经网络模型的方法来实现航行状态的智能识别。基于实船采集数据以及海洋气象信息，根据各航行状态的参数特征，可以得到各航行状态的样本数据。在此基础上，建立以船舶航速、主机转速等参数为输入的航行状态神经网络智能识别模型，如图 1.5 所示。通过大量数据样本的训练学习，可以获得较高精度的航行状态智能识别神经网络模型，进而实现航行状态的准确识别[15]。

在船舶航行状态智能识别的基础上，根据不同的航行状态分别对船舶能效进行评估，可以实现船舶能效的横向与纵向对比分析。船舶能效的实时评估可以采用神经网络等方法实现船舶能效的等级划分，如优、良、中、差等，从而可以判断船舶当前能效状态水平，实现不同船舶能效水平的对比分析，为探索有效的船舶能效优化方法奠定基础。

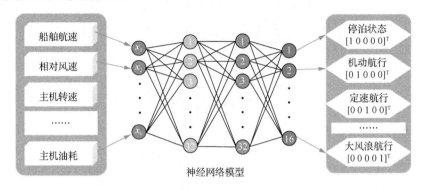

图 1.5　基于神经网络的船舶航行状态智能识别示意图

4. 船舶能效及其影响因素关联关系分析

1）船舶能效及其影响因素相关性分析

船舶能效是多要素综合作用的结果，因此有必要分析船舶能效及其影响因素的相关性。采用相关性分析方法可研究包括海况在内的各参数间的相关性，建立船舶能效及其影响因素相关系数矩阵，如表 1.1 所示。相关系数代表了每两个参数之间的影响程度，通过对矩阵横向和纵向的比较，可以得到油耗指标和其他参数之间的相关关系，以及海况信息对各参数的影响关系，其相关系数如图 1.6 所示[16]。

表 1.1　相关系数矩阵

项目	转速	功率	航速	主机油耗	油耗率	单位海里油耗	特征浪高
转速	1	0.947	0.466	0.511	−0.445	0.136	0.390
功率	0.947	1	0.382	0.566	−0.534	0.244	0.511
航速	0.466	0.382	1	0.386	0.182	−0.385	−0.313
主机油耗	0.511	0.566	0.386	1	0.672	0.690	0.537
油耗率	−0.445	−0.534	0.182	0.672	1	0.530	−0.147
单位海里油耗	0.136	0.244	−0.385	0.690	0.530	1	0.563
特征浪高	0.390	0.511	−0.313	0.537	−0.147	0.563	1

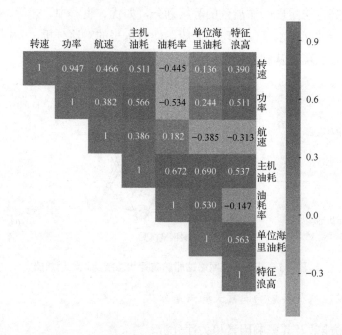

图 1.6　相关系数图（扫封底二维码查看彩图）

2）船舶能效及其影响因素敏感性分析

敏感性分析可以用来研究输入参数的变化对模型输出值的影响程度，通过敏感性分析方法可以分析船舶能效各影响因素对船舶能效影响的敏感性。采用神经网络对不同影响属性进行敏感性分析，可以得到各属性敏感性系数的大小。基于神经网络模型的学习训练，可以得到各输入变量与输出变量之间的映射关系，在此基础上，通过获取神经网络输入层到隐含层、隐含层到输出层之间的权重值，可实现多参数的敏感性分析，进而获得各参数对模型输出影响的敏感性程度。有研究提出了影响船舶能效的多参数敏感性分析方法，基于大量实船试验数据，建立了基于反向传播（back propagation，BP）神经网络的船舶能效预测模型，其输入变量为风速、风向、水深、流速和主机转速，模型输出参数为油耗、航速和 EEOI，根据训练后的神经网络可得到各变量的权值和阈值，并采用 Garson 算法计算获得了各参数属性对应的敏感性系数，如图 1.7 所示。此方法可有效地获得各参数对应的敏感性系数及其敏感程度，为考虑多因素影响的船舶能效建模与优化奠定基础[17]。

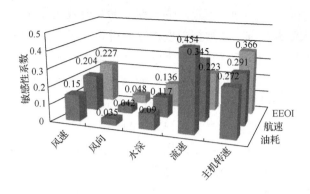

图 1.7　船舶能效及其影响因素敏感性分析

3）船舶能效及其影响因素关联性分析

船舶能效及其影响因素的关联性分析可为船舶的航行优化决策提供指导。针对船舶航行环境因素的复杂性和多变性，可通过采用并行分布式 k 均值聚类算法和并行频繁模式挖掘（parallel frequent pattern mining，PFPM）算法的大数据分析方法，实现船舶能效相关数据的聚类分析，并获得船舶能效、航行环境要素及主机转速之间的关联关系；在此基础上，可构建航行环境与船舶能效关系知识库，建立过程如图 1.8 所示。基于航行环境与船舶能效关系知识库，可实现不同航线在不同环境条件下的船舶能效水平分析，从而决策出能效最佳的船舶航线；此外，根据已建立的知识库及航行环境信息，可实现不同航行环境下的船舶航速智能优化决策，以确保船舶在最佳状态下航行，从而提高船舶的能效水平[18]。

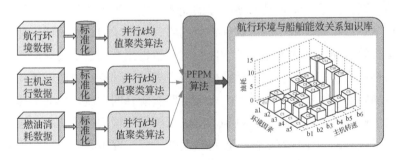

图 1.8　基于大数据分析的航行环境与船舶能效关系知识库建立过程

大数据的发展为科学问题的分析与研究提供了新的思路，基于大数据的复杂航行环境与船舶能效影响关系的分析与研究可为船舶能效优化管理提供决策支持，同时对于完善船舶能效智能优化理论与方法也具有重要作用。然而，船舶能效大数据分析理论与方法尚不成熟，尚未建立船舶能效大数据分析方法体系，在大数据存储、大数据清洗、大数据深度挖掘分析等方面有待进一步研究。

目前，现有的船舶能效优化管理系统虽然可以实现船舶航线航速等航行优化功能，但船载设备、岸基支持设备、船岸通信设备的网联化与集成化程度有待进一步提高。此外，船舶智能能效管理系统的核心在于考虑复杂多变影响因素的船舶能效的智能优化决策，其应具备自决策、自学习、自优化等功能。然而，相关系统尚无法实现不同航行条件、不同运行场景下的船舶能效优化的自主决策，能效管理系统的智能化水平有待进一步提高。

在能效大数据分析与应用方面，应加强大数据技术在船舶智能能效应用等方面的广度和深度，研究多源异构大数据特征的全方位、多维度的深入挖掘分析方法，探索船舶能效影响因素的时空分布特征及其对船舶能效的复杂作用规律，建立基于大数据的船舶能效分析理论与方法。以大数据为基础，通过数据信息与物理实体的有效融合，形成船岸一体的能效信息共享服务架构，从而实现船岸信息的实时共享与无缝对接，进而实现基于大数据挖掘分析的船舶能效智能优化管理。

1.2.2　船舶能效智能优化模型与算法研究现状

1. 船舶能效智能预测模型

船舶能效模型是实现船舶能效优化的基础和前提，其可以表征不同航行条件及航行状态下的船舶能效水平。目前，船舶能效模型主要分为黑箱模型、白箱模型和灰箱模型。基于人工神经网络的船舶能效智能预测模型是比较典型的船舶能效黑箱模型。近年来，基于深度置信神经网络、深度学习、决策树、随机森林、支持向量机等智能算法的船舶能效智能预测模型得到广泛的研究和应用。此外，基于船舶推进系统的工作特性分析及船舶原理等基础理论与方法，可建立考虑多环境因素的船舶主机能耗白箱模型，以实现船舶能耗的预测。然而，黑箱模型无法展示系统模型内部详细的运行机制，难以对模型结构进行优化和改进；白箱模型因采用了大量的理论计算公式，使得模型在不同工况下存在一定的误差，因此需采用先进的人工智能技术实现船舶能效模型的自学习与在线修正，从而提高模型在不同条件下的适用性和准确性。

在船舶航行的过程中，由于航行环境等因素的复杂多变，难以保证船舶能耗模型在不同航行条件下的准确性。黑箱模型需要根据大量的实船运行数据和航行环境数据进行不断学习，并实时训练优化神经网络模型的参数，通过参数在线修正来提高模型的普适性和泛化能力。对于白箱模型而言，需要根据船舶的航行条件和运行状态，采用自学习算法进行船舶能效模型相关参数的在线辨识与优化。基于航行工况划分的船舶能效模型参数在线修正方法是船舶能效模型改进的有效方法之一，其通过 k 均值聚类算法将航行工况进行划分，然后通过确定特定航行工况下主机油耗模型的待优化参数，采用关系曲线辨识和差分进化算法对模型参数进行迭代优化，进而实现船舶主机油耗模型参数的在线辨识与优化。案例分析结果表明，此方法可有效降低油耗模型的误差，提高不同航行工况下油耗模型的准确性和适应性。基于实时多源航行环境信息的船舶能效动态建模与参数辨识方法研究，可以实现船舶能效的动态优化，从而可为船舶能效智能优化提供一种新的方法。此外，基于黑箱模型和白箱模型的特点和不足，通过采用串联和并联的神经网络建立数据与模型融合驱动的船舶能耗灰箱模型，可以兼顾黑箱模型和白箱模型的特点和优势，从而提高船舶能效模型的准确性和有效性[19]。

虽然国内外对船舶能效模型进行了较多的研究，但模型的精度仍有待进一步提高，亟须解决复杂多变航行条件下船舶能耗模型精度低的问题。由于航行环境的复杂性和不确定性，有必要采用先进的自学习技术来实现不同条件下的船舶能效模型参数在线优化与修正，从而满足不同条件下模型精度的要求，提高不同运行条件下船舶能耗模型的自适应性和准确性。

2. 船舶航线智能优化算法

在船舶营运的过程中，不同航线上的航行环境是复杂多变的，其不仅会对船舶航行安全产生一定影响，也会对船舶的能耗水平产生较大影响。因此，航线优化不仅可以提升船舶航行安全，而且可以降低船舶能耗及温室气体排放量。大数据及人工智能技术为复杂航行条件下的船舶航线优化决策提供了新的思路，在能效大数据分析的基础上，采用智能优化算法可以实现船舶航线的智能优化决策，从而在保证船舶航行安全的条件下，提高船舶的能效水平。船舶航线智能优化的核心是综合考虑各因素的影响，特别是复杂海况条件的影响，通过建立优化模型和智能优化算法实现船舶最佳航线的优化决策，国内外基于智能算法的船舶航线智能优化应用案例如表 1.2 所示。目前，所应用的智能算法有遗传算法、粒子群优化算法、蚁群算法、动态规划算法等，通过智能算法的应用可以实现不同船型、不同应用场景下的船舶航线智能优化决策。

表 1.2　　基于智能算法的船舶航线智能优化应用案例

算法名称	应用案例
遗传算法	Marie 等[20]采用多目标遗传算法实现了船舶航线的智能优化决策
粒子群优化算法	Wang 等[21]采用粒子群优化算法实现了远洋船舶的航线优化，提高了船舶的能效水平
蚁群算法	Lazarowska[22]采用蚁群算法实现了公海及限制水域船舶航行路径的科学规划
	Zhang 等[23]基于大数据分析技术，通过蚁群算法实现了船舶航线的自动规划
动态规划算法	Sen 等[24]提出了基于迪杰斯特拉算法（Dijkstra's algorithm）的船舶航线优化方法
	Shao 等[25]提出了一种新的面向航线优化的动态规划算法，可以降低约 3%的船舶油耗
	Gkerekos 等[26]采用改进的动态规划算法实现了船舶航线的优化决策

3. 船舶航速智能优化算法

航速对船舶的能耗、温室气体排放及营运经济性都具有一定的影响，因此，船舶航速优化对提高船舶能效水平和经济性具有重要意义。航速优化的关键是如何综合考虑航行环境等复杂因素的影响，实现船舶最佳航速的优化决策，从而提高船舶的能效水平。基于智能算法的船舶航速智能优化应用案例如表 1.3 所示。

考虑气象条件的船舶航速优化是一个非线性的优化问题，遗传算法、粒子群优化算法等智能算法可以解决这类非线性的优化问题，获得复杂环境条件下的船舶最佳航速，从而实现船舶航速的智能优化决策。相关学者在构建考虑多变航行环境要素的船舶能效模型的基础上，通过采用粒子群优化算法实现了船舶航速的智能优化决策，提出了一种考虑航行环境复杂性和多变性特征的船舶能效动态优化方法，可有效降低船舶能耗水平。此外，在船舶实际航行过程中，航线上不同航行区域的航行环境等能效影响因素具有一定的差异，因此基于航行环境大数据分析的航段划分对实现船舶航速优化具有重要意义，此方法在避免船舶航速频繁波动的同时，可实现不同航行环境条件下的船舶航速优化。通过合理的航段划分，并采用相应智能优化算法进行不同航段的船舶航速的优化决策，可以有效降低船舶油耗和温室气体排放。有学者通过分布式并行 k 均值聚类算法实现了航段的合理划分，在此基础上，基于所建立的考虑多环境要素的船舶能效优化模型，采用粒子群优化算法实现了船舶能效的智能优化。研究结果表明，该方法可有效降低船舶能耗和 CO_2 排放量，对提高船舶的绿色化与智能化水平具有重要意义[27]。

表 1.3　基于智能算法的船舶航速智能优化应用案例

算法名称	应用案例
遗传算法	Yang 等[28]采用遗传算法实现了考虑洋流影响的油轮航速智能优化
	马冉祺等[29]提出了基于遗传算法的定航线船舶航速智能优化方法
粒子群优化算法	Wang 等[30]提出了基于粒子群优化算法的船舶能效与运行安全性多目标优化方法，可在保证安全性的条件下提高船舶能效水平
	张进峰等[31]提出了基于多目标粒子群优化算法的考虑船舶排放及营运成本的航速多目标优化方法
神经网络算法	Alonso 等[32]采用神经网络及遗传算法开展船舶柴油机性能优化研究，可降低船舶燃料消耗
	林辉[33]采用神经网络及遗传算法实现了某散货船的航速优化
模拟退火算法	王寰宇[34]提出了基于模拟退火算法的船舶航速分段智能优化方法，实现了远洋船舶的航速智能优化
	黄连忠等[35]采用模拟退火算法实现了不同航段船舶最佳航速与主机转速的智能决策，可有效提高船舶的能效水平
动态规划算法	Psaraftis 等[36]通过动态规划算法实现了考虑多影响因素的船舶航行多目标优化决策，可提高船舶的安全性、经济性和能效水平

4. 船舶航线航速联合优化算法

相对于单一的优化方法，船舶能效的联合优化可进一步挖掘船舶能效的提升潜力。其中，船舶航线航速联合优化可以进一步降低船舶能源消耗，对促进船舶的绿色化发展具有重要意义。有学者研究了船舶航线航速联合优化的建模方法，并提出了基于滚动时域启发式算法的联合优化模型求解方法，研究结果表明，采用滚动时域启发式算法可以获得联合优化问题的最优解，通过航线航速联合优化可以获得更好的节能效果。Wang 等[37]提出了一种三维迪杰斯特拉算法，可以实现每个船舶航路点的航速优化决策，通过此方法可降低船舶油耗约 5%，对提高船舶的能效水平具有重要的意义。Ma 等[38]提出了一种基于海域小网格划分的船舶航线航速联合优化方法，并建立了针对排放控制区的船舶航线航速联合优化模型，通过迪杰斯特拉算法和 CPLEX 求解器相结合的方法实现了该模型的求解，可以有效降低排放控制区内的污染气体排放量。

此外，船舶能效水平受多种复杂因素的影响，综合考虑多因素的影响可以提高航线航速联合优化模型与方法的有效性。相关学者提出了一种将船舶航向与主机转速作为优化变量的航线航速联合优化方法，通过采用非支配排序遗传算法 II（nondominated sorting genetic algorithm-II，NSGA-II）实现了考虑多环境要素的船舶航线航速联合优化，研究结果表明，其可以有效降低船舶油耗。Zhuge 等[39]针对班轮运输公司的船队部署、航线航速联合优化问题，建立了针对该问题的混整数非线性规划模型，通过动态规划算法可实现不同班轮服务路线的航行路径、航速及船队部署的优化决策。Zaccone 等[40]提出了一种基于三维动态规划的船舶航行优化方法，旨在根据气象预报数据决策船舶航行的最优路径和最佳航速，该优化方法将船舶航行参数转化为一个多阶段决策过程，从而形成一个动态优化问题，并通过开发动态规划算法对模型进行求解，实现了船舶航线航速联合优化。此外，相关学者提出了一种新的船舶航线航速联合优化方法，该方法充分考虑多环境因素的影响，通过获取航行海域的实时气象信息，建立了考虑多因素影响的船舶油耗模型，并基于航行海域网格划分的思想，建立了船舶航线航速联合优化模型，在此基础上，采用粒子群优化算法实现了基于实时气象信息的船舶航线航速联合优化，其可以有效降低船舶能耗，且相对于单一的船舶能效优化方法，可以进一步提高船舶的能效水平。

5. 船舶纵倾智能优化决策算法

不同航行条件下的船舶航行姿态对船舶能效水平具有一定的影响，基于智能算法的船舶最佳纵倾优化技术可助力船舶航行姿态的精细化控制，基于燃油信息、艏艉吃水、航速等参数，通过智能优化决策技术可实现船舶航行姿态的优化调整，从而降低船舶航行阻力，其对降低船舶燃油消耗和 CO_2 排放，以及提升船舶营运的绿色化水平都具有重要意义。相关研究表明，某集装箱船采用最佳纵倾决策技术，每年可节省燃油成本 5%以上。船舶纵倾优化决策技术的核心是面向能效提升的不同航行条件下的船舶最佳航行姿态的分析与优化决策，通过建立基于 Fluent 和 Simulink 的船舶数值计算模型和基于"转速-航速-EEOI"的船舶营运能效模型，可以分析不同条件下船舶纵倾的变化对其营运能效的影响。Perera 等[41]基于船舶性能和航行数据开展了船舶不同吃水条件下的最佳纵倾状态的分析，研究表明，通过不同吃水条件下的船舶纵倾状态的优化决策，可以有效降低船舶能耗和温室气体排放。

近年来，大数据及人工智能技术的应用促进了船舶纵倾优化决策技术的智能化发展。Du 等[42]采用人工智能技术建立了考虑船舶纵倾、海况条件及航速等参数的船舶燃油效率模型，并在此基础上，通过采用动态规划算法实现了船舶航速与最佳纵倾的智能决策，取得了较好的能效优化效果。Coraddu 等[43]提出了一种基于随机森林算法的考虑船舶纵倾的燃油消耗预测灰箱模型，并在此基础上，提出了船舶最佳纵倾决策方法，可有效降低船舶油耗 2%以上。此外，随着信息感知与人工智能技术的发展，船舶纵倾智能优化控制系统的研发与应用将是重要的发展方向，通过设计控制算法调节船舶前后舱压载水量，可实现船舶纵倾的智能优化控制，从而达到优化船舶营运能效的目的。随着船舶智能化的发展，基于实时航行环境及运行工况的船舶动态纵倾智能优化决策技术及系统开发是未来的重要发展趋势，其对提高船舶的绿色化与智能化水平具有重要意义。

6. 船舶能效智能优化模型与算法分析

在船舶能效智能优化算法中，遗传算法、粒子群优化算法、蚁群算法和模拟退火算法属于基于迭代的优化算法，这类算法可以实现船舶能效优化这一非线性优化模型的求解。然而，不同智能优化算法的运行效率和求解效果具有一定的差异，目前尚缺少相关智能算法对不同能效优化问题的适应性分析。此外，神经网络、决策树和随机森林等为基于数据训练学习的智能预测算法。其中，神经网络适合处理高度非线性的船舶能效预测问题，而随机森林算法难以预测超出训练数据范围的数据，在预测多种航行环境下的船舶能效时需要遍历各运行工况的数据，并且当训练数据噪声过大时会产生过拟合现象。受训练数据之间复杂关联关系的影响，预测模型的精度与预期仍具有一定的差异。此外，不同算法的预测精度和运行性能也有待进一步提升，从而形成针对不同预测问题的最佳预测算法的选择方法。尽管国内外已开展了基于智能算法的船舶能效智能优化方法研究，然而，目前尚未形成能够适应复杂多变航行环境，并集成数据分析、模型自学习与动态智能优化决策算法的船舶能效智能优化方法体系。

此外，海上航行船舶是一个复杂的能源系统，航行在复杂多变的环境条件下，系统各要素之间及其与外部环境和运行条件之间以高度复杂的非线性方式相互作用，现有研究尚未采用有效的人工智能方法实现船舶能效模型的实时在线学习与动态调优，能效模型与优化算法的准确性以及其对复杂多变航行环境的自适应性有待进一步提高。此外，船舶航速、航线及纵倾等船舶能效优化方法的高效协同性有待进一步提升。目前，尚未形成集数据挖掘分析、模型自学习与动态智能决策于一体的船舶能效智能优化方法体系，缺少集数据分析、自学习、自决策、滚动优化于一体的船舶能效自适应高效协同智能优化算法。

未来需开展基于人工智能的船舶能效模型参数的自学习与自优化研究，以提高船舶能效模型对复杂多变航行条件的适应性和准确性。此外，应充分考虑船舶能效多影响要素的多变性和时空差异性，进一步深入研究基于实时信息的船舶能效动态智能协同优化算法。通过设计高效智能协同优化算法，实现复杂多变航行环境条件下船舶能效动态智能决策与多源协同优化，进而形成集数据挖掘分析、模型自学习和动态智能决策于一体的船舶能效智能优化方法体系，通过航速、航线、纵倾等智能优化措施的高效协同，充分挖掘船舶能效提升的潜力。另外，需开展多因素协同调控的船队能效智能优化决策方法研究，以整个船队营运能效优化为目标，从而可以系统性地提高船队的整体营运能效水平。

1.2.3　船舶营运管理节能技术发展现状

1. 船舶动力系统优化管理技术

1）动力系统运行状态评估技术

船舶动力系统运行状态直接影响船舶能源的利用效率，特别是包括主机在内的主推进系统的运行状态直接关系到船舶的燃油消耗。因此，船舶动力系统运行状态的监控与优化对降低船舶能耗具有重要意义。

船舶航行环境的复杂多变性对船舶动力系统的运行状态具有较大的影响，进而会影响船舶的整体能耗水平。船舶航行过程中，主柴油机输出一定的功率，并通过传动装置驱动螺旋桨产生船舶航行所需的推力，用于克服船舶航行阻力，船舶推进系统能量传递关系如图1.9所示。

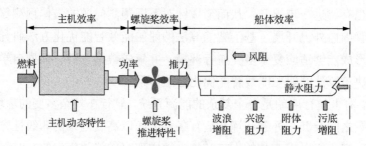

图 1.9　船舶推进系统能量传递关系示意图

在整个船舶动力系统运行过程中，航行环境的差异会导致船舶的航行状态及动力系统的运行工况发生一定变化，进而影响螺旋桨的推进特性及船舶主机的动态特性。例如，当船舶航向与水流方向相同时，螺旋桨相对于水的速度就会一定程度的下降，导致螺旋桨特性曲线向左移动，从而改变主机的运行工况点，使得主机的功率及转速均发生变化。与此同时，当船舶柴油机功率与转速受航行环境的影响而发生变化时，也会导致柴油机的燃油消耗率发生一定变化，因此需基于船舶实际油耗数据分析获得船舶主机油耗率及其与功率的对应关系。Trodden 等[44]针对实船监测的能耗数据，充分考虑运行条件的影响，分析了不同运行工况下的船舶能耗水平。

在船舶主机能效状态评估方面，可运用粗糙集方法分配不同指标的权重，并基于递阶层次结构建立船舶能耗评价指标体系，在此基础上，可开发对应的网络系统，从而实现知识管理和共享。另外，基于柴油机台架试验数据，可实时计算柴油机在正常运转状态下的输出参数，通过与柴油机实际输出参数相比即可判断柴油机的运行状态。此外，基于主机各级能效划分阈值的计算公式和能效等级偏离系数的计算方法，可确定各级能效划分阈值的偏离系数，从而制定出能效等级评定的方法、划分范围及原则。陈钰等[45]采用修正的艾亚法进行船舶有效功率估算，基于图谱法进行了螺旋桨的设计及推进性能计算，并进行了船舶航速预报及能效评估，在此基础上，开发了船舶航速预报及能效评估软件。Prill 等[46]提出一种船舶的能效评价方法，综合考虑了船舶航速、航行时间、燃料类型、航行距离等因素的影响，实现了船舶能效的评估，在此基础上，给出了通过调整船舶航速和任务时间等方式提高船舶能效水平的优化方案。此外，有研究学者从生命周期的角度出发，通过构建船舶生命周期环境影响评价模型和能效评价模型，开发船舶全生命周期环境影响与能效评价系统，可实现不同船型的能效水平评估。另外，通过分析各因素对船舶能源利用效率的影响，以及主机转速、特征浪高等参数对船舶能源利用效率的影响，可获得降速航行对船舶能源利用效率的提升效果，从而为船公司提供参考依据。Kökkülünk 等[47]运用统计学方法对船舶主机的监测数据进行特征分析，并根据统计特征的变化情况来表述主机性能及主机能效状态的变化过程。此外，通过 k 均值聚类算法，可获得柴油机在不同转速情况下的负荷和油耗率的关系曲线，基于关系曲线的偏移量可实现柴油机性能变化程度分析。Perera 等[48]对船舶主机的工况进行分类，然后利用航速、功率、转速、吃水等数据之间的关系分析了柴油机的性能。船舶能耗设备的能效状态不仅与设备的运行工况相关，而且受海况等因素的影响，因此，需要充分考虑运行工况和海况等因素的影响，从而提出客观反映设备能效状态的定量指标。

综上所述，在进行全生命周期的船舶动力系统运行状态评估与优化时，不仅要考虑航行环境要素对船舶航行状态及船舶阻力的影响，也要考虑航行环境对船舶推进系统工作特性的影响。通过确定航行环境与"船-机-桨"运行状态之间的动态响应关系，分析不同条件下的船舶推进系统动态特性及能效水平，对提高船舶能效模型的准确性与有效性至关重要。虽然，国内外相关学者在船舶能效方面已开展了大量研究，然而，目前对于船舶能效状态评估研究，尤其是针对船舶主机的能效状态评估研究，还存在着数据量较少、参数不完善、能效评估结果未量化，以及难以实现能效的实时评估等问题。

2）船舶动力系统运行管理技术

船舶动力系统监测是船舶能效管理系统的核心功能之一。船舶动力系统监测可实现主要能耗设备能耗状态监测、能耗统计分析、设备能耗异常分析，并可实现船舶动力系统能耗状态检测、故障统计和异常致因分析。此外，通过采用所收集的船舶动力系统能耗数据可进行船能效指标分析、推进系统性能分析、全船能耗分布分析和燃油消耗分析，进而可以实现船舶能效的智能评估。另外，基于动力系统监测数据、航行环境数据及船舶航行数据建立高精度的船舶能效模型，可为船舶航速优化、航线优化及纵倾优化奠定基础。因此，动力系统监测是船舶能效管理系统中的关键一环，是进行船舶能效评估和能效优化的重要基础。国内外主要船舶动力系统监测系统如表 1.4 所示。

表 1.4　船舶动力系统监测系统

产品名称	研发机构	主要应用船型
数字化营运支持系统	上海船舶研究设计院	散货船、油船、客滚船、液化天然气（liquefied natural gas, LNG）船
智能能效管理系统	中国船舶集团有限公司第七一一研究所	货船等
智能船舶运行与维护系统	震兑工业智能科技有限公司	货船等
Marorka Onboard	Marorka 公司	油船、散货船、集装箱船、LNG 船
NAPA Fleet Intelligence	NAPA 公司	干散货船、散货船
ABB Ability™ OCTOPUS 船舶咨询系统	ABB 公司	集装箱船、滚装船
Energy Management System	Rolls Royce 公司	游轮、渔船、货船、LNG 船、拖船
Kyma Ship Performance	Kyma 公司	货船、集装箱船等

（1）数字化营运支持系统。数字化营运支持系统的船基、岸基智能应用及其主要功能包括集成平台、智能能效、智能货物、智能视频、船队管理等。船基智能能效可实现油耗监测与评估、排放检测与评估、航行状态监测与评估、能耗分布和燃油管理等功能，并且能够形成报表。岸基设备异常分析能够实现设备状态检测、主机状态检测、辅机状态检测、轴系状态检测和设备异常统计等功能，并可实现船舶动力系统状态检测、故障统计及异常分析等功能。此外，船队管理应用模块能够实现船队信息概况、单船信息显示、实时数据监控、报警信息查询、历史报警查询和船队大数据分析等功能。

（2）智能能效管理系统。智能能效管理系统包括能效在线智能监测、航速优化系统、基于最佳纵倾的配载优化系统。其中，能效在线智能监测可通过燃油流量计、油舱液位计、电能计、配电板等实现主要能耗设备相关参数的监控，通过对收集到的数据进行能效指标分析、全船能耗分布分析及燃油消耗分析，可以实现船舶能效的智能评估。

（3）智能船舶运行与维护系统。智能船舶运行与维护系统可帮助实现船舶能效的优化管理，从而提升船舶能效水平。该系统依据船舶全面状态信息的智能感知分析，实时评估当前船舶能效，了解能耗去向，并及时采取优化措施。其主要功能包括能效优化、能效分析、状态检测、管理决策等。其中，能效状态监控模块能够直观展示船舶能效相关实时数据和历史数据，包括油耗、燃油效率、单位海里油耗、总功率、滑失率等。通过对主机、发电机和锅炉等主要能耗设备进行监控，系统可直观展示设备实时热力参数及能效参数。

（4）Marorka Onboard。Marorka Onboard 可以监控和优化能源管理效率和操作性能，其通过中央服务器和数据采集单元获取各种信息来实现这一功能。此外，船员可以通过专用工作站、监视单元或远程客户端软件在船舶网络上的不同位置访问该系统。Marorka Onboard 还提供应用程序扩展，其可以使用船体和能源系统的计算模型，提供改善操作性能和燃油消耗的实时建议。Marorka Onboard 船载应用主要包括 MACHINERY 和 FUEL 等。其中，MACHINERY 的主要功能包括：①监控电能产生和消耗的效率，以及船载电网的整体效率；②通过管理发电机负载并减少不必要的用电来提高电能的利用效率。FUEL 的主要功能包括：①详细跟踪和报告燃料消耗，包括燃料类型、用户和船舶运行状态；②燃油库存的最新电子记录；③监测燃料消耗平衡，并记录所报告的燃料添加量和测量的燃料消耗量之间的差异。

（5）NAPA Fleet Intelligence。NAPA Fleet Intelligence 将航行监控、报告、分析和优化结合在一起，基于开放数据及船舶收集的实际性能数据分析可为提高船舶的技术和操作性能提供决策建议。NAPA Fleet Intelligence 提供可靠的船舶性能监测和分析服务，主要包括：①选择数据源。用户可使用正午报告，或从数据收集系统，或由 NAPA Fleet Intelligence 提供自动信号数据。②选择用于监测和分析的模块。用户可使用各种 NAPA Fleet Intelligence 报告模块监测和分析船舶的营运和技术性能。

（6）ABB Ability^{TM} OCTOPUS 船舶咨询系统。ABB Ability^{TM} OCTOPUS 船舶咨询系统可实现船舶运营性能管理，通过采用各种部署方法，可以指导船员优化操作，从而减少燃油消耗和温室气体排放。此外，船舶的可用性和安全性也可以得到监测和保护，并可通过数据传输实现船队信息的可视化，以便岸上的专家进行数据分析和能效管理。能效监控系统能够从大量的传感器中收集船舶数据。根据用户的需求，可为符合船舶能效管理计划的燃料监控设置基本配置，从而全面了解船舶的总体能量流以及船舶设备的耗能分布。ABB Ability™ OCTOPUS 船舶咨询系统是一种决策支持工具，可有效降低单船和整个船队的能源成本。另外，ABB Ability™ OCTOPUS 船舶咨询系统能够帮助船员在船上找到和达到最佳能效平衡，能够计算各发电设备和用电设备之间的最佳负载分配，并给出运行管理建议，如柴油发电机、轴带发电机、主机、废热回收和电池系统等。

（7）Energy Management System。Energy Management System 为客户提供了一种数据驱动的性能管理和决策方法，可增强单船或船队性能的监控能力，该系统从船上的多个传感器收集和处理数据，包括发动机、推进系统、自动化系统、甲板机械和其他设备，并通过加密安全地传输到 Rolls-Royce 的 Web 门户网站，在此门户网站中，可以进行更详细的分析和比较，从而能够实现实时和历史性能指标的比较及基线分析，相应信息可通过图形方式进行显示，便于访问和使用。例如，其可以显示油耗和单位海里油耗，以及相对于历史数据基准的当前能耗水平，船员可以快速轻松地查看油耗是否高于当前运行条件所需的油耗，以及是否应该更改发动机的运行数量以使运行中的发动机工作在最低油耗的负载范围，从而可以指导船员有效减少燃料消耗和碳排放。全面的性能监控模块可使船员对船舶系统性能有更深入的了解，包括速度优化和推进性能。此外，系统可展示能量平衡关系，从而将船上产生的电力与其主要能耗设备的分布进行映射。另外，该系统可实现热能传递的可视化，并可显示热量损失和热量从废热系统中的回收情况。

（8）Kyma Ship Performance。Kyma Ship Performance 具有船舶整体性能监测与控制功能，包括船舶整体性能、船舶航速损失及其分析、船舶营运能效指数、船舶纵倾优化决策和船队性能评估等。Kyma Ship Performance 柴油分析模块用于连续监测柴油发动机的气缸和燃油喷射系统的性能，并用于汽缸调整、点火正时、汽缸过载检查、趋势分析、汽缸磨损检查以及维护计划等。该系统可以安装在新造和营运船舶上以实现持续监控，相应信息会自动传输至柴油分析仪软件，相应的硬件包括便携式数据记录器、电气接线盒、传感器和截止阀，用于从柴油发动机收集性能数据。另外，诊断模块可基于多年收集的性能趋势数据，详细分析船舶性能的变化，从而为操作人员和船东提供与船体、机械及螺旋桨相关的船舶状况信息，以展示船舶当前的运行情况。此外，发电机负载优化模块可基于实际航行状况，以最佳方式运行发电机，以优化燃料消耗，从而降低运营成本和排放。发电机负载优化模块基于不同传感器获取所需的实时数据，包括轴功率、燃油和/或燃气流量、负荷,以及发动机、发电机的电流输出功率等,并根据当前所需功率和可用的燃料类型来计算各发电机组的最佳负载和燃料组合。

2. 船舶航速优化技术

船舶航速是影响船舶燃料消耗的主要因素之一,对船舶营运的经济性具有较大影响。航速优化不仅可以降低燃料消耗、提高营运经济性,也可有效地降低船舶温室气体排放。船舶航速是决定船舶营运成本的重要因素,对船舶的经济性具有重要影响。有资料表明,某大型船舶每天可以燃烧高达 10 万美元的燃料,约占其运营成本的 75%,而采用航速优化可以降低船舶能耗 1%～10%,因此,船舶航速优化是提高船舶经济性的有效措施,同时也能有效减少温室气体排放。船舶航速优化过程如图 1.10 所示,包括数据挖掘分析、航行环境聚类分析与航段划分,以及船舶能效非线性优化模型、船舶航速智能优化求解算法的应用等内容。

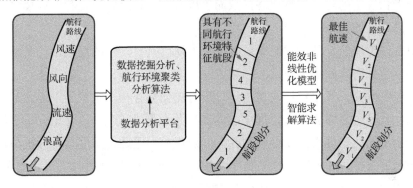

图 1.10　船舶航速优化过程示意图

近年来,船舶航速的优化模型和方法获得了国内外专家学者的广泛研究,通过分析航速优化对各类船舶的运营成本和污染物排放的影响,验证了航速优化具有较好的节能减排潜力,可以在不增加运营成本的情况下降低船舶污染气体排放约 19%。Sun 等[49]研究了船舶营运能效与船舶主机转速的关系,根据实船采集的数据计算了船舶在不同运行条件下的 EEOI,指出了航速对船舶营运能效水平具有较大的影响。通过建立船舶营运经济效益模型来获得最经济与最低排放水平的船舶航速,可在提高船舶营运经济性的同时有效降低污染气体排放。Psaraftis 等[50]论述了一系列船舶航速优化模型,这些模型以航速作为决策变量,通过优化船舶航速来提高船舶能效水平、降低 CO_2 排放量。Yao 等[51]针对集装箱船的燃料管理问题,通过船舶航速的优化达到了降低燃料成本的目标。此外,相关学者研究了不同船型的燃料消耗和对应的 CO_2 排放量。结果表明,航速每减少

10%、20%和27.1%，可分别减少燃料消耗30%、48.8%和60.3%，并可分别降低CO$_2$排放量19%、36%和51%。此外，通过建立船舶营运成本模型进行航线船舶数量及船舶航速的优化，可有效降低航线的年营运成本。Chang等[52]指出了目前船期合同中预先设置的服务航速的不合理性，并提出了船舶航速优化模型和方法，对提高船舶能效水平具有重要意义。此外，针对泊位分配问题和船队部署问题，通过优化航速也可有效减少不同航段的船舶燃油消耗。

复杂多变的航行环境对船舶最佳航速的决策具有较大的影响。因此，综合考虑船舶的航行条件及船舶的航行状态，通过建立优化模型来决策不同航行环境条件下的船舶能效最佳航速是实现船舶节能减排的关键所在。Lin等[53]采用三维修正等流时线法，分析了航行环境要素对船舶燃料消耗的影响，并进行了船舶航速优化方法的研究。此外，通过建立船舶运行性能预测模型，可以预测不同吃水、航速和航向情况下的船舶运行状态，从而可以获得船舶燃料消耗和航行环境及船舶运动状态之间的关系。

目前，考虑航行环境的船舶航行优化方法仍具有一定的局限性。考虑的航行环境因素主要有风和浪，使用的预测方法大多是基于理论分析的方法。由于船舶航行区域的水文、气象条件往往与统计所得的结果存在一定差异，因此，基于实时水文、气象信息的船舶航行优化技术显得尤为重要。此外，理论分析方法往往做了一定的简化与假设，使得模型存在一定误差。因此，采用理论分析与试验数据相结合的方法，对海量的船舶航行姿态、水文气象、能耗等数据进行挖掘分析，可以提出更加有效的船舶航速优化方法，从而进一步提高船舶能源利用效率和能效水平。

3. 船舶航线优化技术

船舶航线优化是根据船舶航行区域的航行环境与海况预报信息，综合考虑船舶的航行性能、航行安全、运行状态以及航行要求等要素决策出船舶最佳航行路线，在确保船舶航行安全的条件下提高船舶运营的经济性和能效水平，船舶航线优化示意图如图1.11所示。通过将最短航行时间作为航线优化的首选目标，可节约一定的航行时间，但由于大量营运船舶在满足船期要求的前提下追求的优化目标主要为经济性、安全性与环保性，因此，以最短航行时间为目标的航线优化具有一定局限性。目前多数航线优化研究是在保证航行安全的前提下，综合考虑船舶的经济性和环保性。相关研究以某散货船为对象，结合"船-机-桨"的能量传递关系，建立了船舶营运性能预测模型，该模型能够实现船舶失速情况和主机油耗的预报,并能够结合气象数据,利用智能优化算法实现以经济性为目标的船舶航路规划,对现阶段的经济航线设计问题提供了解决思路[54]。

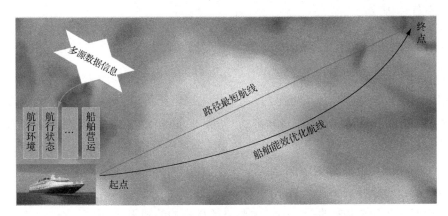

图 1.11 船舶航线优化示意图(扫封底二维码查看彩图)

航线优化需充分考虑气象条件的复杂性和时空差异性,结合岸基气象导航服务,考虑船舶航期限制等因素,通过构建航线优化决策模型与算法实现船舶航线的优化决策,从而为提高船舶营运效率和能效水平提供参考[55]。航线优化是一种复杂的多变量多目标优化决策问题,为解决该问题需提出一种可行的船舶航线优化方法,将航路点位置作为优化变量,以最少航行时间和最低燃油消耗为优化目标,以船舶工作特性和动态规避恶劣气象海况为约束条件,建立具有多变量、多约束、多目标特征的船舶航线优化模型,并采用智能算法对该模型进行求解,可实现船舶航线的优化决策,从而有效规避时空动态变化的恶劣气象海况,对实现船舶的智能高效航行具有重要意义。Vettor 等[56]开发了船舶气象航线规划系统,该系统集成了考虑各种海况影响因素的响应模型,通过该系统可以获得不同气象条件下的船舶最优航行路线。此外,Wang 等[37]提出了一种基于三维迪杰斯特拉算法的全局最优航行路径决策方法,可以降低船舶燃油消耗 5%左右。

船舶航线航速联合优化方法可以进一步挖掘船舶能效的提升潜力,进而提高船舶的能效水平。通过建立双目标混合整数线性规划模型,以船舶航线和航速为优化变量,以总燃料成本和温室气体排放最小为优化目标,采用两阶段迭代算法与模糊逻辑方法相结合的技术对模型进行求解,可有效降低燃料成本和温室气体排放。Fagerholt 等[57]建立的航行优化模型可帮助船舶运营商来确定船舶航线和航速,从而实现船舶运营成本最小化。该研究在燃油消耗和成本计算时考虑了排放控制区内切换使用低硫油的成本,并评估了排放控制区(emission control area,ECA)

法规对航行路径和航速的影响。此外，有研究将船舶航向和航速作为优化变量，来实现船舶航线和航速的联合优化，分析结果证明，该方法可有效降低船舶油耗和温室气体排放。

4. 船舶纵倾优化决策技术

船舶纵倾优化决策技术主要是通过调节艏艉吃水差，如图 1.12 所示，即改变船舶纵倾角度来优化船舶航行阻力，通过优化决策获得阻力最小的船舶纵倾角度，以达到降低船舶能耗和温室气体排放的目的。船舶纵倾优化的节能效果与船型、船舶航速等因素有关，因此，纵倾优化决策方法的应用需综合考虑多因素的影响，在不影响船舶正常航行的情况下，获得所处航行环境条件及运行状态下的最佳纵倾角度。船舶纵倾优化决策技术的关键是通过调节艏艉吃水差来获得船舶最佳的纵倾角度，艏艉吃水差的影响因素主要包括货物的装载形式、压载水储存位置等，因此，船舶纵倾优化决策技术可以基于船舶当前的吃水、航速、航行环境等因素，通过压载水的调配、优化货物的配载，以及调节燃油的储存位置等方式来实现船舶纵倾角度的优化调整和控制，进而降低船舶航行阻力，提高船舶能效水平。

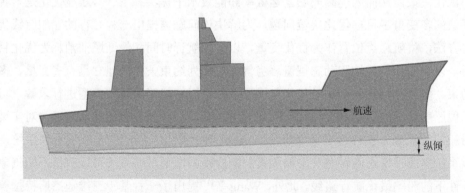

图 1.12　船舶纵倾角度示意图（扫封底二维码查看彩图）

船舶吃水、横倾角、纵倾角是描述船舶浮态的主要特征参数，这些特征参数的变化会导致船舶水下体积几何形状的改变，从而影响船体阻力和船舶操纵性。船舶在不同吃水及航速情况下，都存在一个最佳的纵倾角度。船舶纵倾优化决策技术有助于船舶航行姿态的精细化控制，基于燃油信息、艏艉吃水、航速等参数，通过采用船舶纵倾优化决策技术，可实现船舶航行姿态的优化调整，从而降低船舶航行阻力，对降低燃油成本、减少碳排放，以及提升船舶营运的绿色化水平具有重要意义。船舶纵倾优化决策技术的核心是面向能效提升的不同航行条件下的船舶最佳航行姿态的分析与优化决策，通过船模水池试验或计算流体力学（computational fluid dynamics，CFD）计算分析，获得不同船舶吃水及航速条件下的螺旋桨功率曲线，进而获得船舶最佳纵倾优化决策结果。综合考虑船舶稳定性及具体的航行要求，通过优化调整货物的配载及压载水的调配来实现船舶纵倾角度的优化调整。

船舶纵倾优化决策主要采用船模实验或基于 CFD 仿真计算等方法来分析不同纵倾下的船舶阻力。相关研究结果表明，对于不同的船舶吃水和航速，都存在一个最优的纵倾，通过优化纵倾可以降低船舶航行阻力和能耗。基于求解具有自由面的边值问题的面板法，可预测不同纵倾下的船舶行波阻力，进而可确定低阶波浪阻力的最佳纵倾。相关学者针对不同船舶进行了多个纵倾角度和装载条件的静水拖曳水池实验，研究了不同纵倾对其阻力预测的影响。Sun 等[58]采用 CFD 仿真计算和拖曳实验相结合的方法，研究了纵倾对船舶阻力的影响，并对一艘集装箱船进行了纵倾优化，研究结果表明，船舶在优化纵倾下航行可以显著地降低能耗和温室气体排放。Reichel 等[59]对近 300 艘船舶进行了纵倾优化研究，包括油轮、集装箱船、LNG 船、滚装船和渡轮，研究结果显示，在特定情况下，调整纵倾可减少约 15%的燃油消耗，而在整个船队运行中，可减少 2%~3%的燃油消耗。另外，宋磊等[60]以 180000t 散货船为研究对象，在设计吃水、设计航速、平浮态的条件下，基于 Fluent 仿真计算获得了不同纵倾角度下的船舶航行阻力，并开展了基于模型试验的最佳纵倾减阻效果验证分析。研究结果表明，通过改变纵倾角可以有效降低船舶航行阻力。此外，相关研究采用 CFD 仿真计算方法开展了不同纵倾下船舶阻力预报分析，并进行了船舶纵倾优化决策与节能效果分析，研究结果表明，当对象船舶在设计航速附近航行时，在最佳纵倾角状态下可节能 4%~6%，基于 CFD 仿真的方法可以避免开展大量的实船实验，减少了测试最佳纵倾角所需的人力和物力，具有易于实现、成本低廉、效果明显等优点。综上，通过采用智能优化决策技术，可实现船舶航行姿态的优化调整，从而降低船舶航行阻力，其对降低燃油成本、减少碳排放，以及提升船舶的绿色化水平具有重要意义。相关研究表明，某 4250 标准箱（twenty feet equivalent unit，TEU）型集装箱船通过采用最佳纵倾技术每年可节省燃油成本 5%以上。

基于数学模型的纵倾优化主要体现在对船舶货物的合理配载，基于航线信息、船舶物理结构及不同类型船舶的特点，构建航线配载模型，然后采用智能算法对模型进行寻优，得出最佳纵倾所对应的合理配载。相关学者针对集装箱船的优化配载问题，建立了考虑多因素影响的集装箱配载模型，并采用智能算法实现了该模型的求解，从而实现了船舶的配载优化。此外，有学者开展了全航线配载优化研究，基于所构建的多目标优化模型，采用遗传算法实现了全航线的配载优化。李俊等[61]在考虑集装箱重量不确定性的基础上，建立了一种随机规划模型，并通过采用混合领域搜索算法实现了该模型的求解。此类方法比较侧重于实用性，通过建立船舶数学模型，调用合适的智能算法，并将其集成于船载纵倾优化软件中，不仅可以提高船舶存储空间的利用率，还可以提高码头作业效率，进而提高船舶营运的经济性。

近年来，大数据及人工智能技术的应用促进了船舶纵倾优化决策的智能化发展。采用人工智能技术建立考虑船舶纵倾、海况条件及航速等参数的船舶燃油效率模型，在此基础上，采用动态规划算法可实现船舶航速与最佳纵倾的智能决策，从而可获得较好的能效优化效果[62]。王绪明等[63]针对集装箱和货物的任意性导致船舶难以实现最佳纵倾的问题，研发了一套船舶智能纵倾控制系统，通过所设计的控制算法调节船舶前后舱压载水量，实现船舶纵倾的智能控制，从而达到优化船舶营运能效的目的。随着船舶智能化的发展，基于实时航行环境及运行工况的船舶动态纵倾智能优化决策技术及系统开发将是未来的发展趋势，其对提高船舶的绿色化与智能化水平具有重要意义。

近年来，船舶纵倾优化系统获得了广泛的研究和应用，如船舶纵倾优化系统 ECO-Assistant 和 GreenSteam Optimizer 等。其中，船舶纵倾优化系统 ECO-Assistant 可以基于航行海况实现船舶纵倾的动态优化调整，在 14000 TEU 集装箱上应用的效果分析表明，采用该系统可以降低油耗 8.2%左右。此外，GreenSteam Optimizer 软件系统可以实现船舶吃水的动态优化决策，可降低船舶油耗 4%～5%。

5. 船队营运管理优化决策技术

船队营运管理优化决策是航运公司的一项重要决策，其是决定公司发展的关键，也是提高船队能效水平的有效途径。船队运营管理优化决策是一项复杂问题。一方面，为了完成货物的运输需求，必须将货物合理地分配给船队中的可用船舶，以提高运输的经济性；另一方面，船队中的所有船舶都需要以最佳的航速在设定的时间窗内到达港口，以提高船队的服务水平，并减少燃油消耗和污染气体排放。在此决策过程中，为了将货物合理分配给船队中相应的船舶，除了应该考虑不同船舶的运力限制，还应考虑其他不确定因素对船舶到港时间、船舶燃油消耗的影响。例如，恶劣的天气可能会延迟船舶在港操作时间或海上航行时间，并增加船舶燃料消耗。不恰当的船队优化管理决策可能会因延迟到港和燃料浪费而导致运营成本增加。因此，综合考虑各因素的影响，制定系统的船队优化管理策略对提高船队的经济效益和能效水平具有重要意义。如图 1.13 所示，在分析影响船队能效主要因素的基础上，通过获取大量的航行环境信息、船队船舶运营状态和能耗等数据信息，采用数据挖掘方法可以分析主机转速、航行环境、船舶装载、航行时间约束和港口运行效率等因素对船队能效的影响。在此基础上，通过建立考虑多因素影响的船队能效模型与经济效益模型，提出船队航行优化管理方法，包括最优航速、最佳航线及最佳装载的优化决策等，从而提高整个船队的经济效益和能效水平。

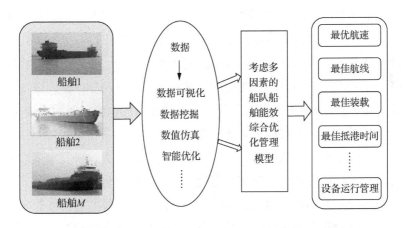

图 1.13　基于营运数据分析的船队航行优化示意图

近年来，船队优化管理与决策在研究方法和研究内容上已逐步深入，船队优化管理决策研究采用的方法主要有整数规划、动态规划、多目标优化等。Cepeda 等[64]通过建立散货船队的仿真模型，分析了降速航行对船队航行经济性和排放性的影响。结果表明，降速航行可使船队更高效地运行，所节省的燃料成本和排放量可以平衡每年因降速导致货物运输的减少量。Andersson 等[65]提出了一种航速优化与航线规划相结合的建模方法，并采用滚动时域启发式算法解决了此组合优化问题。计算结果表明，滚动时域启发式算法能够在合理的时间内为组合优化问题提供良好的解决方案，将航速优化与航线规划相结合可以获得更好的优化效果。此外，有学者提出了双目标的船队部署模型，通过遗传算法求解模型得到了最终的优化方案，并通过实例验证了该模型的有效性。另外，相关研究通过加权法建立船舶能耗和服务水平的多目标函数，并基于不同港口操作时间实现了船舶的最佳航速决策。然而，上述研究大都没有充分考虑不确定性因素的影响，难以进行推广应用。船舶实际营运过程中存在大量的不确定因素，如航行环境、港口操作时间、运输需求等，这使得船队的优化部署与调度具有较大的不确定性。因此，开展不确定性条件下的船队优化管理与能效提升问题研究具有重要的意义。

近年来，关于船队优化管理的研究越来越多地关注大量不确定因素对船队营运水平和能效水平的影响。考虑海上和港口操作时间的不确定性，确定船舶在航线上每个停靠港口的到达时间和每一航段的航速，通过建立混整数非线性随机规划模型，在保持所需的运输时间服务水平的情况下，可最大限度地减少船舶运营成本和预期的燃料成本。Song 等[66]研究了综合考虑船舶数量、计划最大航速和班轮服务计划的联合规划问题，在港口时间不确定的情况下，以同时优化船队的预期成本、服务可靠性和船队排放为目标，将问题转化为一个随机的多目标优化问题，并提出了一种基于仿真的非支配排序遗传算法来解决该问题，获得了较好的优化效果。此外，Windeck 等[67]开发了用于航线和船舶调度问题的决策支持系统，此系统考虑了天气因素并实现了营运成本和 CO_2 排放的最小化。

从研究内容来看，船队的优化管理研究内容逐渐扩大、研究难度逐渐增强，由单目标、单一优化转为船队部署、航速、航线等的多目标联合优化。在研究对象上，由单种船型在简单航线上的运输转向受航运市场等随机因素影响较大的不定期船队在复杂航线上的运输。运筹学仍是解决船队优化管理与决策问题的主要方法，然而线性规划只能求得连续型最优解，整数规划和动态规划方法面临着求解时间过长的问题。此外，这些模型方法较难反映实际中的不确定因素，没有充分考虑到航行环境等影响因素对船队营运经济性和船舶能效带来的影响，改进或开发新的优化模型和算法仍是未来研究的重点内容。近年来，大数据分析技术的发展为船队优化管理决策的研究提供了新的思路，通过大量数据的积累可以分析船队的营运水平、建立多因素影响作用下船队能效优化模型，充分考虑航行环境和航运市场的不确定性，进而实现基于实时信息的船队动态优化管理。通过此方法不仅可以降低船队优化管理研究的不确定性，还可提高问题分析的准确性，最大化地提高船队的能效水平。

6. 船舶营运能效优化管理系统

IMO 对船舶能耗数据的采集提出了相应的要求，具体为 5000t 及以上的船舶需构建能耗数据采集系统。为了满足船舶能耗及 CO_2 排放数据采集的要求，业界相关单位已经研发了相应的能效采集系统，并在实船上进行了示范应用。此外，随着信息传感及无线通信技术的不断发展，船舶能效在线监控技术也得到了快速发展。国内外在船舶能效在线监控技术方面开展了大量研究，相继推出了各种船舶能效监控系统，部分典型能效监控系统如表 1.5 所示。

表 1.5 部分典型能效监控系统简表

系统名称	研发机构	功能与特点
船舶能效监控系统	Marorka 公司	提出航线、航速、纵倾的优化方案
ECO-Assistant 软件系统	德国劳氏船级社	监控主机、辅机油耗
航行与船舶优化系统	Jeppesen Marine	计算 CO_2 减排量，优化航线与航速
船舶能效管理模块	NAPA 公司	可根据风、浪、流规划船舶航线与航速，并制定最佳的装载方案
船舶能效综合监控系统	ABB 公司	能效监测与优化
大型船舶燃油优化控制系统	Devex Mechatronics 公司	优化控制螺旋桨、主机转速及航线规划
营运船舶能效管理和计算软件系统	大连海事大学	对能效进行管理和计算
船舶能效与航行环境监测系统	武汉理工大学	实时采集船舶航行环境数据
船舶燃油监控系统	中远集装箱运输有限公司	辅助管理者及时发现燃油消耗异常并做出反应
数字化营运支持系统	上海船舶研究设计院	节省燃料消耗、评估控制排放、提高营运效率
中远集运能效管理系统	上海海事大学	海运企业能效管理与优化
基于北斗导航的油耗监测系统	集美大学	实现渔船的油耗监测
面向能效优化的船舶航速管理系统	中海网络科技股份有限公司	结合航行状态及气象水文信息，对航速进行迭代优化

在国外，Marorka 公司研发的能效监控系统可以对船舶的性能参数进行监测，并能根据船舶营运数据，结合船舶的航次计划、航线特征、能耗评估及航次成本分析等，形成船舶航速、航线和纵倾的优化方案。德国劳氏船级社通过分析船舶吃水等因素对船舶油耗的影响，开发了 ECO-Assistant 软件系统，基于该系统，船舶操作者能够对主机、辅机的能耗状况进行实时监测。此外，Jeppesen Marine 公司研发的航行与船舶优化系统软件能够计算 CO_2 的排放量，通过优化航线、优化航速等方法，可有效降低船舶燃油消耗。NAPA 公司研发的船舶能效管理模块可以根据所采集的风、浪、流等数据信息，规划最佳航线与最优航速，并给出船舶最佳装载方案。ABB 公司研发了船舶能效综合监控系统，可以实现船舶能效的监测与优化。另外，Devex Mechatronics 公司也推出了大型船舶燃油优化控制系统，

通过对螺旋桨、主机转速、不同水域和气象条件下的航行路径进行优化，从而达到优化船舶能效的目的。

在国内，大连海事大学开发了营运船舶能效管理和计算软件系统，包括船舶能效数据库、应用系统软件、船载数据采集与管理软件等，并研发了船舶能效智能管理系统。武汉理工大学在某游轮上搭建了船舶能效与航行环境监测系统，此系统可以对船舶的主机油耗、轴功率、船舶对水航速，以及相对风速、航道水深等航行环境数据进行实时的采集与监控。此外，中远集装箱运输有限公司也推出了船舶燃油监控系统，该监控系统通过应用多种信息技术，实现能效数据的采集与计算等，可使船舶管理人员及时接收燃油消耗异常信息并对此进行定量分析，然后，通过制定科学的调整方案，实现航运企业能效的优化管理。除此之外，中海网络科技服份有限公司也提出了面向能效优化的船舶航速管理系统，该系统能够决策船舶的经济航速，并能基于航线、航速及气象水文等信息实现船舶航速模型的不断迭代优化，从而达到节能减排的目的。

然而，上述能效监控系统大多只具有对能耗设备和航行状态等参数的监控功能，尚未建立船舶能效与航行数据之间复杂的逻辑关系，以及基于实时数据的能耗指标分析、评估与预测。因此，有必要研发基于大数据分析和智能优化算法的船舶能效智能监控系统，从而提高船舶能效优化管理的智能化水平，进一步降低船舶能耗与温室气体排放。能效智能监控旨在通过对船舶营运数据的自动采集，采用大数据挖掘分析技术，实现船舶运行状态及能效水平的自主评估，并给出评估分析结果及辅助决策建议，包括船舶的最佳航速、最佳航线与基于最佳纵倾的船舶优化装载方案等。近年来，国内外相继研发了具有不同特点的船舶智能能效管理系统，典型智能能效监控系统及其特点如表 1.6 所示。

表 1.6　典型智能能效监控系统及其特点

系统名称	研发机构	系统特点
智能能效管理系统	Rolls Royce 公司	运用智能算法和船舶大数据技术，可进一步降低船舶油耗
船舶能效监控系统	SeaTechnik 公司	实时监测船舶性能及航行数据，在线分析关键性能指标和趋势
船舶能效在线智能管理系统	大连海事大学	提供面向船舶能效管理的综合智能优化方案
船舶能效智能管理系统	沪东中华造船（集团）有限公司	可针对能耗设备计算出单位距离的油耗、碳排放量，并提供相关的辅助决策
船舶智能能效管理系统	连云港杰瑞深软科技有限公司	分为低级功能和高级功能，强化了系统的软件、硬件及功能模块，具有较好的性能

其中，Rolls Royce 公司研发的智能能效管理系统通过运用智能算法，降低船舶的能耗与运营成本，并运用大数据技术对机舱设备进行分析，向船东提供维修的辅助决策建议，在进一步降低船舶能耗的同时，使得船舶的能效监测、设备寿命预测的智能化水平得到较大提升。SeaTechnik 公司推出的船舶能效监控系统可对船舶性能和航行数据进行实时的监测和在线分析，并根据所得到的分析结果优化船舶航行性能。

在国内，大连海事大学开发了船舶能效在线智能管理系统，该系统旨在提供面向船舶能效管理的综合智能优化方案。此外，由沪东中华造船（集团）有限公司自主设计并建造的中远海运乞力马扎罗轮，是中远海运集团获得的首艘经中国船级社认证的搭载船舶能效智能管理系统的船舶，通过对船舶能效进行监测，一方面可以得到主要能耗设备的能耗水平，另一方面可以为船舶能效优化提供辅助决策。另外，连云港杰瑞深软科技有限公司研发的船舶智能能效管理系统具有低、高两级功能，通过采用数据关联分析、数据模型与算法等技术，可实现船舶能效和 CO_2 排放等数据的分析、评估及预测。

7. 能效管理技术应用现状分析

基于国内外现有文献资料及相关节能技术应用案例调研，本章开展了典型船舶能效管理技术应用分析，总结了当前船舶能效优化管理技术应用存在的问题。

1）典型船舶能效管理技术应用分析

基于散货船、集装箱船、油船三大主力船型的能耗水平的分析，本节针对典型船型的特点及能效优化管理技术的特点，分析了三大主力船型采用相关节能技术的适用性。其中，散货船较适用动力系统监测优化技术、航速优化技术、航线优化技术及船队优化管理技术，同样也可以采用纵倾优化决策技术和集成优化控制技术。集装箱船非常适合采用航速优化技术和船队优化管理技术，较适用航线优化技术、最佳纵倾优化技术。并且，采用最佳纵倾优化技术的优化效果优于其他船型，同样也可以采用动力系统监测优化技术及集成优化控制技术。油船较适合采用航速优化技术及最佳纵倾优化技术，并且相关技术已在一些船舶上获得应用。此外，油船也可以采用动力系统监测优化技术、航线优化技术、船队优化管理技术及集成优化控制技术。

2）能效优化管理技术应用问题分析

在动力系统运行状态评估与优化技术方面，国内外有关学者已开展了相应的研究。然而，目前对于船舶动力系统能效状态的评估与优化研究，尚未建立完善的评估方法和评估体系，对动力系统运行状态的优化控制模型与方法还有待进一步深入研究。

在船舶航速与航线优化方面，现有的船舶航速与航线优化模型与方法仍具有一定的局限性，尚未考虑多变航行环境因素与船舶能效的耦合作用关系，所建立的理论模型与船舶实际运行情况难以完全相符。为解决此问题，可以采用数据与知识融合驱动的方法，发挥理论建模分析和实际运行数据挖掘各自的优势，提高船舶能效模型的准确性，进而形成更加有效的能效优化管理方法，以进一步提高船舶能源利用效率。此外，船舶航速、航线等的联合优化可以进一步挖掘船舶能耗的提升潜力，从而进一步降低船舶温室气体排放。

在船舶纵倾优化决策方面，不同航行条件下的船舶航行姿态对船舶能效水平具有一定的影响，基于智能算法的船舶纵倾优化决策技术可助力船舶航行姿态的精细化控制，通过获取燃油消耗、船舶姿态、航速等信息，建立智能优化模型与算法，可实现船舶最佳纵倾的优化决策，从而可以有效降低船舶航行阻力，其对降低燃油成本、减少碳排放、提升船舶营运的绿色化水平具有重要意义。

在船队优化管理决策技术方面，船队的优化管理研究内容逐渐扩大且研究难度逐渐增强，已由单目标的优化发展为船队优化决策部署、船舶航速及航线等的多目标协同优化。此外，这方面的研究已由单一船舶的运输管理逐渐发展为考虑多因素影响的复杂船队的优化管理与决策。改进或开发新的船队优化管理模型和算法仍是未来研究的重点内容。在能耗优化管理系统研发与应用方面，由于船舶能耗影响因素的复杂性及航行环境的不确定性，相应的能耗优化管理系统还需进行不断的迭代升级，以进一步提高船队的能效水平。

目前，相关的船舶能耗优化管理系统虽然已具有能耗监测，以及航速、航线优化等功能，但相关的船载设备、岸基支持设备、船岸通信设备的信息化程度仍需提高。此外，船舶智能能效系统的核心在于考虑复杂多变影响因素的船舶能效智能优化决策，其应具备自主优化决策等功能。然而，目前所推出的能耗管理系统尚无法实现不同航行条件下船舶能耗的自主优化决策，能效管理系统的智能化水平有待进一步提高。因此，未来需开发集船载能效数据采集系统与岸基能效数据分析平台于一体的船舶能效综合智能优化管理系统，实现船载能效数据采集系统与岸基能效数据分析平台的信息实时共享与无缝链接，并可实现集船舶能效自主感知、智能分析、自学习、自决策、滚动优化于一体的船舶能效智能优化决策功能，全力打造具有感知能力、决策思维能力、学习适应能力，以及自主决策协同控制能力的智能化控制系统，实现船舶能效决策与控制的一体化，最终实现船舶能效的智能优化管理，实现船舶节能减排的目标。此外，随着船舶绿色化的不断发展，多清洁能源混合动力系统等新型动力系统形式的应用将是未来的发展趋势，因此，新一代能效智能优化控制系统也应具有一定的普适性和扩展性，可以针对不同绿色动力系统形式实现船舶能效的智能优化决策，从而促进船舶的绿色化与智能化发展。

1.3　本书主要内容

本书面向船舶营运能效智能优化关键核心技术，依次开展了船舶能效优化研究与应用现状、船舶能效法规与优化技术体系、船舶能效建模理论与方法，以及船舶航速、航线、纵倾等智能优化理论与方法的分析和研究，主要内容与章节结构如图 1.14 所示。

1）船舶营运能效优化概述

阐明了船舶营运能效优化管理的内涵，剖析了船舶营运能效优化管理的作用与意义，并系统地分析了船舶营运能效优化技术的发展现状与存在的问题。

2）船舶能效管理要求与优化技术体系

介绍了 MARPOL 附则Ⅵ的基本内容，并重点阐述了新造船舶能效设计指数（EEDI）、船舶能效管理计划（SEEMP），以及能效营运指数（EEOI）、现有船舶能效指数（EEXI）、碳强度指数（CII）的基本内涵和分析过程。在此基础上，构建了面向船舶能效控制法规的船舶营运能效优化技术体系，包括船舶能效监测技术、船舶能效数据处理技术、船舶能效分析与评估技术、船舶航速优化技术、船舶航线优化技术、船舶航行姿态优化技术、船舶能耗系统优化管理控制技术、混合动力系统能效优化管理技术等。

3）船舶营运能效建模理论与方法

研究了考虑多因素的船舶能效机理模型、基于机器学习的船舶能效模型，以及数据与知识融合驱动的船舶能效模型。首先，基于船舶推进系统能量传递关系分析，结合船舶阻力模型、螺旋桨运行特性模型、主机运行特性模型，建立了考虑多因素的船舶能效机理模型；然后，通过实船采集的船舶营运数据及能效数据，分别采用 BP 神经网络、深度置信网络（deep belief network，DBN）、KNN 算法、决策树算法和支持向量机（support vector machine，SVM）算法构建了船舶能效模型，并进行了不同机器学习算法的船舶能耗预测性能案例验证分析；最后，研究了基于灰箱模型的船舶能效模型，通过融合理论知识和数据驱动的机器学习算法，构建了基于数据与知识融合驱动的船舶能效灰箱模型。

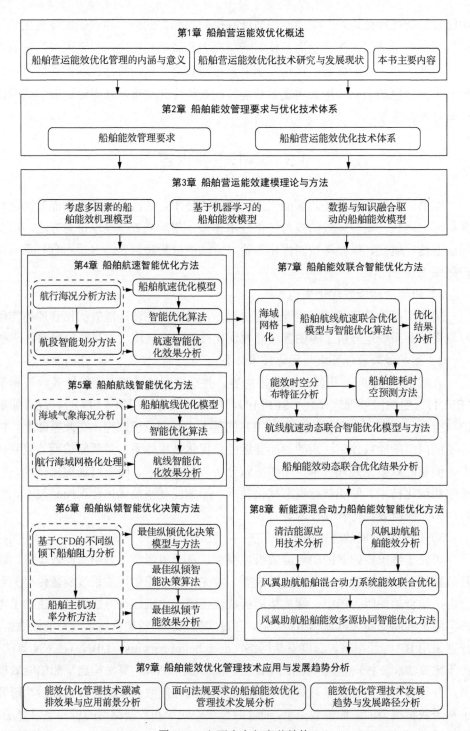

图 1.14　主要内容与章节结构

4）船舶航速智能优化方法

基于实船采集数据和欧洲中期天气预报中心（European Center for Medium-Range Weather Forecasts，ECMWF）获取的气象数据，通过采用改进 k 均值聚类算法实现了基于海况数据聚类分析的航行海况类别划分，并提出了基于物理转向点和海况智能识别的航段智能划分方法。在此基础上，建立了以船舶能耗最佳为目标，以航行时间、航程等为约束的船舶航速优化模型，通过采用遗传算法，实现了基于航段划分的船舶航速智能优化决策，对实现船舶能效智能优化管理具有重要的参考和指导价值。

5）船舶航线智能优化方法

构建了以船舶航次能耗最低为目标、以航行时间等为约束条件的船舶航线优化模型。在航行海域网格化处理的基础上，提出了基于粒子群优化算法的航线智能优化方法，通过采用粒子群优化算法，实现了考虑多航行环境要素的船舶航线的智能优化决策，其为船舶航线的合理规划提供了一种新的理论和方法。

6）船舶纵倾智能优化决策方法

采用 CFD 仿真计算方法，对目标船舶进行了不同载况条件下的静水阻力预报。以满载工况为例，分析了不同纵倾和航速条件下的船舶航行阻力与功率需求，构建了船舶纵倾优化决策模型，提出了基于支持向量机算法的船舶纵倾智能优化决策算法，并开展了纵倾节能效果分析研究。通过采用纵倾智能优化决策算法可以有效改善船舶航行阻力性能，具有较好的节能效果。

7）船舶能效联合智能优化方法

为进一步挖掘船舶能效的提升潜力，本书提出了一种考虑海洋气象条件的船舶航线与航速联合优化方法。在航行海域网格化处理的基础上，建立了船舶航线航速联合优化模型和智能优化方法。此外，充分考虑船舶能效影响因素的时变性，提出了一种基于多航行环境要素时空分布特征的船舶航线航速动态联合优化方法。通过采用模型预测控制策略和群智能算法，实现了时变要素影响下的船舶航线航速动态联合优化。该船舶能效动态联合优化方法充分考虑了航行环境要素及运行参数的时变性，具有较好的能效优化效果，可以进一步降低船舶能耗和 CO_2 排放。

8）新能源混合动力船舶能效智能优化方法

在船舶新能源应用技术分析的基础上，针对风能在大型远洋船舶上应用的优势，提出了风翼助航船舶"风翼-柴油机"混合动力系统能效优化方法，通过构建风翼攻角与船舶航速的联合优化模型与智能优化算法，可有效提高风翼助航船舶的营运能效水平。并在此基础上，建立了风翼助航船舶航线、航速及风翼攻角的多源协同优化模型，提出了一种基于群智能算法的风翼助航船舶能效多源协同智能优化方法。该方法可实现风翼助航船舶的航线、航速及风翼攻角的多源协同智能优化,在充分利用风力资源的同时,可使风翼助航船舶混合动力系统在不同航行条件下处于最佳运行状态,从而进一步提高风帆助航船舶的能效水平,促进航运业的绿色化和低碳化发展。

9)船舶能效优化管理技术应用与发展趋势分析

从船舶能效优化管理技术碳减排效果与应用前景、面向法规履约的能效优化管理技术发展、能效优化管理技术发展趋势与发展路径等方面开展了分析研究。目前,能效优化管理技术在典型的三大主力船型上均有所应用,但相关技术应用仍存在模型精度低、环境自适应弱等问题,模型的应用效果有待进一步提升。由于日益严格的船舶能效法规的实施和生效,需大力推进面向法规履约的船舶能效优化管理技术与措施的发展,从而更好地助力我国营运船舶满足日益严格的排放法规的要求。此外,船舶能效优化管理技术的智能化、优化管理方法的协同化,以及优化管理系统的集成化将是船舶能效优化管理技术的重要发展趋势。

参 考 文 献

[1] 严新平, 刘佳仑, 范爱龙, 等. 智能船舶技术发展与趋势简述[J]. 船舶工程, 2020, 42(3): 15-20.

[2] 王凯, 胡唯唯, 黄连忠, 等. 船舶智能能效优化关键技术研究现状与展望[J]. 中国舰船研究, 2021, 16(1): 181-192, 199.

[3] IMO. Fourth IMO GHG Study 2020: Final Report Note by the Secretariat[R]. London: IMO, 2020.

[4] MARINE ENVIRONMENT PROTECTION COMMITTEE. Prevention of air pollution from ships(Third IMO GHG Study 2014)[R]. London: Marine Environment Protection Committee, 2014.

[5] SERRA P, FANCELLO G. Towards the IMO's GHG goals: A critical overview of the perspectives and challenges of the main options for decarbonizing international shipping[J]. Sustainability, 2020, 12(8): 1-32.

[6] TRIVYZA N L, RENTIZELAS A, THEOTOKATOS G, et al. Decision support methods for sustainable ship energy systems: A state-of-the-art review[J]. Energy, 2022, 239: 1-14.

[7] 贺亚鹏, 严新平, 范爱龙, 等. 船舶智能能效管理技术发展现状及展望[J]. 哈尔滨工程大学学报, 2021, 42(3): 317-324.

[8] HAQUE M Z, MARIIA D, JARAMILLO J V, et al. Big data and artificial intelligence in the maritime industry: A bibliometric review and future research directions[J]. Maritime Policy & Management, 2020, 47(5): 577-597.

[9] 王凯, 王中一, 黄连忠, 等. 基于大数据及人工智能的船舶能效智能优化研究综述[J]. 中国航海, 2023, 46(1): 155-162.

[10] 王凯. 基于营运数据分析的内河船队能效优化方法研究[D]. 武汉: 武汉理工大学, 2018.

[11] 申振宇. 船舶主推进系统能耗分布研究及软件开发[D]. 哈尔滨: 哈尔滨工程大学, 2016.

[12] WANG K, XU H, LI J Y, et al. A novel dynamical collaborative optimization method of ship energy consumption based on a spatial and temporal distribution analysis of voyage data[J]. Applied Ocean Research, 2021, 112: 1-13.

[13] 王壮, 李嘉源, 黄连忠, 等. 基于改进 K 近邻算法的船舶通航环境智能识别[J]. 上海海事大学学报, 2020, 41(3): 36-41.

[14] WANG K, YAN X P, YUAN Y P, et al. Real-time optimization of ship energy efficiency based on the prediction technology of working condition[J]. Transportation Research Part D: Transport and Environment, 2016, 46: 81-93.

[15]　陈伟南, 黄连忠, 张勇, 等. 基于 BP 神经网络的船舶主机能效状态评估[J]. 中国舰船研究, 2018, 13(4): 127-133, 160.

[16]　高梓博. 船舶智能能效管理数据挖掘技术研究[D]. 大连: 大连海事大学, 2019.

[17]　YAN X P, SUN X, YIN Q Z. Multiparameter sensitivity analysis of operational energy efficiency for inland river ships based on backpropagation neural network method[J]. Marine Technology Society Journal, 2015, 49(1): 148-153.

[18]　WANG K, SUN X L, HUANG L Z, et al. Knowledge base construction of ship energy efficiency accounting for various environmental factors based on big data analysis[C]. 2021 6th International Conference on Transportation Information and Safety, 2021: 698-703.

[19]　WANG K, WANG J H, HUANG L Z, et al. A comprehensive review on the prediction of ship energy consumption and pollution gas emissions[J]. Ocean Engineering, 2022, 266: 1-17.

[20]　MARIE S, COURTEILLE E. Sail-assisted motor vessels weather routing using a fuzzy logic model[J]. Journal of Marine Science and Technology, 2014, 19(3): 265-279.

[21]　WANG K, YAN X P, YUAN Y P, et al. PSO-based method for safe sailing route and efficient speeds decision-support for sea-going ships encountering accidents[C]. 14th IEEE International Conference on Networking, Sensing and Control. Calabria, Southern Italy, 2017: 413-418.

[22]　LAZAROWSKA A. Ant colony optimization based navigational decision support system[J]. Procedia Computer Science, 2014, 35: 1013-1022.

[23]　ZHANG S K, SHI G Y, LIU Z J, et al. Data-driven based automatic maritime routing from massive AIS trajectories in the face of disparity[J]. Ocean Engineering, 2018, 155: 240-250.

[24]　SEN D, PADHY C P. An approach for development of a ship routing algorithm for application in the North Indian Ocean region[J]. Applied Ocean Research, 2015, 50: 173-191.

[25]　SHAO W, ZHOU P L, THONG S K. Development of a novel forward dynamic programming method for weather routing[J]. Journal of Marine Science and Technology, 2012, 17(2): 239-251.

[26]　GKEREKOS C, Lazakis I. A novel, data-driven heuristic framework for vessel weather routing[J]. Ocean Engineering, 2020, 197: 1-10.

[27]　YAN X P, WANG K, YUAN Y P, et al. Energy-efficient shipping: An application of big data analysis for optimizing engine speed of inland ships considering multiple environmental factors[J]. Ocean Engineering, 2018, 169: 457-468.

[28]　YANG L Q, CHEN G, ZHAO J L, et al. Ship speed optimization considering ocean currents to enhance environmental sustainability in maritime shipping[J]. Sustainability, 2020, 12(9): 1-24.

[29]　马冉祺, 黄连忠, 魏茂苏, 等. 基于实船监测数据的定航线船舶智能航速优化[J]. 大连海事大学学报, 2018, 44(1): 31-35.

[30]　WANG K, YAN X P, YUAN Y P, et al. Optimizing ship energy efficiency: Application of particle swarm optimization algorithm[J]. Proceedings of the Institution of Mechanical Engineers, Part M: Journal of Engineering for the Maritime Environment, 2018, 232(4): 379-391.

[31]　张进峰, 杨涛宁, 马伟皓. 基于多目标粒子群算法的船舶航速优化[J]. 系统仿真学报, 2019, 31(4): 787-794.

[32]　ALONSO J M, ALVARRUIZ F, DESANTES J M, et al. Combining neural networks and genetic algorithms to predict and reduce diesel engine emissions[J]. IEEE Transactions on Evolutionary Computation, 2007, 11(1): 46-55.

[33]　林辉. 船舶智能能效管理系统设计研究[D]. 武汉: 武汉理工大学, 2019.

[34]　王寰宇. 远洋船舶分段航速优化及其智能算法研究[D]. 大连: 大连海事大学, 2018.

[35] 黄连忠, 万晓跃, 孙永刚, 等. 基于模拟退火算法的船舶航速优化研究[J]. 船舶, 2018, 29(S1): 8-17.

[36] PSARAFTIS H N, KONTOVAS C A. Ship speed optimization: Concepts, models and combined speed-routing scenarios[J]. Transportation Research Part C: Emerging Technology, 2014, 44: 52-69.

[37] WANG H L, MAO W G, ERIKSSON L. A Three-Dimensional Dijkstra's algorithm for multi-objective ship voyage optimization[J]. Ocean Engineering, 2019, 186: 1-13.

[38] MA D F, MA W H, JIN S, et al. Method for simultaneously optimizing ship route and speed with emission control areas[J]. Ocean Engineering, 2020, 202: 1-10.

[39] ZHUGE D, WANG S A, WANG D Z W. A joint liner ship path, speed and deployment problem under emission reduction measures[J]. Transportation Research Part B: Methodological, 2021, 144: 155-173.

[40] ZACCONE R, OTTAVIANI E, FIGARI M, et al. Ship voyage optimization for safe and energy-efficient navigation: A dynamic programming approach[J]. Ocean Engineering, 2018, 153: 215-224.

[41] PERERA L P, MO B, KRISTJÁNSSON L A. Identification of optimal trim configurations to improve energy efficiency in ships[J]. IFAC Papers Online, 2015, 48(16): 267-272.

[42] DU Y Q, MENG Q, WANG S A, et al. Two-phase optimal solutions for ship speed and trim optimization over a voyage using voyage report data[J]. Transportation Research Part B: Methodological, 2019, 122: 88-114.

[43] CORADDU A, ONETO L, BALDI F, et al. Vessels fuel consumption forecast and trim optimization: A data analytics perspective[J]. Ocean Engineering, 2017, 130: 351-370.

[44] TRODDEN D G, MURPHY A J, PAZOUKI K, et al. Fuel usage data analysis for efficient shipping operations[J]. Ocean Engineering, 2015, 110: 75-84.

[45] 陈钰, 陈庆任, 赵丙乾. 内河船舶航速预报及能效评估软件开发[J]. 船舶, 2016, 27(1): 100-104.

[46] PRILL K, BEHRENDT C, SZCZEPANEK M, et al. A new method of determining energy efficiency operational indicator for specialized ships[J]. Energies, 2020, 13(5): 1-17.

[47] KÖKKÜLÜNK G, PARLAK A, ERDEM H H. Determination of performance degradation of a marine diesel engine by using curve based approach[J]. Applied Thermal Engineering, 2016, 108: 1136-1146.

[48] PERERA L P, MO B. Marine engine operating regions under principal component analysis to evaluate ship performance and navigation behaviour[C]. 10th IFAC Conference on Control Applications in Marine Systems CAMS 2016. Elsevier Ltd. , 2016: 512-517.

[49] SUN X, YAN X P, WU B, et al. Analysis of the operational energy efficiency for inland river ships[J]. Transportation Research Part D: Transport and Environment, 2013, 22: 34-39.

[50] PSARAFTIS H N, KONTOVAS C A. Speed models for energy-efficient maritime transportation: A taxonomy and survey[J]. Transportation Research Part C: Emerging Technologies, 2013, 26: 331-351.

[51] YAO Z S, NG S H, LEE L H. A study on bunker fuel management for the shipping liner services[J]. Computers & Operations Research, 2012, 39(5): 1160-1172.

[52] CHANG C C, WANG C M. Evaluating the effects of speed reduce for shipping costs and CO$_2$ emission[J]. Transportation Research Part D: Transport and Environment, 2014, 31(8): 110-115.

[53] LIN Y H, FANG M C, YEUNG R W. The optimization of ship weather-routing algorithm based on the composite influence of multi-dynamic elements[J]. Applied Ocean Research, 2013, 43: 184-194.

[54] 牟小辉. 基于动态规划算法的船舶经济航线优化研究[D]. 武汉: 武汉理工大学, 2017.

[55] WANG H L, LANG X, MAO W G. Voyage optimization combining genetic algorithm and dynamic programming for fuel/emissions reduction[J]. Transportation Research Part D: Transport and Environment, 2021, 90: 1-19.

[56] VETTOR R, SOARES C G. Development of a ship weather routing system[J]. Ocean Engineering, 2016, 123: 1-14.

[57] FAGERHOLT K, GAUSEL N T, RAKKE J G, et al. Maritime routing and speed optimization with emission control areas[J]. Transportation Research Part C: Emerging Technologies, 2015, 52: 57-73.

[58]　SUN J L, TU H W, CHEN Y N, et al. A study on trim optimization for a container ship based on effects due to resistance[J]. Journal of Ship Research, 2016, 60(1): 30-47.

[59]　REICHEL M, MINCHEV A, LARSEN N L. Trim optimization-theory and practice[J]. The International Journal on Marine Navigation and Safety of Sea Transportation, 2014(8): 387-392.

[60]　宋磊, 童骏, 孔斌. 散货船纵倾减阻及其成因分析[J]. 舰船科学技术, 2020, 42(5): 21-26.

[61]　李俊, 张煜, 计三有, 等. 不确定箱重下内河集装箱班轮航线配载决策[J]. 交通运输系统工程与信息, 2018, 18(2): 208-215.

[62]　刘伊凡, 张剑, 张跃文. 纵倾优化下的船舶能效数值模型[J]. 船舶工程, 2015, 37(12): 31-34, 91.

[63]　王绪明, 刘维勤, 吴昊, 等. 船舶智能纵倾控制系统[J]. 中国航海, 2018, 41(3): 59-62, 75.

[64]　CEPEDA M A F, ASSIS L F, MARUJO L G, et al. Effects of slow steaming strategies on a ship fleet[J]. Marine Systems & Ocean Technology, 2017, 12(3): 178-186.

[65]　ANDERSSON H, FAGERHOLT K, HOBBESLAND K. Integrated maritime fleet deployment and speed optimization: Case study from RoRo shipping[J]. Computers & Operations Research, 2015, 55(7): 233-240.

[66]　SONG D P, LI D, DRAKE P. Multi-objective optimization for planning liner shipping service with uncertain port times[J]. Transportation Research Part E: Logistics and Transportation Review, 2015, 84: 1-22.

[67]　WINDECK V, STADTLER H. A liner shipping network design-routing and scheduling impacted by environmental influences[C]. International Conference on Network Optimization, Berlin: Springer, 2011: 574-576.

第2章　船舶能效管理要求与优化技术体系

在船舶绿色化与低碳化发展的大背景下，船舶温室气体排放问题引起了业界的广泛关注。船舶排放法规的制定与实施对于控制船舶温室气体排放具有重要意义，而船舶能效优化技术是降低船舶温室气体排放的有效方法，对提高船舶的绿色化水平具有重要现实意义，同时也是落实国家低碳航运发展战略的重要体现。

2.1　船舶能效管理要求

2.1.1　船舶能效法规与管理机制

随着世界航运贸易量的增长，船舶燃油消耗产生的污染气体排放量随之攀升。为降低航运业污染气体排放，相关国际组织提出了一系列污染气体排放控制法规和减排措施，如图 2.1 所示。随着国际社会对温室气体排放及其带来的环境污染问题越来越重视，IMO 持续关注船用燃油质量问题及其带来的大气污染问题，并先后开展了 MARPOL 附则Ⅵ"防止船舶造成空气污染规则"的改进和修订工作[1]。

图 2.1　船舶污染气体排放控制法规和减排措施

MARPOL 附则Ⅵ修正案新增的《船舶能效管理计划（SEEMP）制订导则》规定所有 400 总吨及以上国际航行的船舶需要持有符合 MARPOL 要求的 SEEMP。

船舶能效管理旨在优化控制船舶能耗、能源利用效率和 CO_2 排放，从而提高船舶的营运能效水平，其关键是如何制定合理的船舶能效评价指标、研究船舶能效提升的有效方法与技术，进而构建船舶能效综合管理体系，以进一步提高船舶能源利用效率，实现船舶节能减排的目标[2]。《船舶能效管理计划（SEEMP）制订导则》旨在从计划、实施、监测、自我评估和改进等方面，对船舶能效进行有效的监测和科学的管理，从而提高船舶的能效水平，其已成为监测和管理船舶能效的有效手段。在 SEEMP 制定和实施的过程中，能效的定量评价分析较为关键。为实现船舶能效的定量评价分析，首先，应选择合理的能效评价指标（或评价体系）；其次，基于大量的实船数据信息确定能效基准；然后，通过评价指标（或评价体系）对船舶能效进行量化分析与评级；最后，根据能效评级结果提出能效管理的优化措施和改进方案。具体如图 2.2 所示。

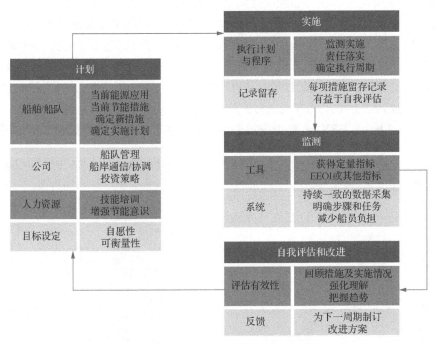

图 2.2　船舶能效管理计划制订与实施过程

此外，IMO 提出了采用 EEDI 来进行新造船舶能效水平分析与评价，并针对已营运的船舶，提出了自愿使用 EEOI 作为其营运能效水平的评价指标。根据《船舶能效营运指数（EEOI）自愿使用导则》，EEOI 可通过式（2.1）计算获得。从公式可以看出，EEOI 的本质是船舶单位运输周转量的 CO_2 排放量，可以用来评价船舶航次营运能效水平的高低，即 EEOI 值越小，船舶的营运能效水平越高[3]。目前，针对改进营运管理措施以提升船舶能效的研究主要集中于航速优化、航线优化、船舶运营调度、航行姿态优化等方面。

$$EEOI = \frac{\sum_i FC_i \times C_{carbon}}{m_{cargo} \times D} \qquad (2.1)$$

式中，i 表示燃料的类型；FC 表示船舶消耗的燃料总量；C_{carbon} 表示所消耗燃料对应的 CO_2 排放因子；m_{cargo} 表示货物运输量；D 表示船舶航行距离。

随着船舶能效优化控制问题的关注度不断提升，大量现有船舶的碳排放问题引起了业界的高度重视。据统计，2019 年全球船队约排放 8 亿吨 CO_2，其中，约 67%来源于那些不适用于 EEDI 规定的现有船舶（2013 年 1 月 1 日前签订完建造合同，吨位在 400 总吨以上的船舶）。为提高大量现有船舶的营运能效水平，MEPC 74 届会议期间提出了现有船舶能效指数（EEXI）的理念，并于会后进一步完善了该理念。在 2020 年举行的 IMO 第 75 届海洋环境保护委员会批准了 MARPOL 附则VI 的修正案，该修正案中引入了 EEXI 的概念。该指标适用于所有 400 总吨及以上符合 MARPOL 附则VI规定的船舶，同时，相关机构将起草和制定与 EEXI 导则配套的相关计算、检验和验证、标准与方法等。EEXI 是面向短期减排目标的能效控制强制性方案，该方案主要关注船舶自身减排性能提升，并与 EEDI 相统一。如图 2.3 所示，EEXI 主要考虑船舶设计要素和船舶航行要素这两个可控因素。

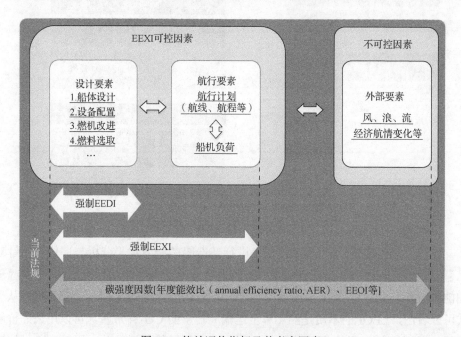

图 2.3　能效评价指标及其考虑因素

其中，船舶设计要素主要包括船体设计、设备配置、燃机改进及燃料选取等方面；船舶航行要素主要包括航行计划和船机负荷的选取等方面。EEXI 目前不考虑那些不可控因素，如复杂的气象海况环境等，这些不可控因素需要航运业基于实际情况进行统筹考虑。根据目前的方案，EEXI 与 EEDI 获得值的计算方法基本相似，区别在于，EEXI 的计算简化了设计航速、燃油消耗系数和主机功率限值的引入[4]。

EEXI 限值和 EEDI 的第Ⅱ阶段或第Ⅲ阶段要求的形式基本一致，即其获得值 Attained EEXI 需小于或等于所要求的值 Required EEXI，如式（2.2）的要求。

$$\text{Attained EEXI} \leqslant \text{Required EEXI} = (1-Y/100) \cdot \text{EEDI Reference line value} \qquad (2.2)$$

式中，EEDI Reference line value 表示 EEDI 参考限值；Y 表示折减系数，其主要与船舶类型及尺度有关，如表 2.1 所示。

表 2.1 典型船型的折减系数

船型	吨位	折减系数
散货船	200000 及以上载重吨	15%
	20000 及以上但小于 200000 载重吨	20%
	10000 及以上但小于 20000 载重吨	0～20%
油轮	200000 及以上载重吨	15%
	20000 及以上但小于 200000 载重吨	20%
	4000 及以上但小于 20000 载重吨	0～20%
集装箱船	200000 及以上载重吨	50%
	120000 及以上但小于 200000 载重吨	45%
	80000 及以上但小于 120000 载重吨	35%
	40000 及以上但小于 80000 载重吨	30%
	15000 及以上但小于 40000 载重吨	20%
	10000 及以上但小于 15000 载重吨	0～20%

根据 MARPOL 的要求，在 2023 年的年度检验中，现有营运船舶必须达到所规定的 EEXI 值，并获得国际能效证书（international energy efficiency certificate，IEEC）。对于已经按照 EEDI 的第Ⅱ阶段和第Ⅲ阶段标准建造的船舶而言，新提出的 EEXI 规定对其影响不大。法规实施后，对于不符合 EEXI 规定的船舶，可通过限制主机功率、加装节能装置或使用替代燃料等方法和措施来达到 EEXI 的要求。相关机构基于选取的基准船型数据进行了 EEXI 估计分析，结果显示，当前运营的所有油轮和散货船船队中，约 60% 的船舶通过采取相应限制措施后，理论上可

以满足 EEXI 的要求，其他不能满足要求的船舶则需要采用多种优化管理措施和手段来达到规定的要求。

目前，现有营运船舶的减排举措主要有三种：①限制船舶主机功率；②加装相关节能装置或者使用替代燃料；③用新船来替换旧船。相关机构从技术成熟度等多个维度对现有营运船舶的减排措施进行了分析和评估。分析结果表明，限制船舶主机功率是当前集技术成熟度较高、改装难度较低、减排潜力较大等优点于一身的短期碳减排举措。

此外，IMO 在船舶实际营运中还引入了 CII。从 2023 年开始，5000 总吨以上的船舶拟采用 AER 为指标来进行每年度 CII 的评估。每艘船所达到的 CII 值将与减排目标指定的 CII 规定值相比较，根据其达标情况，会被给予 A～E 五个等级的能效评级。如果船舶被评级为 D 和 E，则需要提交能效改进措施。

综上所述，船舶能效管理体系的核心是采取措施持续改进能效管理绩效水平，通过制订科学合理的船舶能效管理计划，明确能效优化目标和评价指标，建立有效的监测和监管机制，进而提升船舶能效水平。将能效指标作为监测工具，通过构建船舶能效优化管理体系，可逐步提升现有船舶的营运能效水平，推动航运业的绿色化与低碳化发展。

2.1.2　能效管理规范与检验指南

1. 智能能效管理规范

随着大数据、人工智能、机器学习等技术的快速发展，面向智能船舶的智能能效管理技术的研究与应用是未来发展的主要方向之一。中国船级社发布的《智能船舶规范》涵盖了智能航行、智能船体、智能机舱、智能能效管理、智能货物管理和智能集成平台等智能船舶的关键内容[5]。其中，作为《智能船舶规范》重要组成部分的智能能效管理以提高船舶能效水平为目的，结合大数据挖掘及智能优化决策等技术，为船舶提供评估与优化决策结果，实现船舶能效智能监控、评估与优化管理。智能能效管理主要包括智能能效优化的一般要求、船舶能效智能在线监控、航速优化、基于纵倾优化的最佳配载，以及检验和试验等[5]。

在船舶能效智能在线监控方面，通过船舶能效智能在线监控系统，对数据进行检测和采集、传输和存取，在此基础上，进行船舶能效和排放数据的分析；然后，进行能效和能耗的评估；最后，进行辅助决策和优化管理，从而减小燃油消耗和碳排放量，提高能源利用率。

航速优化主要包括基于航次计划和基于经济效益的航速优化两方面。其中，前者主要基于船舶效率及天气海况等因素对船舶航速影响的分析与评估，进而提出航速优化决策方案；后者则根据船舶营运过程中的各项费用进行航次效益评估，进而提出航速优化方案。

基于纵倾优化的最佳配载系统一般包括：航行数据采集装置、纵倾性能数据库，以及纵倾寻优分析系统。纵倾性能数据库可通过水池试验及数值仿真计算的方法进行构建，或者基于建模分析实船航行数据得到的系列数据进行构建。纵倾寻优分析系统应至少能在装载手册所包含的任意工况下进行最佳纵倾寻优计算，并输出基于优化航行浮态调整的纵倾区间。当系统自动输出最佳节能装载方案时，要求符合最佳的航态目标，同时要满足船体强度、完整稳性、破舱稳性及初始航行系列安全指标要求。

2. 智能能效检验指南

智能能效检验指南见图 2.4，包括一般要求、能效智能在线监控、航速优化、基于纵倾优化的最佳配载，以及检验和试验等方面。其中，检验和试验包括初次检验和建造后检验。根据船舶建造的时间，初次检验又分为新建船舶初次检验和现有船舶初次检验，两者都需要将《船舶智能能效管理检验指南》要求的图纸提交验船师审核。根据检验时间的不同，建造后检验分为年度检验、中间检验和特别检验[6]。

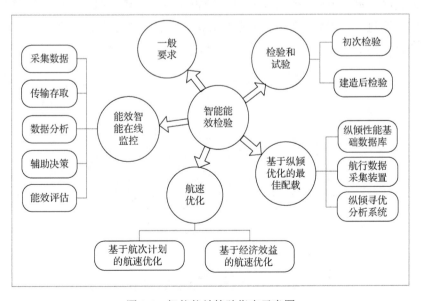

图 2.4　智能能效检验指南示意图

2.2　船舶营运能效优化技术体系

2.2.1　船舶能效监测技术

　　船舶能耗及航行环境等信息的监测与分析是研究船舶能效优化管理方法的重要基础和前提[7]。船队管理者应致力于开发集数据采集、分析、报告和传送等功能于一体的船队能效监测与分析系统。通过该系统，管理者能够以统一的方式和较高的准确度实现船舶燃料管理和能效优化。通过船舶能效水平监测，可以清晰地了解各艘船舶的能源利用水平，分析船舶当前运行方式是否合理高效。此外，基于所获取的船舶航行与关键设备运行信息、船体及螺旋桨检验报告、维护和保养等信息，通过集成机械设备、推进系统、船舶设计等参数，可实现全面的能效监测与分析，进而可以构建系统性的能效优化技术与方法[8]。

　　船舶能效的主要影响因素包括两方面：一方面是船舶航行过程中自身的工况参数，如主机转速、轴功率、纵倾角、横倾角、航速、航向；另一方面是航行环境因素，如风速、风向、浪高等。因此，为研究船舶能效模型及优化方法，需要对多个影响因素进行参数感知和获取。能效多参数感知与获取主要包括两方面的数据：一方面为船舶营运数据，包括船舶位置、转速、轴系功率等，可通过船载传感器获取；另一方面为船舶航行环境数据，包括风速、风向、浪高等信息，这些数据可通过 ECMWF 等气象预报服务机构获得。在船舶能效数据获取的基础上，通过数据处理和存储，可建立船舶营运大数据库，如图 2.5 所示，从而为船舶能效分析与建模奠定数据基础。

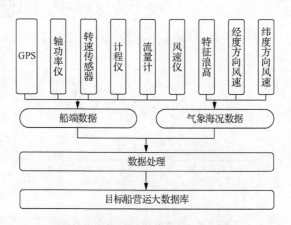

图 2.5　船舶营运数据多参数获取流程

　　船舶能效实船数据采集方案如图 2.6 所示。船舶数据采集系统接收各传感器获取的数据，整合后发送、存储到船端数据库和岸基数据库，相应的数据可以通过船端和岸基的显示器进行实时显示。通过船上所安装的相应传感器，可获得转速、轴功率、纵倾、横倾、风速、风向、航速、航向、浪高和主机油耗等数据。其中，风速、风向数据可通过风速仪采集；船舶实时位置及船舶对地航速信息可通过 GPS 获得；船舶对水航速数据可通过计程仪获得；船舶油耗数据可通过流量计采集；轴系的功率与转速可通过轴功率仪和转速传感器测量；船舶的浮态和纵倾信息可通过倾斜仪获得。

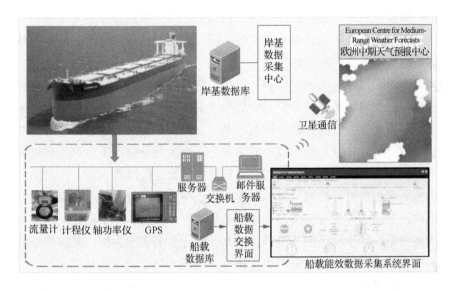

图 2.6　船舶能效实船数据采集方案示意图（扫封底二维码查看彩图）

2.2.2　船舶能效数据处理技术

　　我们基于船舶能效数据采集系统获得船舶航行环境信息和能耗数据后，采用卫星通信发送至岸基能效管理系统数据库，与航运公司的船舶营运数据集成后，存储到岸基能效数据分析平台。为保证数据的有效性和完备性，需对所获取的数据进行以下预处理：①基于传感器的工作性能和技术参数，确定各参数的合理范围，对超出合理范围的异常值进行识别；②对采集的数据进行数据清洗，主要包括重大缺失数据的寻找，以及异常值的分析判断等；③针对缺失数据和异常值，采用线性插值等方法进行插补和修复，实现数据的校正与补充，保障数据的完备性和有效性，从而为后续船舶能效优化决策方法的研究奠定有效的数据基础。

1. 异常值处理

1）异常值分析

异常值是指样本中某些明显偏离样本的观测值，也被称为异常数据或离群值，这些数值的测定值与平均值的偏差通常超过两倍标准差。在实际工程应用中，高度异常的异常值和噪声数据较为常见。所谓高度异常的异常值通常指那些与平均值的偏差超过三倍标准差的测定值；而噪声数据是指存在错误或异常（偏离期望值）的数据，数据中的噪声一般分为两种：①随机误差；②错误数据。这些异常值的产生原因可能为硬件故障、编码错误等。异常值的存在会对数据的分析产生干扰，影响数据分析的结果和有效性，因此，需要进行异常值的分析和处理，以提高数据分析效果的准确性。

异常值检测通常分为两个步骤。首先，根据数据特征，创建数据正常模式模型；然后，根据模型的偏差计算给定数据点的异常得分。其中，用来计算偏差的异常值检测模型主要有高斯混合模型、基于回归的模型等。通过对数据点与模型拟合质量的评估，计算出数据点的异常得分。在大部分情况下，可以通过算法定义异常检测模型，例如，基于近邻的离群点检测算法根据其 KNN 距离的分布对数据点的离群趋势进行建模，其异常值则位于与大部分数据的距离较大处。

当前，常用的异常检测模型主要有基于密度的模型、基于统计学的模型、基于距离的模型、基于偏差的模型等。以基于统计学的模型为例，其建模形式通常是检测极端单变量值，通过分析单变量分布的尾部数据值及其相应的统计显著性水平，实现异常值检测。基于统计的异常值检测主要有阈值评估方法、箱型图法和高斯分布等。然而，上述这些方法只适用于单变量参数。针对船舶能效这种多参数的数据集，可以采用主成分分析等方法来建立异常值检测模型，从而更好地实现异常值的分析和检测。

2）基于主成分分析的异常值检测方法

主成分分析（principle component analysis，PCA）是一种非参数的数学变换方法可以应用于混沌类型数据集的信息提取，其可以降低数据集规模并提高其内容的可见性。PCA 的基本原理在于通过采用线性变换，将一组相关变量转换为不相关的变量，这些新的变量按照方差的大小依次排列，同时保持总方差不变。换言之，PCA 可以通过较大的特征向量一次性提供全局相关的主要方向，这些方向即为主成分，主成分彼此间是不相关的。其中，第一主成分的方差最大，第二主成分的方差次之，并且与第一主成分是不相关的，其他主成分对应的方差依此类推。

船舶能效数据集可表示为

$$X(t) = \left[x_1(t), x_2(t), \cdots, x_m(t) \right] \tag{2.3}$$

式中，x_m 表示时间 t 时的各个参数。

原始数据集的样本均值 $\bar{x}$ 和方差 S_x 分别表示为

$$\bar{x} = \frac{1}{n} \sum_{i=1}^{n} x_i \tag{2.4}$$

$$S_x = \frac{1}{n} \sum_{i=1}^{n} x_i (x_i - \bar{x})(x_i - \bar{x})^{\mathrm{T}} \tag{2.5}$$

式中，n 表示参数的样本数量。

通过采用 PCA 方法，将该原始数据集变换为新的数据集，具体可以表示为

$$\bar{y} = \frac{1}{n} \sum_{i=1}^{n} y_i = u^{\mathrm{T}} \bar{x} \tag{2.6}$$

$$S_y = \frac{1}{n} \sum_{i=1}^{n} (y_i - \bar{y})(y_i - \bar{y})^{\mathrm{T}} = u^{\mathrm{T}} S_x u \tag{2.7}$$

式中，$\bar{y}$ 和 S_y 分别表示转换后新数据集的均值和方差；u 为单位方差向量，用于将原始数据集映射到新数据集。因此，其需满足：

$$u^{\mathrm{T}} u = I \tag{2.8}$$

PCA 使新数据集每个主成分方向的方差最大化，即 S_y 的迹线最大化，如下所示：

$$\text{Max. trace}\left(S_y\right) = \text{Max. trace}\left(u^{\mathrm{T}} S_x u\right) \tag{2.9}$$

综上所述，满足式（2.9）的拉格朗日乘数可表示为

$$L = \text{Max. trace}\left(u^{\mathrm{T}} S_x u\right) = \sum_{i=1}^{n} \left(u_i^{\mathrm{T}} S_x u_i + \lambda \left(1 - u_i^{\mathrm{T}} u_i\right) \right) \tag{2.10}$$

由式（2.10）中拉格朗日乘数因子的导数可以得到

$$S_x u_i = \lambda_i u_i \tag{2.11}$$

式中，λ_i 代表特征值；u_i 为 S_x 的特征向量。

经过 PCA 处理后，新数据集按照主成分的降序排列体现了数据集中的重要程度（方差的排序）。最重要的信息被反映在最顶层的主成分中。因此，新数据集可以视为原始数据集的另一种表现形式，包含了原始数据集最重要的信息。在分析

过程中，通常可以忽略底层的主成分（底层的主成分不包含数据集的任何重要信息）。当相同的数据集被投影到最底层的主成分时，会分离出传感器故障或其他异常值区域。换言之，除了顶层的几个主成分，其他特征值都比较小，这意味着大多数数据点可沿着一个较低纬度的子空间对齐。从异常值分析的角度来看，这种特征对寻找异常值更为方便，因为一旦出现不符合这种对齐的观测情况，就可以认为是异常值。因此，可以使用底层主成分来识别传感器故障及异常值，从而提高数据集的质量。

2. 缺失值处理

当传感器工作异常或者数据传输异常时，将无法采集到数据，造成缺失值的问题，因此，需基于缺失的数量、特征属性和重要程度等方面综合考虑，采用以下方法进行处理：①删除缺失值。该方法较为简单，实际操作中应用较少。②用均值替代缺失值。使用此方法时需要注意，如果样本中缺失值变量为非随机分布，使用该方法替代会产生一定的偏差。③在数据缺失的情况下，用中位数替代缺失值相比于采用均值替代更合适。④采用插值法以选取与缺失变量相关性高的变量来补充缺失值。常见的插值法有随机插值法、拉格朗日插值法和牛顿插值法等。⑤使用相似样本值来替代缺失值。找到与缺失样本类似的样本，并将丢失的属性用相似样本的值进行替代。⑥数据中有小部分重要列缺失的情况，可以使用回归方法或决策树方法进行缺失值的补缺。⑦采用灰色关联分析等其他方法进行处理。

3. 数据集成

通过数据集成可以把不同来源、格式、特点和性质的数据合理地整合起来，并将整合的数据统一存在数据库中。能效数据集成则需要将采集到的设备运行数据、船舶自动识别系统（automatic identification system，AIS）数据和航行环境数据等进行融合，并存在统一的数据库中。在数据采集的过程中，各数据传感器的采样频率不同，不同数据的采样时间也可能存在一定差异，为解决此问题，一般可采取以下方案：①采用信号处理的知识，进行数据的滤波处理以去除噪声和异常值，并将时间归一化处理，使其具有相同的时间间隔；②进行插值处理，将时间间隔大的数据点作为标准，采用插值法在缺失的时间点上进行估计或填补数据，从而使时间序列具有均匀的时间间隔。

4. 数据变换

数据变换是将数据转换成利于数据挖掘分析的另一种形式，主要有标准化和Min-Max 规范化等变换方法。

1）标准化

不同数据特征的量纲差异会对算法的计算效果和精度产生影响，为了解决这一问题，通过将样本标准化变换，统一数据的规格属性，从而减小量纲对计算效果的影响。对于 $x_1, x_2, \cdots, x_n$ 的序列，首先，需要计算样本平均值 $\bar{x}$ 和样本标准差 σ；随后，用各参数减去其样本平均值，并除以样本标准差得到标准化后的数据 $y_1, y_2, \cdots, y_n$，如式（2.12）所示。

$$y_i = \frac{x_i - \bar{x}}{\sigma} \tag{2.12}$$

2）Min-Max 规范化

Min-Max 规范化实现过程如式（2.13）所示，其可使原始数据投射到指定的空间[min, max]，例如，当[min, max]为[0, 1]时，其可使原始数据投射为[0, 1]区间的数据。

$$X_i = \frac{X(i) - \min(X)}{\max(X) - \min(X)} \tag{2.13}$$

2.2.3　船舶能效分析与评估技术

1. 船舶航行状态识别技术

不同区域及航行环境条件下，船舶的航行状态具有一定差异。由于不同航行状态下船舶能效水平差异较大，不同航行状态之间的船舶能效水平不具有可比性。因此，通常在进行船舶能效水平评估前，需开展船舶航行状态的识别与分析，以便在同一状态的基准下进行船舶能效的对比分析。为了有效识别船舶的航行状态，首先，需要进行航行状态特征的分析和异常值的处理；然后，基于航行状态的特征分析结果，实现三种船舶航行状态（停泊状态、机动航行状态、定速航行状态）的识别[9]。基于船舶实际运行数据的特征分析可知，在停泊状态下，船舶航速、主机转速和主机油耗通常为零，但是由于海况等因素的影响，主机仍有一定的转速和功率，甚至会出现转速为负值的情况，这种负值应该被视为异常值而剔除，因此，可以基于航速来判断船舶是否为停泊状态。在程序中可以通过设置阈值 T_1 来判断船舶是否处于停泊状态。此外，在机动航行状态下，船舶各参数基本在停泊状态到定速航行状态的数值特征范围内变化，但是转速的变化范围相对较大。在船舶正常航行时，各参数基本稳定在一定范围内。因此，在程序中通过设定阈值 T_2 来区分船舶机动航行和定速航行状态。基于各航行状态的参数特征，将已有的历史数据进行分类和统计，进而可以得到不同航行状态特征的样本数据。综上，通过合理设定相关的阈值，可以实现船舶航行状态的有效识别，具体识别过程如图 2.7 所示。

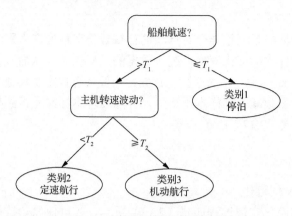

图 2.7　船舶航行状态识别过程

2. 船舶运行工况分析

风、浪、流等复杂航行环境要素会使船舶的航行状态和运行工况产生一定的变化，其会对船舶的航行阻力产生较大影响，从而影响"船-机-桨"的匹配特性和动态运行特性，进而会对船舶主机功率及其油耗产生一定影响。因此，不同海洋航行环境条件下船舶运行工况分析对船舶能效的建模与评估具有重要意义。通过采用聚类分析法开展不同航行环境要素的类别划分，可实现基于航行环境类别划分的船舶运行工况分析，为船舶能耗的分析与建模奠定基础[10]。采用 k 均值聚类算法的航行环境聚类结果，如图 2.8 所示，其中，不同颜色代表不同的航行环境类别，其对应的聚类中心点如表 2.2 所示。

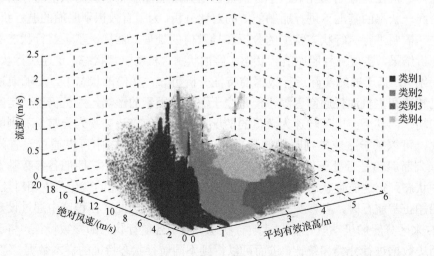

图 2.8　采用 k 均值聚类算法的航行环境结果示意图（扫封底二维码查看彩图）

表 2.2　各参数聚类中心点

航行环境类别	风速/(m/s)	浪高/m	流速/(m/s)	转速/(r/min)	功率/kW	单位海里油耗/[t/(n mile)]
第 1 类	3.46	0.58	0.44	58	9739.9	0.16
第 2 类	6.38	1.22	0.74	61	9926.6	0.17
第 3 类	3.06	2.05	0.56	63	10051.1	0.18
第 4 类	10.39	3.17	0.55	55	12017.8	0.25

由航行环境聚类结果可知，第 1 类、第 2 类和第 3 类工况下的主机转速在 58～63r/min，功率在 9739～10055kW；而第 4 类工况对应的气象环境相对较为恶劣，转速集中在 55r/min 左右，功率集中在 12017kW 左右，此时主机转速主要处于额定转速之下，并且主机输出功率小于额定功率。当船舶处于大风浪航行状态时，风浪的作用会增加船舶航行阻力，螺旋桨特性曲线变陡，主机转速降低，相应的航速也会降低，主机功率增加。由此可见，船舶运行工况特点与航行环境聚类分析结果反映的一致，因此，通过对航行环境进行聚类分析，可以划分船舶的运行工况。

3. 船舶能量流分析

船舶能耗设备的运行状态和能耗情况评估是提高其运行效能的基础。首先，需对主要能耗设备的能耗数据进行统计分析，以获得关键能耗设备的能源利用情况；然后，分析确定未能以最高效率运行的能耗设备，以及与负载和服务不匹配的设备；在此基础上，评估能量流分析结果，并对相关设备的升级或改造进行效益分析，以达到提高关键能耗设备运行效率的目的；最后，基于效率提升的效果和难易程度确定优化改进措施。基于船舶能量流及能耗分布状态分析可以综合评估船舶能耗情况，找到能效薄弱环节，从而为船舶能耗系统的优化管理与能效提升奠定重要基础。

此外，船舶能耗监测与设备优化应该相互配合，需明确各能源系统的性能是如何相互作用与影响的。例如，船舶运行状态和负载如何影响主柴油机和发电机负载。操作者应考虑不同运行工况下电力负载的功率平衡，从而控制发电柴油机在最节油状态下运行。并且，在条件允许的情况下，关闭一些非必要的设备来实现全船能量流的优化，从而提高船舶整体的能源利用效率。

4. 船舶能效影响因素分析

1) 装载对船舶能效影响分析

船舶装载对船舶能耗的影响较大。一方面，增加船舶的装载量一定程度上可以降低船舶单位距离货物周转量的船舶能耗，提高船舶营运经济性，然而，随着装载量的增加，对应的船舶总油耗及污染气体排放会上升。尽管如此，增加船舶装载量仍然可以一定程度上提升燃油的利用效率。因此，船舶大型化也是提高船舶能源利用效率的方法之一。另一方面，船舶装载方案直接影响船舶吃水、纵倾等船舶浮态，如图 2.9 所示，进而影响船舶航行阻力及船舶能耗。因此，在装载量一定的条件下，确定合理的装载方案可以优化船舶航行姿态，降低船舶航行阻力，从而有效降低船舶燃油消耗和污染气体排放。

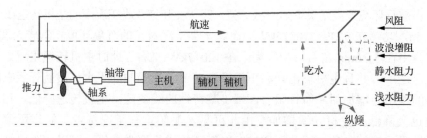

图 2.9　　不同装载下的船舶浮态

此外，船舶压载水的管理及船舶燃料的加注方式也会影响船舶的浮态，进而对船舶能耗产生一定影响，减少压载水和燃料的加注可以降低船舶阻力及油耗。当然，需要根据船舶的航行状态及燃料加注的位置，决策出最合理的压载水量、燃料加注量及其加注方案。

2）航行环境对船舶能效影响分析

航行环境对船舶阻力影响尤为显著，进而对船舶能耗水平具有较大影响。影响船舶能耗的航行环境要素主要有风速、水深、流速、浪高等。这些航行环境要素会影响船舶静水阻力、风阻、浅水阻力和波浪阻力等[11]。由图 2.10 可以看出，在特定船舶航速范围内，航行环境对船舶能耗影响较大，因此，航行环境对船舶营运能效的影响不可忽视。

3）航线对船舶能效影响分析

航线的选择直接影响船舶的航行距离，进而影响船舶的能耗。不同航线的航行环境要素差异较大，选择油耗低的航行环境所对应的航线，可以有效降低船舶能耗和污染气体排放，同时可以确保船舶航行的安全性[12]。在此过程中，即使船舶的航程稍有增加，但船舶油耗的降低可以抵消此影响，使得航次的船舶总能耗有所降低。因此，根据实时的气象海况信息进行船舶航线的优化决策可以降低船舶的能耗和温室气体排放，从而有效提高船舶营运能效水平。

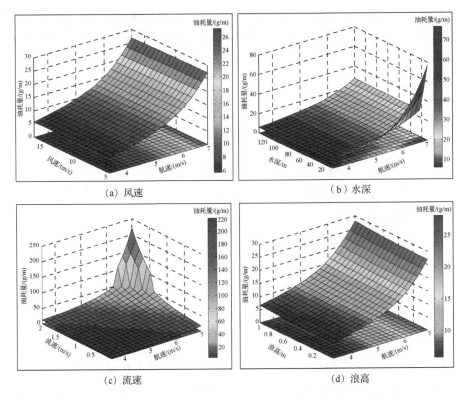

图 2.10 不同航行环境条件下的船舶能耗分析（扫封底二维码查看彩图）

4）航速对船舶能效影响分析

船舶营运能效水平的本质是单位距离单位货物运输量的 CO_2 排放量，其与油耗直接相关，而船舶的油耗近似与船舶航速的三次方成正比，这意味着降低船舶航速可以大幅改善船舶的能源利用效率。当船舶的装载量一定时，微小的航速调整可以带来显著的节能效果[13]。在航期不紧张的情况下，船舶降速航行具有较大的节能潜力。

5）动力系统优化控制对船舶能效影响分析

基于船舶能源利用效率的分析，降低单位货物周转量的油耗，主要是降低船舶关键系统和设备的能耗。因此，船舶动力系统与设备的优化管理与控制对船舶的营运能效同样具有一定的影响。船舶关键能耗系统/设备用能分析如图 2.11 所示，通过船舶能耗分布可以看出，船舶大量能量消耗于排烟损失、冷却损失、推进损失和主机其他损失。主辅机排烟和冷却损失约占全船总能量损失的 50%。推进损失主要是因为螺旋桨工作时，产生有效推力的同时大量能量随着旋转尾流耗散。从能量有效做功方面来看，船舶推进做功只占总有效做功的 50%左右，巨大的能量损失和较低的能源转换效率直接影响船舶的能耗水平。因此，动力系统的合理操作与优化控制对提高能量利用效率、降低能量损失及减少船舶燃料消耗尤为重要。优化能耗系统及设备的工作性能并实现船舶总能的合理分配与调度，可以充分挖掘船舶能耗优化的潜力。

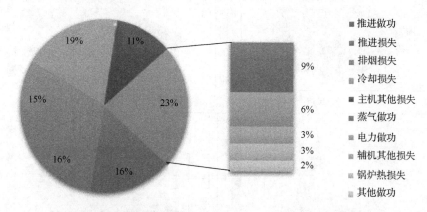

图 2.11　船舶关键能耗系统/设备用能分析（扫封底二维码查看彩图）

6）不同因素对船舶能效影响程度分析

（1）船舶能效数据相关性分析。船舶能效是一个多参数耦合作用的结果，各参数之间存在不同程度的关联。为了确定各参数之间的影响关系，可使用相关性分析方法来量化各参数之间的相关程度。相关性分析可基于那些具备相关性的参数进行相关程度量化分析，从而获得它们之间的关联度。

对于两组变量$(X_1, X_2, \cdots, X_p)$和$(Y_1, Y_2, \cdots, Y_q)$，考虑$(X_1, X_2, \cdots, X_p)$的线性组合 U 及$(Y_1, Y_2, \cdots, Y_q)$的线性组合 V，找到 U 和 V 最可能的相关系数，以表征它们的相关关系，这样可以把两组变量间的相关关系问题转化为两个随机变量间的相关关系问题。

设有两组向量 $X=(X_1, X_2, \cdots, X_p)^{\mathrm{T}}$，$Y=(Y_1, Y_2, \cdots, Y_q)^{\mathrm{T}}$（$p \leqslant q$），将两组合并成一组向量 $(X^{\mathrm{T}}, Y^{\mathrm{T}}) = (X_1, X_2, \cdots, X_p, Y_1, Y_2, \cdots, Y_q)^{\mathrm{T}}$，其协方差矩阵为

$$\Sigma = \begin{pmatrix} \Sigma_{11} & \Sigma_{12} \\ \Sigma_{21} & \Sigma_{22} \end{pmatrix} \tag{2.14}$$

其中，$\Sigma_{11} = \mathrm{Cov}(X, X)$，$\Sigma_{22} = \mathrm{Cov}(Y, Y)$，$\Sigma_{12} = \Sigma_{21}^{\mathrm{T}} = \mathrm{Cov}(X, Y)$。

通过寻找 $X = (X_1, X_2, \cdots, X_p)^{\mathrm{T}}$ 和 $Y = (Y_1, Y_2, \cdots, Y_q)^{\mathrm{T}}$ 的线性组合：

$$U_1 = a_1^{\mathrm{T}} X = a_{11} X_1 + a_{12} X_2 + \cdots + a_{1p} X_p \tag{2.15}$$

$$V_1 = b_1^T Y = b_{11} Y_1 + b_{12} Y_2 + \cdots + b_{1q} Y_q \tag{2.16}$$

使 U_1 和 V_1 的相关系数 $\rho(U_1, V_1)$ 达到最大，其中，$a_1^T = (a_{11}, a_{12}, \cdots, a_{1p})$，$b_1^T = (b_{11}, b_{12}, \cdots, b_{1q})$。

并有，$\mathrm{Var}(U_1) = a_1^T \varSigma_{11} a_1$，$\mathrm{Var}(V_1) = b_1^T \varSigma_{22} b_1$，$\mathrm{Cov}(U_1, V_1) = a_1^T \varSigma_{12} b_1$，则 U_1 和 V_1 的相关系数可通过式（2.17）获得。

$$\rho_{U_1 V_1} = \frac{a_1^T \varSigma_{12} b_1}{\sqrt{a_1^T \varSigma_{11} a_1} \sqrt{b_1^T \varSigma_{22} b_1}} \tag{2.17}$$

相关系数 ρ 有如下性质：①当 $\rho > 0$，表示两变量正相关；$\rho < 0$，表示两变量负相关。②当 $|\rho| \geqslant 0.8$ 时，两变量间相关度较高，为高度相关。③当 $0.5 \leqslant |\rho| < 0.8$ 时，则两变量中度相关。④当 $0.3 \leqslant |\rho| < 0.5$ 时，两变量低度相关。⑤当 $0 < |\rho| < 0.3$ 时，说明相关程度较弱。

此外，当相关系数为正时表示某变量随另一变量的增大而变大，当相关系数为负时表示某变量随另一变量的增大而减小，其数值则表示了一个变量随另一个变量变化的相关程度。通过分析能耗数据参数之间的相关关系，可以获得不同能耗参数之间的影响关系。针对某大型散货船，采用上述相关性分析方法对清洗后的能耗数据进行相关性分析，获得了船舶能耗数据各参数之间的相关系数，如表 2.3 所示。

表 2.3　船舶能耗各参数间的相关系数

	主机油耗	单位海里油耗	扭矩	转速	对地航速	对水航速	流速	水深	风速	风向
主机油耗	1									
单位海里油耗	0.73	1								
扭矩	0.98	0.86	1							
转速	0.95	0.84	0.99	1						
对地航速	0.58	0.81	0.53	0.52	1					
对水航速	0.78	0.71	0.63	0.62	0.87	1				
流速	0.32	0.53	0.03	0.03	−0.72	0.38	1			
水深	−0.23	−0.33	0.05	0.04	−0.28	−0.37	0.01	1		
风速	0.18	0.25	0.01	0.01	0.35	0.4	0.08	0.04	1	
风向	0.15	0.23	0.03	0.03	0.26	0.27	−0.06	0.06	0.09	1

　　基于相关性分析方法可知，相关系数为[-1, 1]之间的数，相关系数的绝对值越接近1，变量间的线性相关度就越高。基于船舶能耗数据各参数之间的相关性分析结果可知：①转速、扭矩及主机油耗的正相关性极高。船舶航行过程中，主机输出的能量会直接转化为曲轴的转速和扭矩，因此，它们的相关系数极高。②船舶航速与主机油耗呈现较高的正相关。船舶航速的影响因素较多，其不仅受主机输出功率的影响，还受复杂多变的航行环境的影响，因此，对水航速与主机油耗之间的相关系数低于转速和扭矩的相关系数。③对地航速与对水航速和流速的相关性较高。由于三者之间可以通过矢量运算获得，所以其相关性较高。④流速、水深、风速、风向与单位海里油耗具有一定的相关性，主要是因为这些航行环境因素对船舶能耗具有一定的影响，因此，在进行船舶能效优化决策时需要考虑这些因素的影响。

　　（2）营运管理对船舶能耗影响的敏感性分析。相关性分析旨在获得船舶能效数据之间的关联程度，而敏感性分析是研究和预测模型输入参数的变动对模型输出值的影响程度。某一输入对输出结果的影响程度的大小则为该参数的敏感性系数。此系数的值越大，则表明该参数对模型输出结果的影响就越大。采用敏感性分析方法可以量化各参数的敏感性程度，即通过敏感性分析可以定量表征输入参数对模型输出结果的重要程度。通过敏感性分析可以获得因子 i 的敏感判别系数 S_i。S_i 的值越大表明因子对输出的敏感度越高，敏感度分析等级如表 2.4 所示。

表 2.4　敏感度分析等级表

S_i	敏感度等级
$0.00 \leqslant S_i < 0.05$	不敏感
$0.05 \leqslant S_i < 0.20$	低程度敏感
$0.20 \leqslant S_i < 1.00$	中程度敏感
$S_i \geqslant 1.00$	高程度敏感

　　相关研究针对某散货船队，采用敏感性分析方法分析了航次营运时间约束、港口等待时间和装卸效率对船队能耗影响的敏感程度。结果表明：航次营运时间约束对船队能耗影响的敏感程度较大，而装卸效率次之，因此，通过延长航次营运时间和提高港口的装卸效率可以提高船队的能效水平。

　　（3）运行参数对船舶能耗影响的敏感性分析。基于训练后的神经网络可以建立输入变量和输出变量之间的数值映射关系，以及各层神经元间的连接权值。训练得到的数值映射关系和连接权值可以用于分析输入变量对输出变量的敏感性。

在神经网络中，局部敏感性分析有多种方法，包括：①基于连接权的分析方法；②基于输出变量对输入变量偏导数的分析方法；③结合统计方法的分析方法；④基于输入变量扰动的分析方法。

Garson 算法可通过利用神经网络不同层之间的连接权值来分析变量间的敏感性，并根据各层之间连接权值的乘积来计算输入变量对输出变量的影响程度。对于一个输入层神经元数为 N、隐含层神经元数为 L 的神经网络，其输入变量 x_i 对输出变量 y_k 的影响程度为

$$Q_{ik} = \frac{\sum\limits_{j=1}^{L}\left(\left|w_{ij}v_{jk}\right| / \sum\limits_{r=1}^{N}\left|w_{rj}\right|\right)}{\sum\limits_{r=1}^{N}\sum\limits_{j=1}^{L}\left(\left|w_{ij}v_{jk}\right| / \sum\limits_{r=1}^{N}\left|w_{rj}\right|\right)} \tag{2.18}$$

式中，Q_{ik} 表示输入变量 x_i 对输出变量 y_k 的影响程度；w_{ij} 表示输入层与隐含层之间的连接权值；v_{jk} 表示隐含层与输出层之间的连接权值。

基于训练后的神经网络，获得各输入变量（如主机转速、风速等）和输出变量（主机油耗率）的函数映射关系后，从 BP 网络中提取内部各层之间的权值，即可实现多参数敏感性分析，得到各参数的敏感性系数。同时可得到各输入变量对输出变量的敏感性系数，该系数表示输入参数对输出结果影响的贡献值，即通过神经网络多参数敏感性分析所得到的各参数敏感性排序关系。船舶能耗各主要影响参数中，船舶主机转速、流速等对油耗率的影响较大，而水深和风向对主机油耗率的影响较小。

（4）营运参数对船舶能源利用效率的敏感性分析。除了航行环境及船舶运行参数对船舶能耗影响的敏感性分析外，船舶营运参数对船舶能源利用效率的敏感性分析也是实现船舶能效优化管理的研究内容之一。其主要思路是，首先选取一个船舶基准营运状态，包括航速、航程、满载率因子、停港时间；在此基础上，采用单因素分析法分析船舶能源利用效率，得到其对初始值下船舶能源利用效率的变化率，从而实现营运参数对船舶能源利用效率的敏感性分析[14]。

相关分析结果表明，船舶能源利用效率对停港时间和航程的敏感性较低，而对载货量的敏感性较高，并且其对较低载货量的变化比对较高载货量的变化更为敏感。此外，船舶能源利用效率对航速的敏感性最高，尤其是对处于较高航速下运行的船舶，船舶能源利用效率对航速的变化更为敏感。综上所述，船舶能源利用效率对船舶航速的敏感性最高，对船舶载货量的敏感性次之，而对船舶航程和停港时间的敏感性较低。因此，为了提高船舶能源利用效率，采用增加载货量和降低航速的措施来提高船舶能源利用效率效果更好，可以明显改善船舶能效水平，而采取减少停港时间的措施来提高船舶能源利用效率的效果一般。

（5）不同因素对船舶能耗影响程度分析。在能耗数据相关性分析、营运管理对船舶能耗影响的敏感性分析、运行参数对船舶能耗影响的敏感性分析，以及营运参数对船舶能源利用效率的敏感性分析的基础上，总结了不同因素对船舶能耗的影响程度，如表 2.5 所示。

表 2.5　不同因素对船舶能耗影响程度

影响因素	影响程度
风速	较低
风向	非常低
水深	非常低
流速	较高
航速	高
主机转速	中等
满载率	高
航次营运时间	较高
港口等待时间	较低
装卸效率	较低

5. 船舶能效评估方法

1）船舶能耗关键设备能效状态评估方案

船舶能耗关键设备主要有主机、辅机和锅炉。主机和辅机通常为柴油机，其能效状态可以用燃油消耗率进行描述，但柴油机的燃油消耗率会受到其运行工况、气象海况和自身性能的影响。因此，对一个航次的主机、辅机燃油消耗率进行统计前，首先需要进行船舶航行状态的识别，再通过海况和工况的修正，将航行期间的燃油消耗率修正到同一工况和同一海况下，再计算其统计特征。对于锅炉而言，同样可使用燃油消耗率来描述其能效状态，并且无须考虑工况和海况环境的影响。船舶能耗关键设备能效状态评估方法和实现流程如图 2.12 所示。

船舶主要能耗设备在非故障情况下，其能效状态变化较为缓慢，是随着运行时间增长逐渐下降的一个过程，相邻航次的能耗设备能效状态较为接近。因此，可以使用第 N 个航次的能耗设备能效状态统计结果作为评估依据，对第 $N+1$ 个航次的实时能效状态进行评估。实时评估实际反映的是当前航行过程中设备能效状态相对于前一航次设备能效状态的变化趋势。而对于新造船舶，则使用试航时的能效数据作为基础，生成"第 0 个航次"的能效评估结果。

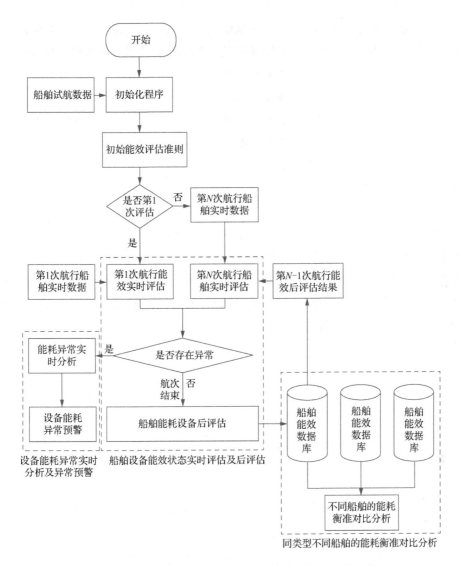

图 2.12　船舶能耗关键设备能效状态评估方法和实现流程

在实时评估过程中，当设备能效实时评估结果为能耗"高"或"异常高"时，则进行能耗异常分析。能耗异常分析首先定量计算柴油机工况和海况对能耗偏高的影响，在消除工况和海况影响后，如能效状态依然是"高"或"异常高"，说明设备能耗偏高是设备自身性能下降导致的，并将工况影响、海况影响及性能下降影响对能效状态影响的百分比反馈给轮机员，以助其了解当前设备的状态，从而进行维修辅助决策。如果消除工况及海况影响后设备能效状态在正常范围内，则说明设备的能耗偏高并非自身性能下降，则不必进行检查或维修等相关操作。

当船舶运行工况发生改变，或者航行海况发生较大变化且海况预测信息可知时，根据当前设备能效状态和工况及海况的变化提前预测未来的船舶能效状态，并分析获得不同因素对船舶能效影响的百分比，如工况及海况变化导致设备能效状态处于"高"或"异常高"，则可提前进行能耗设备能效状态异常预警。

在进行同类型船舶间综合能效状态对比时，可以使用 EEOI、AER、单船性能指标等参数作为船舶能效状态的评价指标。由于船舶能耗关键设备能效状态评估方法可以获得能耗设备能效水平的定量描述，因此其可以实现不同船舶间能耗设备能效状态的横向对比分析。

2）基于箱型图的主机能效评估准则生成方法

箱型图法的原理如图 2.13 所示。该方法中 Q3 表示数据集的上四分位数，即将数据按照增序排列时，数量在 75%处的值；Q1 表示数据集的下四分位数，即数量在 25%处的值；另外，IQR 表示四分位距，即 IQR=Q3-Q1。通常把小于Q1-1.5×IQR 或者是大于 Q3+1.5×IQR 的值视为异常值。箱型图法不要求数据服从特定的分布特征，因此具有对异常值较好的抗耐性等优势。

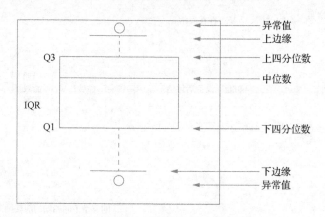

图 2.13　箱型图法示意图

综上可知，箱型图法形成了若干区间。其中，第一个区间为中位数附近 50%数据分布的范围，即上四分位数至下四分位数之间的区域。若设备的实时油耗率在该区间内，则认为是正常状态。第二个区间为上边缘到上四分位数之间的区域，若设备的实时燃油消耗率在该区间内，则认为是能耗偏高的状态，即能效状态偏差区域。第三个区间为下四分位数到下边缘之间的区域，若实时油耗率在该区间内，则认为是能耗偏低状态，即能效状态较好。若实时油耗率大于上边缘或小于下边缘，则认为能耗状态是异常高或异常低。基于该箱型图法，可以生成船舶能效评估的定性分析指标，同时，利用箱型图中基于统计学理论的边界值，还可形成能效评估区间，以用于评价设备的能效水平。

3）船舶能效评估目标

（1）实现基于统计理论的船舶能耗设备能效评估。基于统计理论的船舶能耗设备能效评估方法以燃油消耗率为基础，通过功率和工况的修正将油耗率修正至同一条件下的油耗率值，再结合基于箱型图的统计方法，生成能效状态评估准则。该准则既是单航次能效状态评估的基准指标，也是下一航次评价船舶能耗设备实时能效状态的判断依据。连续航次的能耗设备能效评估结果能够反映船舶设备能效状态随运行时间的变化趋势。船舶能耗设备能效评估的实施方法可充分利用船舶试航数据和船舶设备的监测数据，以及专业气象机构发布的海洋气象数据，这不仅可以减少传感器的使用，而且具有较好的适用性。

（2）能耗设备能效状态异常分析与预警方法。基于船舶能耗设备能效状态受自身性能、航行海况及运行工况影响的特点，通过海况及工况修正，可形成能耗设备能效状态异常分析及预警方法。该方法可定量分析这些影响因素对能耗设备能效状态异常影响的百分比，从而帮助船员了解当前及未来能耗设备异常的原因，进而辅助船员进行维修决策。

（3）同类型船舶能耗对比分析。在获得关键能耗设备能效状态定量指标的基础上，可以建立同类型不同船舶的能耗设备能效水平基线。该基线可以进一步作为评价同类型不同船舶的关键能耗设备能效水平的基准，可为实现同类型船舶能耗对比分析奠定重要基础。

6. 能效异常原因分析

1）能效异常原因分析方法

采用能效评估准则与评估方法对船舶能效水平进行评级是船舶能效管理的重要组成部分。对于能效状态较差的船舶，需要对其能效异常的设备进行分析以明确导致设备能效异常的原因，并在此基础上，制定合理的能效提升方案和改进措施。快速、准确地获得能效异常的原因，不仅可以为船舶能效异常分析提供参考，也可以避免后续发生类似的能耗异常情况，还能为船员进行相关维保工作提供辅助决策建议。

为明确船舶能效状态异常的原因，首先需进行船舶推进系统能量耦合作用关系的分析，在此基础上，获得推进系统各设备间的能量传递关系。通过分析推进系统能量传递关系的变化趋势，可以实现船舶能效设备异常原因分析。其中，各设备间的传递系数是推进系统能量传递分析的重要参考指标。通过分析传递系数的变化趋势，再结合所设定的传递系数阈值，可以获得设备正常工作时的传递系数范围。在此基础上，可以通过实测数据分析能耗设备是否正常工作。在分析推进系统中各设备的传递系数关系曲线的基础上，可进一步分析导致船舶能效异常的原因，所获得的分析结果可以为操作人员提供参考，帮助其针对异常能耗设备制定合理的能效提升方案。

　　船舶主机在燃烧燃油产生动力后，通过轴系将功率和扭矩传递给螺旋桨，进而推动船舶航行。其中，主机燃烧燃料发出功率，通过燃油消耗率系数表示船舶主机能耗与主机输出功率间的传递关系；螺旋桨收到功率并产生推力，收到功率与转速之间的传递关系可由螺旋桨系数进行表示；螺旋桨产生的推力作用于船体，使其在水中航行，螺旋桨转速与船舶航速之间的传递关系可通过船体系数表示；此外，主机输出功率与航速之间的传递系数可以用功率系数来表示；燃油消耗与船舶航速之间的传递系数可用燃料系数来表示。基于上述系数的监测和分析，可以确定推进系统各部分能量传递的效率和工作状态，从而为能效异常设备及异常原因的分析奠定基础。相关系数及对应关系如图 2.14 所示。

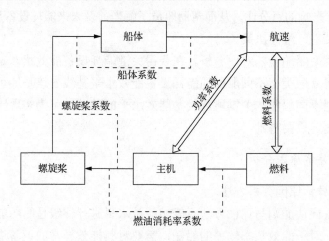

图 2.14　相关系数及对应关系示意图

　　推进系统各部分间能量传递系数的对应关系及其作用如表 2.6 所示，在进行船舶能效评估时，这些能量传递系数可用于评估推进系统各部分能量传递效率和工作状态[15]。通过分析对应参数关系变化曲线及其变化趋势，来评估各传递系数是否正常，进而判断设备能耗状态是否正常。例如，对于船体系数而言，可基于航速和螺旋桨转速之间的关系曲线来分析获得实际的船体效率。当螺旋桨的转速不变时，航速下降，或者航速不变；螺旋桨转速升高时，则表明船体效率变低，其可能是船舶污底严重等原因造成的船舶阻力增加。若螺旋桨的转速保持不变，而船舶的航速降幅较大，则需开展船体的清污处理，降低污底等原因导致的能量消耗。同理，对燃油消耗率系数而言，若主机燃油消耗率升高或不变，但主机输出功率降低，则需要检查柴油机的工作状态和工作性能，并及时进行维护和保养，以降低不必要的能量损耗，提升船舶能效水平。

表 2.6　传递系数的对应关系及其作用

传递系数	对应关系	系数作用
燃油消耗率系数	功率-燃料	用于监测分析柴油机的工作效率
螺旋桨系数	转速-功率	用于监测分析螺旋桨的工作效率
船体系数	航速-转速	用于监测分析船体的变化状态
功率系数	航速-功率	用于监测分析推进效率
燃料系数	航速-燃料	代表了由推进系统的效率和船舶阻力导致的燃料消耗的总体变化

如果能效数据采集系统获取的信息完备，就可以获得各传递系数计算所需的相关参数，进而实现基于实测数据的推进系统能量传递系数的计算与分析。相较于理论计算，基于数据分析的方法可以避免理论计算过程中的参数估计误差，对于评估推进系统各环节的能量传递效率具有一定的实际意义，同时也有助于降低船舶能耗和 CO_2 排放。但对于那些设备老旧、智能化程度较低的船舶，可能难以获得传递系数分析的全部数据，因此在分析能耗设备的能效状态时，需采用模型仿真计算和理论分析相结合的方法，基于传递系数参数变化趋势的分析，采用阈值评估方法来分析设备工作状态是否异常。

设备运行状态基线是基于阈值评估方法实现设备运行状态评估的关键。然而，设备运行的基线并不是一成不变的，会随着工作环境及运行条件的变化而发生变化，不同的航行环境会影响各参数的变化范围，如以静水条件下能耗设备的运行参数为基线，则会造成基线与实测的结果不吻合的问题。因此，可以采用基于仿真的方法来获得不同航行条件下的设备运行状态拟合曲线，即设备运行状态基线。再结合仿真数据的各参数散点图进行分析，可以得到与实际情况更吻合的基线，从而提高阈值评估方法的应用效果。

采用阈值评估方法进行设备状态评估时，阈值设定是否合理对评估结果具有较大影响。过大的阈值会使能耗设备的运行参数都在正常的状态范围内，从而导致评估失去意义；相反，过小的阈值会导致评估结果与实际不相符。因此，合理地选择能耗设备运行状态的阈值至关重要。根据箱型图法，可以基于仿真的数据与基线残差值的 1.5 倍 IQR 作为能耗设备状态评估的阈值。将仿真运行曲线添加阈值后，作为设备正常工作参数的上边界与下边界。超出上下边界的数据则将被视为异常的数据。若某传递系数所对应的大部分数据分布在上下边界以外，则可判断能耗设备的工作状态异常。此时，船舶管理人员需视实际情况开展维保等工作，从而提升能耗设备的运行效率和能效水平；若某传递系数大部分数据分布于正常数据区域内，则可认为该设备工作正常，同时需要开展数据变化趋势的分析，当设备数据变化趋势趋向于异常曲线时，轮机员需要视情况开展相关设备的维护保养工作。综上，基于阈值评估方法的设备工作状态评估流程如图 2.15所示。

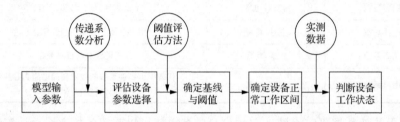

图 2.15　基于阈值评估方法的设备工作状态评估流程图

2）能效异常原因分析实现流程

能量传递系数能够反映推进系统各设备的工作效率和能效水平。通过对各设备的能效参数进行分析，可以获得推进系统各环节能量传递的效率，并据此确定导致能效异常的原因，其可为操作管理人员提供参考依据，从而制定能效提升策略和措施。同时，可以及时精准地处理船舶能效异常状态，保证整个推进系统的运行效率。

能耗设备能效异常原因分析过程如图 2.16 所示，当船舶能效状态异常时，首先需分析是否为环境因素导致的，如逆流的流速较高、逆向的风力较大等情况。在这些情况下，模型得出的船舶能效指标会明显高于正常水平。如果能效异常不是由环境因素导致的，则燃料系数会发生一定的变化，对应的曲线也会上移，那么可以判定是由能耗设备异常而导致的船舶能效状态异常。在此基础上，通过分析功率系数的变化情况，来确定是否为螺旋桨系数或船体系数异常。若功率系数无异常，则通过分析燃油消耗率系数来确定是否为主机工作状态异常，此时相关操作管理人员需要检查主机的运行状态，分析主机工作效率是否正常，如异常，则要分析异常的原因；若功率系数异常，需基于螺旋桨系数和船体系数的分析来确定船舶能效异常原因[16]。

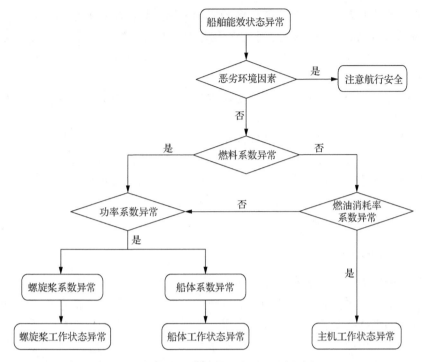

图 2.16　能耗设备能效异常原因分析过程

2.2.4　船舶航速优化技术

　　船舶航速优化通过决策不同航行环境条件下的船舶能效最佳航速，可以有效提高船舶能效水平，从而降低温室气体排放。船舶航速优化节能效果、适用船型、适用范围和应用成本等信息如表 2.7 所示[17-18]。

表 2.7　航速优化信息

名称	描述
节能效果	航速优化可以提高船舶能效 1%～10%
适用船型	适用于不同船型，高速船的优化幅度较大
适用范围	新造船和营运船
应用成本	成本较复杂，取决于主机的维修保养、货物的时间成本、船东的运输需求以及燃油和航速的租赁协议

　　此外，船舶航速与推进功率近似呈三次方的关系，降速航行因具有显著的节油效果获得业界的高度关注，特别是在航运市场不景气或燃油价格较高的时候。然而，降速航行也会带来一些问题：①难以满足市场对货物运送速度的需求，以及船舶租赁合同对航速的要求等，导致服务水平降低；②机械设备长期低负荷运

行会使其性能变差；③需要配置更多的船舶来满足航线货物的运输需求；④在极低负荷下运行时，发动机燃油消耗率的增加使得发动机单位功率输出的油耗增加。因此，在航速优化决策的过程中，综合考虑各因素对船舶营运性能的影响至关重要[19]。

在航行日程允许的条件下，降速航行是实现节约燃料的有效途径。重点在于在日程表的某些位置挤出一些时间，用来弥补因降速导致的航行时间的延长。通过市场的运输需求与船队运力的匹配可以确定船舶最佳航速。此外，通过最小化船舶在港时间可以为降速航行提供更多的时间，如建设高效的货物装卸装备、完善港口操作程序等可以缩短在港时间。另外，合理的航线规划不仅可以缩短航行距离，而且可以避免恶劣的气象条件导致的航行时间延长，从而使得船舶能够有更多的时间来实现降速航行。

2.2.5　船舶航线优化技术

根据预期天气情况来规划船舶航线已是公认的船舶航行优化措施，其根本目的是确定从出发港到目的港的最优航行航线，在确保航行安全的条件下，能够及时到达目的港并有效提高船舶能效水平。船舶航线优化的节能效果、适用船型、适用范围和应用成本等信息如表 2.8 所示[20]。在航线优化的过程中，需对考虑沿线风、浪、流条件的所有可能航线进行模拟。在特定的航向和海洋状态下，可以通过船舶性能模型计算船舶保持速度的能力；然后，确定船舶对地航速和航向，并且记录此预测航线的航行过程，如果不满足安全及能效的限制和要求，则选择另一条航线，直到获得满足要求的最佳航线为止。

表 2.8　航线优化信息

名称	描述
节能效果	取决于气候和航程，在恶劣天气或需及时到达时较为显著
适用船型	适用于不同船型
适用范围	新造船和营运船
应用成本	取决于航次成本和船载软件购买成本

气象定线可以通过各种形式展现，例如，气象定线信息可以通过电子邮件发送到船端，也可以通过船上或岸上的应用程序来实现船队船舶的管理功能。气象定线服务终端和海上船舶之间的互联，不仅可以实现航线的定期更新，也可以使船舶接收实时的海况预报信息及预期的船舶响应信息。此外，通过船载计算机应用程序，可以直观地显示航线和船舶的性能信息，从而辅助船舶进行航行决策。先进的航线优化系统在算法中可综合考虑用户指定的环境或安全约束、自愿降速、航向变化阈值等因素，从而确保船舶安全高效航行。

2.2.6　船舶航行姿态优化技术

船舶装载与航行姿态对船舶阻力具有一定影响，进而影响船舶能耗水平。通过满载来最大限度地利用船舶舱容，可以降低单位运输货物的燃料消耗。在货物运输需求充足的条件下，充分利用船队船舶的装载能力尤为重要。船舶管理者通过相关工具可准确、快速地计算出不同装载状况下的船舶吃水、纵倾、强度和稳定性，以及不同状态下的船舶能效水平，从而可以更好地利用货物分配进行舱容应用优化，提升船舶的营运能效水平。船舶航行姿态优化的节能效果、适用船型、适用范围以及应用成本等信息如表 2.9 所示[21-22]。

表 2.9　船舶航行姿态优化信息

名称	描述
节能效果	可减少 1%～5%的燃料消耗
适用船型	适用于不同船型，但对于长航程船舶的优化幅度较大
适用范围	新造船和营运船
应用成本	成本较复杂，取决于系统的成本、货物装载优化的成本，以及压载水的调节成本等

此外，货物的装载方式也直接影响能源消耗。例如，以整体空气动力学形式将集装箱布置在甲板上可以减少空气阻力，此外，通过优化冷藏集装箱的装载位置以实现最小化吸热，以及优化液体货物温度管理等方法可以减少发电机或蒸汽负荷。另外，通过优化压载舱的数量和装载调整船舶的纵倾/吃水来减少船舶阻力，也可以达到优化船舶能效的目的。纵倾优化典型应用节能效果对比分析如表 2.10 所示。船舶纵倾优化技术的使用无须增加大型的设备，且具有较好的节油效果，特别是对集装箱船舶，其节能减排效果更佳，因此，船舶纵倾优化技术的研究与应用具有较好的经济效益和社会效益。

表 2.10　纵倾优化典型应用节能效果对比分析

单位	系统名称	节油效果和经济性
DNV·GL	ECO Assistant	集装箱船节油 3%～6%，回收周期 3～6 月；散货船节油 1%～3%；油轮节油 0～2%。散货船和油轮回收周期约 12 个月
Eniram	Dynamic Trimming Assistant	节油 3%～5%
GreenSteam	GreenSteam Optimizer	节油 4%～5%，基于客船、集装箱船、油轮和散货船的统计数据分析，其回收周期约 3 个月
Force Technology	Seatrim	节油 3%～4%，回收周期 1～6 个月

2.2.7　船舶能耗系统优化管理控制技术

船舶能耗系统运行情况比较复杂，其不仅与气象海况有关，还与其他系统的运行工况及各种外界条件有关。因此，船舶各系统的综合管理与协同控制是实现其高效运行的关键，也是提升船舶能效水平的有效方法。船舶综合节能控制系统的设计与应用是提升船舶整体能效水平的有效途径。通过船载传感器可以获取船舶各系统的工况参数以及外部环境参数，综合节能控制系统可以计算船舶经济航速，并结合航线、航向及气象、水文等信息，对船舶营运航速进行优化，以达到节能的目的；此外，该系统可综合考虑其他能耗设备的工作状态，以实现船舶航行及能耗设备运行的集成化管理和控制，如不同运行工况下的船舶发电机、负载等的工作状态控制等，从而实现全船系统能耗的实时优化管理与控制。

此外，定期检查螺旋桨和船体，制订合理的维护保养计划，也可有效降低船舶能耗。船舶进坞后，及时清除螺旋桨表面的海生物及沉积物，可以提高螺旋桨的运行效率，进而减少船舶的能量损耗，提高船舶的能效水平。

2.2.8　混合动力系统能效优化管理技术

为了进一步提高能源的综合利用效率及船舶的绿色化水平，多能源混合动力系统获得了广泛的研究和应用，主要有油电混合动力系统、气电混合动力系统和油电混合加储能装置的混合动力系统等。其中，油电混合动力系统具有以下优点：①经济性较高，可以实现船舶多工况优化匹配，提升动力系统综合能效；②机动性较好，根据船舶航速需求，柴油机可单独推进，也可并入电机实现并联推进，有效提升船舶动力系统的机动性能；③环保性较高，气电混合动力系统通过使用清洁能源，可解决发动机尾气排放带来的污染问题。油电混合加储能装置的混合动力系统具备油电混合动力系统的技术特点，同时，引入的储能装置可在主机动力富余时有效吸收能量，从而提升船舶的能量利用效率。此外，风能、太阳能等可再生能源的开发与应用也是实现船舶低碳化发展的重要方向。其中，太阳能光伏发电系统可以用于大型远洋船舶的辅助能源，提供照明等低负荷用电，从而减少船舶的燃料消耗，但其存在能量密度低等问题。相对而言，风能全球储量丰富，远洋船舶通过加装柴油机和风帆的混合动力系统，可有效利用海洋风力资源，大幅提高船舶能效水平，近年来该技术获得了广泛的研究和应用。

混合动力系统能效优化管理技术的研究与应用是各种类型混合动力系统得以高效运行的关键，通过监测混合动力系统的能量需求端及能量供给端的运行参数和运行状态，制定相应的优化管理控制算法与优化控制策略，可以实现不同航行条件及运行工况下混合动力系统的优化管理和控制，进而实现多能源的协同高效应用，从而有效提升船舶的整体能效水平。

2.3 本章小结

本章分析了船舶能效管理要求及船舶营运能效优化技术体系。基于 MARPOL 附则 VI 的相关要求，重点介绍了 EEDI、SEEMP，以及 EEOI、EEXI、CII 等指标要求的内涵和基本分析过程。

在船舶能效法规与智能能效管理规范分析的基础上，构建了面向船舶能效管理要求的船舶营运能效优化技术体系，包括船舶能效监测技术、船舶能效数据处理技术、船舶能效分析与评估技术、船舶航速优化技术、船舶航线优化技术、船舶航行姿态优化技术，以及船舶能耗系统优化管理与控制技术等，可为实现船舶营运能效的智能优化决策与精细化管理奠定重要基础。

参 考 文 献

[1] IMO. Guidelines for voluntary use of the ship energy efficiency operational indicator(EEOI)[R]. MEPC. 1/Circ. 684, 17 August 2009.

[2] BALLOU P J. Ship energy efficiency management requires a total solution approach[J]. Marine Technology Society Journal, 2013, 47(1): 83-95.

[3] 倪骏恺. 船舶能效营运指数研究[D]. 上海: 上海交通大学, 2010.

[4] MEPC. Reduction of GHG emissions from ships. Development of the draft 2022 IACS guidelines on the implementation of EEXI[R]. MEPC 78/INF. 27, 2022.

[5] 中国船级社. 智能船舶规范[S/OL]. 北京: 中国船级社, 2023.

[6] 《船舶智能能效管理检验指南》(2018)重要看点[J]. 中国船检, 2018(9): 57.

[7] 王凯, 胡唯唯, 黄连忠, 等. 船舶智能能效优化关键技术研究现状与展望[J]. 中国舰船研究, 2021, 16(1): 181-192, 199.

[8] REHMATULLA N, CALLEYA J, SMITH T. The implementation of technical energy efficiency and CO_2 emission reduction measures in shipping[J]. Ocean Engineering, 2017, 139: 184-197.

[9] 陈伟南. 船舶主机能效状态评估研究[D]. 大连: 大连海事大学, 2019.

[10] 高梓博. 船舶智能能效管理数据挖掘技术研究[D]. 大连: 大连海事大学, 2019.

[11] WANG K, YAN X P, YUAN Y P, et al. Dynamic optimization of ship energy efficiency considering time-varying environmental factors[J]. Transportation Research Part D: Transport and Environment, 2018, 62: 685-698.

[12] VETTOR R, SOARES C G. Development of a ship weather routing system[J]. Ocean Engineering, 2016, 123: 1-14.

[13] CORBETT J J, WANG H F, WINEBRAKE J J. The effectiveness and costs of speed reductions on international shipping[J]. Transportation Research Part D: Transport and Environment, 2009, 14(8): 593-598.

[14] 周科. 大型集装箱船能效建模与仿真研究[D]. 武汉: 武汉理工大学, 2017.

[15] 王凯. 基于营运数据分析的内河船队能效优化方法研究[D]. 武汉: 武汉理工大学, 2018.

[16] 姜雅乔. 长江航标维护船舶能效状态评估及异常致因分析[D]. 大连: 大连海事大学, 2020.

[17]　LINDSTAD H, ASBJØRNSLETT B E, STRØMMAN A H. Reductions in greenhouse gas emissions and cost by shipping at lower speeds[J]. Energy Policy, 2011, 39: 3456-3464.

[18]　王康豫. 多种优化目标下的船舶航速优化研究[D]. 武汉: 武汉理工大学, 2021.

[19]　PSARAFTIS H N, KONTOVAS C A. Speed models for energy-efficient maritime transportation: A taxonomy and survey[J]. Transportation Research Part C: Emerging Technologies, 2013, 26: 331-351.

[20]　SEN D, PADHY C P. An approach for development of a ship routing algorithm for application in the North Indian Ocean region[J]. Applied Ocean Research, 2015, 50: 173-191.

[21]　SUN J L, TU H W, CHEN Y N, et al. A study on trim optimization for a container ship based on effects due to resistance[J]. Journal of Ship Research, 2016, 60(1): 30-47.

[22]　REICHEL M, MINCHEV A, LARSEN N L. Trim optimization-theory and practice[J]. The International Journal on Marine Navigation and Safety of Sea Transportation, 2014(8): 387-392.

第 3 章　船舶营运能效建模理论与方法

船舶营运能效模型是实现船舶能效优化决策与控制的基础和前提，本章分别从考虑多因素的船舶能效机理模型、基于机器学习的船舶能效模型，以及数据与知识融合驱动的船舶能效模型的角度，开展船舶营运能效建模理论与方法的分析研究，从而为船舶能效智能优化模型与方法的研究奠定重要基础。

3.1　考虑多因素的船舶能效机理模型

基于船舶能耗与航行环境的关联分析可知，在船舶机器设备及装载等情况相同的条件下，风速、风向及浪高等航行环境因素对船舶能效水平具有较大的影响。因此，为了实现船舶能耗的有效预测和优化控制，需考虑复杂航行环境等因素对船舶能耗的影响。通过分析不同航行环境条件下的船舶阻力特性及推进系统能量传递关系，研究复杂多变航行环境要素与船舶推进系统能耗的动态响应关系，从而可以构建考虑多环境因素的船舶主机油耗模型，其可为船舶营运能效智能优化方法的研究奠定坚实的基础[1]。在分析不同航行环境条件下船舶阻力、"船-机-桨"能量传递关系的基础上，可以构建考虑多影响因素的船舶能耗模型，进而可以实现不同航行环境及运行工况下的船舶能耗分析与预测[2]。考虑多影响因素的船舶油耗分析过程如图 3.1 所示。

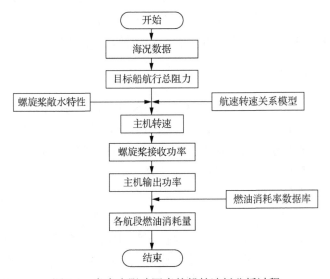

图 3.1　考虑多影响因素的船舶油耗分析过程

3.1.1　船舶推进系统能量传递关系分析

风、浪、流等航行环境要素的时空差异性及复杂多变性会影响船舶推进系统的运行状态和船舶的航行状态，进而对船舶能效水平产生较大影响。船舶推进系统的能量传递主要通过主机输出功率，并由轴系驱动螺旋桨旋转产生一定的推力，以克服船舶航行时的阻力，包括静水阻力、风阻和波浪增阻等。综上，船舶推进系统运行过程中的能量传递关系如图 3.2 所示。

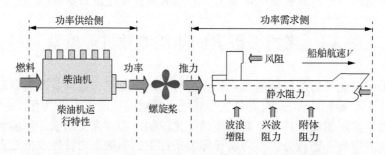

图 3.2　船舶推进系统运行过程中的能量传递关系示意图

从船舶推进系统的能量传递关系可以看出，多变航行环境会引起船舶航行阻力及船体效率的变化，进而会对螺旋桨的推进效率产生影响，最后影响船舶主机的工作特性和能耗水平。因此，需要分析"船-机-桨"之间的能量传递关系，通过开展船体阻力特性分析、螺旋桨运行特性分析和主机运行特性分析，探明"船-机-桨"之间的动态响应关系，揭示环境因素与船舶推进系统之间的动态耦合作用机理，进而可以构建考虑多环境因素的船舶能耗动态模型[3]。

1. 船体阻力特性分析

不同船型的主尺度参数、型线设计，以及航行情况等方面的差异，使得船舶阻力的精确计算具有一定难度。目前，船舶阻力计算主要有三种方法，分别为理论研究方法、试验方法及数值模拟计算方法。其中，理论研究方法基于流体力学理论，建立相关数理模型，并进行推理计算，然后通过相关实验不断地进行检验校正，以提高模型的精度，从而实现船舶阻力的估算。试验方法主要基于船模试验来实现船舶阻力的分析，船模试验是基于阻力相似定律，使用按比例缩小的船模在水池中进行试验，并通过相似定律换算获得实船的阻力，但该方法主要问题包括：难以模拟船舶真实的航行环境，船模试验存在一定的尺度效应，难以完全模拟船舶的实际运行情况。这些问题都会对船舶阻力的计算精度产生一定的影响。

数值模拟计算是在构建船舶模型的基础上，基于计算机软件，采用数值模拟计算的方法来分析船舶航行阻力。然而，很多实际情况下，计算机软件难以做到精确地模拟，因此该方法具有一定的局限性。对于已营运的船舶，可结合实船数据资料与理论模型，来实现船舶航行阻力的分析与计算。

　　船舶在水面航行时，船体的一部分会浸没在水中，一部分会在水线面以上，船舶会同时受到空气和水两种流体对其产生的作用力，因此在进行船舶阻力计算分析时，需要分析水阻力和空气阻力。此外，船舶航行水面并不是绝对的风平浪静，波浪等因素会给船舶增加额外的阻力，这部分阻力被称为波浪增阻或汹涌阻力，是水阻力的重要组成部分。当在水阻力中刨除由波浪等环境因素引起的波浪增阻部分，剩余部分便是静水阻力，静水阻力一般可以通过船模试验计算获得。空气阻力是指空气对船体水线以上的部分和船舶上层建筑产生的阻力。另外，由于船体水线以下部分并不是光滑船体，还安装有船舵及侧推等附属设备，该部分物体相较于光滑裸船体来说也会产生额外的阻力，称为附体阻力。因此，也可将船舶阻力分为裸船体阻力和附体阻力，除了船体附属设备产生的附体阻力外，将波浪增阻和空气阻力也视为附体阻力。综上所述，对于船舶阻力的计算分析，一般将裸船体阻力和附体阻力之和作为船舶航行的总阻力 R，其可通过式（3.1）来计算获得[4-5]。

$$R = R_f + R_{pv} + R_w + R_s + R_{aw} + R_a \qquad (3.1)$$

式中，R_f 为摩擦阻力；R_{pv} 为黏压阻力；R_w 为兴波阻力；R_s 为附体阻力；R_{aw} 为波浪增阻；R_a 为空气阻力。

　　1）静水阻力

　　静水阻力为船体在静水中航行时受到的阻力，主要包括摩擦阻力 R_f、黏压阻力 R_{pv}、兴波阻力 R_w 和附体阻力 R_s。

　　工程上，一般常用"平板假设"理论来计算船体的摩擦阻力，该理论将船体假设为一个速度、长度和湿面积相等的平板，在此条件下，认为该平板所受的摩擦阻力与船舶近似。因此，在获得实际船舶的水线长度、航速以及船舶的湿表面积后，就可利用相应的阻力计算公式来分析船体的摩擦阻力，如式（3.2）所示。

$$R_f = C_f \frac{1}{2} \rho V_s^2 S \qquad (3.2)$$

式中，C_f 为摩擦阻力系数；ρ 为流体的密度；V_s 为船舶航速；S 为船舶湿表面积。

目前，广泛应用的摩擦阻力系数计算方法如式（3.3）所示，采用该方法计算摩擦阻力系数可避免在雷诺数 Re 较低时出现较大的偏差。

$$C_f = \frac{0.075}{(\lg Re - 2)^2} \tag{3.3}$$

此外，可通过近似公式计算获得船舶的湿表面积，然而不同船型所适用的计算公式不同。对于一般民用船舶，可以采用式（3.4）来估算船舶的湿表面积。

$$S = (3.4 \nabla^{\frac{1}{3}} + 0.5 L_{bp}) \nabla^{\frac{1}{3}} \tag{3.4}$$

式中，∇ 为船舶排水量；L_{bp} 为船舶的垂线间长。

船舶剩余阻力主要包括黏压阻力和兴波阻力。黏压阻力又称形状阻力，其受船体型线的影响较大，在船舶航行时，流体在船体外缘运动，流体速度先增大后减小，从而导致压力会先减小而后增大，流体的黏性作用将会产生边界层，因此会产生黏性摩擦力与压力差。边界层分离的过程中会产生较多的漩涡，这些漩涡流向船舶尾部就会造成船尾部压力降低，此过程会使船首与船尾之间产生压力差，此压力差所造成的船舶阻力为黏压阻力。由于旋涡的作用，黏压阻力通常也被称作旋涡阻力。除黏压阻力外，船体表面不规则的形状产生船行波和破波，由此产生的船舶航行阻力则为兴波阻力。

关于剩余阻力的分析计算，可通过式（3.5）进行估算。

$$R_r = \frac{1}{2} C_r \rho V_s^2 S \tag{3.5}$$

式中，C_r 为剩余阻力系数。

在开展船模试验时，使用的船模通常表面较为光滑，而实际船体表面常安装有侧推等附体，会额外增加船舶航行时的阻力，一般称为附体阻力。对于较短的附体而言，其所产生的阻力主要为黏压阻力；而对较长的附体而言，其主要产生摩擦阻力。

附体形状通常较为复杂，难以通过船模试验准确模拟船舶附体阻力，并且由于尺度效应的影响，导致船舶附体阻力难以精确计算。工程上，一般采用基于船舶资料信息和经验公式联合的方法来实现附体阻力的估算。该方法利用附体阻力系数 C_s 来估算附体对船舶航行阻力的影响关系。附体阻力系数与船舶航速无关，对于不同的船型及动力方式，其附体阻力系数有所不同。附体阻力系数的具体含义为由附体的加装导致阻力的增加值与裸船体时船舶阻力 R_t 的比值。因此，船舶的附体阻力可通过式（3.6）计算获得。

$$R_s = C_s R_t \tag{3.6}$$

通过查阅不同船型的附体阻力系数表可以获得船舶的附体阻力系数，进而实现对象船舶附体阻力的估算与分析。根据前文确定的相关参数及对象船舶在目标海域的航速，便可计算获得船舶的静水阻力。某船舶航速及静水阻力分别如图 3.3 和图 3.4 所示。

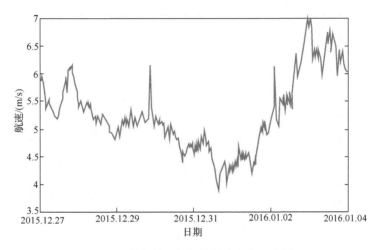

图 3.3　某船舶目标航线航速变化示意图

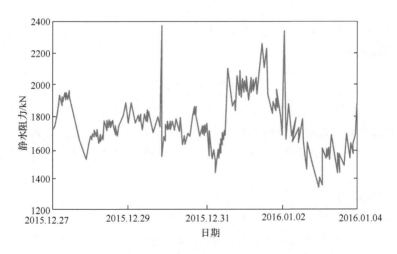

图 3.4　某船舶目标航线静水阻力变化示意图

2）波浪增阻

当船舶在海上航行遇到风浪时，波浪的作用会使船舶产生摇摆等情况，从而会导致船舶航行阻力增加，这种由波浪产生的阻力即为波浪增阻。波浪增阻的计算较为复杂，其主要影响因素为浪高和船型。其中，船型的影响主要是指船体型线设计质量的影响，好的型线设计可有效降低船舶的航行阻力，其对应的波浪增阻也相对较小。对同种船型而言，波浪增阻将会随着浪高的增加而增大，因此浪高数据的获取是波浪增阻计算的关键，其可以通过气象预报中心获得。某船舶目标航线上浪高变化情况如图 3.5 所示。

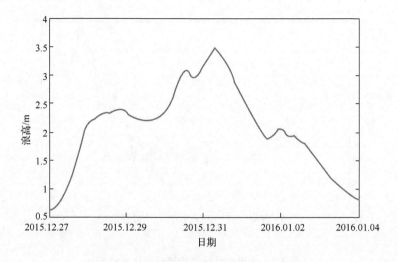

图 3.5　某船舶目标航线浪高变化示意图

相关实验分析结果表明，波浪增阻与浪高的平方成正比，因此，可通过式（3.7）来计算波浪增阻。

$$R_{aw} = 0.64 \zeta_A^{\ 2} B^2 C_b \rho g / L \qquad (3.7)$$

式中，ζ_A 为浪高；B 为船宽；C_b 为方形系数；L 为船长；g 为重力加速度。

在获取船宽、船长和方形系数等船舶基本参数及浪高信息的基础上，可基于式（3.7）计算获得船舶的波浪增阻。经计算后的某船舶目标航线的波浪增阻如图 3.6 所示。

3）空气阻力

空气阻力是指为船体水线面以上的部分由于空气的作用产生的阻力，主要包括黏压阻力和小部分摩擦阻力。空气阻力与风速大小和水线面以上船体及上层建筑的投影面积有关，具体可通过式（3.8）计算获得。

$$R_a = C_a \frac{1}{2} \rho_a A_t v_a^{\ 2} \qquad (3.8)$$

式中，C_a 表示空气阻力系数；ρ_a 表示空气密度；A_t 表示船体水线面以上部分在横剖面的投影面积；v_a 表示相对风速。

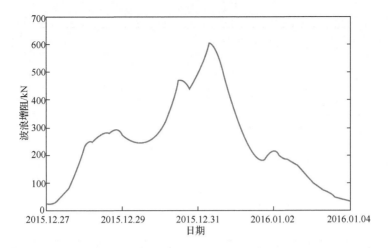

图 3.6   某船舶目标航线波浪增阻变化图

其中，空气阻力系数 C_a 可通过经验值法获得，对于不同的船舶吨位和船型，其空气阻力系数具有一定的差异。基于空气阻力系数表，可确定不同船型所对应的空气阻力系数。结合对象船舶的相关资料，可获得船体水线面以上部分的横剖面的投影面积，由此可基于获取的空气阻力系数和相对风速计算船舶的空气阻力。图 3.7 和图 3.8 分别为目标航线相对风速与船舶空气阻力的变化情况。

综合上述阻力计算，获得的船舶航行总阻力如图 3.9 所示。

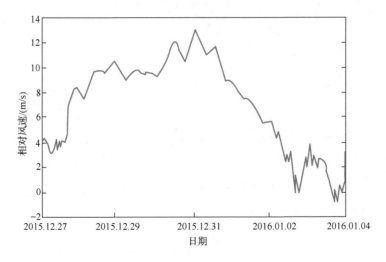

图 3.7   对象船舶目标航线相对风速

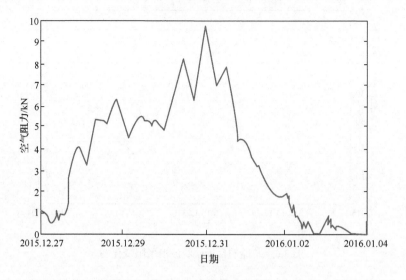

图 3.8　对象船舶目标航线船舶空气阻力

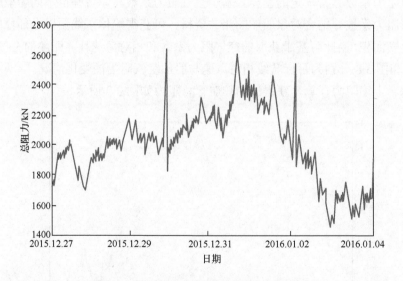

图 3.9　对象船舶目标航线船舶航行总阻力

2. 螺旋桨运行特性分析

螺旋桨的运行特性分析是探索船舶推进系统运行效率提升方法和能量传递关系分析的关键。不同运行工况下，螺旋桨的运行效率具有一定的差异，因此，开展螺旋桨运行特性及其运行效率的分析至关重要。当螺旋桨的旋转速度为 n，进速为 V_{A}，主机输出给螺旋桨的扭矩为 Q，螺旋桨产生的推力为 T 时，则螺旋桨吸收的

功率为 $2\pi nQ$，所产生的有用功率为 TV_{A}，因此，螺旋桨敞水效率可通过式（3.9）表示[6]。

$$\eta_{\mathrm{O}} = \frac{TV_{\mathrm{A}}}{2\pi nQ} \tag{3.9}$$

此外，进速系数 J 为进程 h_{p} 与螺旋桨直径 D 的比值，如式（3.10）所示。

$$J = \frac{h_{\mathrm{p}}}{D} = \frac{V_{\mathrm{A}}}{nD} \tag{3.10}$$

式中，h_{p} 为进程，其表示螺旋桨旋转一周所前进的距离。

由于滑脱比 s 为滑脱与螺距 P 的比值，而滑脱是螺距 P 与进程 h_{p} 之差，因此，可获得进速系数 J 与滑脱比 s 之间的关系，如式（3.11）所示。

$$J = \frac{P}{D}(1-s) \tag{3.11}$$

在进行螺旋桨的水动力性能分析时，通常采用无因次系数，即推力系数 K_{t} 和扭矩系数 K_{q}，来计算分析螺旋桨的推力和扭矩。其中，推力系数 K_{t} 和扭矩系数 K_{q} 分别如式（3.12）和式（3.13）所示[7]。

$$K_{\mathrm{t}} = \frac{T}{\rho n^2 D^4} \tag{3.12}$$

$$K_{\mathrm{q}} = \frac{Q}{\rho n^2 D^5} \tag{3.13}$$

式中，T 为推力；Q 为扭矩；ρ 为海水密度；n 为螺旋桨转速；D 为螺旋桨直径。

由式（3.9）至式（3.13）可以推出螺旋桨敞水效率如式（3.14）所示[8]。

$$\eta_{\mathrm{O}} = \frac{TV_{\mathrm{A}}}{2\pi nQ} = \frac{K_{\mathrm{t}}\rho n^2 D^4 V_{\mathrm{A}}}{2\pi n K_{\mathrm{q}}\rho n^2 D^5} = \frac{K_{\mathrm{t}}}{K_{\mathrm{q}}}\frac{V_{\mathrm{A}}}{2\pi nD} = \frac{K_{\mathrm{t}}}{K_{\mathrm{q}}}\frac{J}{2\pi} \tag{3.14}$$

从螺旋桨敞水效率计算公式可以看出，针对特定形状和类型的螺旋桨而言，其推力系数、扭矩系数，以及敞水效率是进速系数 J 的函数。因此，当螺旋桨的形状确定后，可以绘制以进速系数为横坐标，以推力系数、扭矩系数和敞水效率为纵坐标的螺旋桨敞水特性曲线。在绘制该曲线时，由于扭矩系数的数值较小，为了清晰表示数量间的关系，一般可将扭矩系数放大 10 倍后，再与推力系数和敞水效率曲线一同绘制。螺旋桨敞水特性曲线可以表征螺旋桨在不同工作条件下的水动力特性，图 3.10 为某典型船舶的螺旋桨敞水特性曲线。

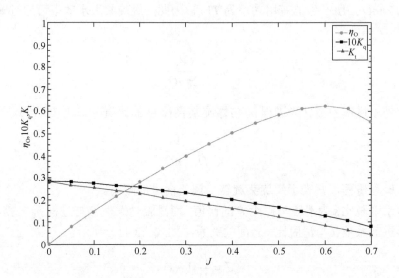

图 3.10　某典型船舶的螺旋桨敞水特性曲线（扫封底二维码查看彩图）

对图 3.10 中 K_q-J 曲线及 K_t-J 曲线进行拟合可得到如下关系：

$$K_q = -0.0218J^2 - 0.0164J + 0.0332 \qquad (3.15)$$

$$K_t = -0.1656J^2 - 0.2516J + 0.3185 \qquad (3.16)$$

结合式（3.14）～式（3.16），可获得螺旋桨敞水效率与进速系数的对应关系。需要指出的是，螺旋桨敞水效率特性曲线是在均匀水流中开展螺旋桨敞水试验，对所获得的试验结果进行分析整理绘制的。因此，只考虑螺旋桨本身而不考虑船体与螺旋桨之间的相互影响，即伴流和推力减额，会与实际情况有一定的差异。

船舶航行时，船体运动会对船舶周围的海水产生影响，使其发生运动，即船体的周围会有水流伴随，这种现象即为伴流。伴流会使得船体速度与螺旋桨周围水流的流速有所不同。伴流发生的原因较为复杂，其不仅与船体的流线分布、水的黏性特征，以及兴波作用等因素相关，而且还受船型、船体表面粗糙度、雷诺数及螺旋桨的安装位置等多因素的影响。伴流的大小通常可通过伴流系数来描述，具体如式（3.17）所示。

$$w = \frac{u}{V_s} = \frac{V_s - V_A}{V_s} \qquad (3.17)$$

式中，w 为伴流系数；u 为伴流速度。

由伴流系数计算公式可知，在获得船舶伴流系数的基础上，即可通过计算获得螺旋桨的进速，如式（3.18）所示。

$$V_A = (1-w)V_s \qquad (3.18)$$

伴流系数可通过实验测量获得，根据测量方法的不同，其分为标称伴流系数和实效伴流系数。其中，标称伴流系数不考虑螺旋桨工作时产生的影响，而实效伴流系数则考虑螺旋桨工作时产生的影响。在工程应用领域，一般采用实效伴流系数，其是通过将船舶航行试验和螺旋桨敞水试验结果综合对比获得的。因此，采用实效伴流系数更符合实际情况，本书所述的伴流系数均指实效伴流系数。可以根据不同船型伴流系数表来确定目标船舶的伴流系数。

船舶航行过程中，螺旋桨的运转会使其周围的流速增加、压力下降，由此造成的船舶阻力的增加，即为阻力增额 ΔR 。

$$T = R + \Delta R \qquad (3.19)$$

式中，T 为螺旋桨发出的推力；R 为裸船体阻力；ΔR 为阻力增额。

式（3.19）表明，螺旋桨产生的推力主要包括两部分，一部分用来克服裸船体阻力，另一部分则用来克服船舶阻力增额，称为推力减额，通常采用 ΔT 表示，具体如式（3.20）所示。

$$T = R + \Delta T \qquad (3.20)$$

其中，推力减额通常采用推力减额系数来描述，如式（3.21）所示。

$$t = \frac{\Delta T}{T} = \frac{T-R}{T} \qquad (3.21)$$

式中，t 为推力减额系数；ΔT 为推力减额；T 为螺旋桨发出的推力。

根据推力减额系数计算公式，可得到船体阻力与螺旋桨推力之间的关系，如式（3.22）所示。

$$R = T(1-t) \qquad (3.22)$$

推力减额系数与船型、螺旋桨尺度与负荷及螺旋桨的相对位置等因素有关。与伴流系数一样，推力减额系数同样难以采用理论方法计算获得，通常采用船模试验或实船试验来分析。此外，可以基于不同船型推力减额系数表来确定目标船的推力减额系数。

3. 主机运行特性分析

在分析船体与螺旋桨的相互作用的基础上，为构建船舶能耗模型，还需进一步分析"船-机-桨"的能量传递关系，如图 3.11 所示。船舶在某一航速下航行时，船体、主机及螺旋桨处于能量平衡状态，主机输出功率并通过轴系传递到螺旋桨的过程中，因机械摩擦及螺旋桨水动力性能等因素会造成部分能量损失。

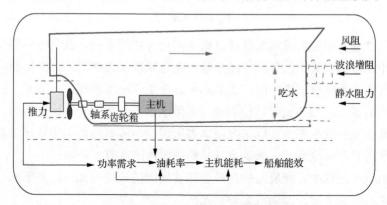

图 3.11　"船-机-桨"能量传递关系示意图

船舶在某一特定航速下航行时，假设主机输出的功率为 P_B，通过轴系传递到螺旋桨的功率为 P_{DB}，传递的过程中会造成功率的摩擦损失，其传递效率 η_S 可通过式（3.23）获得。

$$\eta_S = \frac{P_{DB}}{P_B} \tag{3.23}$$

对于不同推进系统布置方案，轴系的传动效率具有一定的差异。如推进系统配置了减速齿轮箱，还需要考虑齿轮箱效率 η_G，齿轮箱效率主要受其机械设计的影响，与其他因素关系不大。综合考虑以上传递效率，螺旋桨实际收到的功率如式（3.24）所示。

$$P_{DB} = P_B \eta_S \eta_G \tag{3.24}$$

螺旋桨实际收到的功率主要用于克服螺旋桨旋转时的扭矩，当螺旋桨转速为 n 时，螺旋桨收到的功率 P_{DB} 也可以通过式（3.25）表示。

$$P_{DB} = 2\pi n Q_B \tag{3.25}$$

主机发出的用来克服船舶在特定航速下航行阻力的功率被称为有效功率 P_E，推进系数 η_P 则为有效功率与主机发出的功率的比值，如式（3.26）所示。

$$\eta_P = \frac{P_E}{P_S} \tag{3.26}$$

船舶有效功率与螺旋桨收到功率的比值称为推进效率 η_D，其关系如式（3.27）所示。

$$\eta_{\mathrm{D}} = \frac{P_{\mathrm{E}}}{P_{\mathrm{DB}}} \tag{3.27}$$

船舶螺旋桨收到功率后发出推力 T，其进速为 V_{A}，所以螺旋桨推进功率 P_{T} 如式（3.28）所示。

$$P_{\mathrm{T}} = TV_{\mathrm{A}} \tag{3.28}$$

螺旋桨的效率 η_{B} 是螺旋桨推进功率与螺旋桨吸收的功率的比值，如式（3.29）所示。

$$\eta_{\mathrm{B}} = \frac{P_{\mathrm{T}}}{P_{\mathrm{DB}}} = \frac{TV_{\mathrm{A}}}{2\pi n Q_{\mathrm{B}}} = \frac{TV_{\mathrm{A}}}{2\pi n Q_{\mathrm{O}}} \frac{Q_{\mathrm{O}}}{Q_{\mathrm{B}}} = \eta_{\mathrm{O}} \eta_{\mathrm{R}} \tag{3.29}$$

式中，$\eta_{\mathrm{O}} = \dfrac{TV_{\mathrm{A}}}{2\pi n Q_{\mathrm{O}}}$ 为螺旋桨的敞水效率；$\eta_{\mathrm{R}} = Q_{\mathrm{O}} / Q_{\mathrm{B}}$ 为螺旋桨的相对旋转效率。

船舶有效功率与螺旋桨推进功率的比值被称作船体效率 η_{H}，如式（3.30）所示。

$$\eta_{\mathrm{H}} = \frac{P_{\mathrm{E}}}{P_{\mathrm{T}}} = \frac{RV_s}{TV_{\mathrm{A}}} = \frac{1-t}{1-w} \tag{3.30}$$

由式（3.30）可知，船体效率主要受推力减额系数 t 与伴流系数 w 的影响。

综合式（3.23）至式（3.30），船舶推进系数 η_{P} 可由式（3.31）表示。

$$\eta_{\mathrm{P}} = \frac{P_{\mathrm{E}}}{P_{\mathrm{B}}} = \frac{P_{\mathrm{E}}}{P_{\mathrm{T}}} \frac{P_{\mathrm{T}}}{P_{\mathrm{DB}}} \frac{P_{\mathrm{DB}}}{P_{\mathrm{B}}} = \eta_{\mathrm{D}} \eta_{\mathrm{S}} = \eta_{\mathrm{H}} \eta_{\mathrm{O}} \eta_{\mathrm{R}} \eta_{\mathrm{S}} \tag{3.31}$$

3.1.2　船舶主机油耗模型构建

在"船-机-桨"的运行特性和相互作用关系分析的基础上，通过获得船舶航速 V_s 及航行环境数据信息，可计算船舶的航行阻力 R，再根据伴流系数 w 及推力减额系数 t，便可以计算螺旋桨产生的推力 $T = R/(1-t)$。在此基础上，通过螺旋桨敞水效率 η_{O}、螺旋桨转速 n 及螺旋桨扭矩 Q_{O} 的分析，计算螺旋桨相对旋转效率 η_{R}，进而计算获得螺旋桨的扭矩 Q_{B} 及螺旋桨收到的功率 P_{DB}，最后，通过确定轴系传递效率 η_{S}，可计算船舶主机输出功率 P_{B}。其中，螺旋桨的推力可通过式（3.32）获得。

$$T_{\mathrm{p}} = \frac{T_{\mathrm{e}}}{(1-t)k_0} = \frac{R}{(1-t)k_0} = K_{\mathrm{t}} \times \rho n^2 D^4 \tag{3.32}$$

式中，T_{p} 为螺旋桨推力；T_{e} 为螺旋桨的有效推力；t 为推力减额系数；k_0 为螺旋桨数量；R 为船舶航行阻力；K_{t} 为螺旋桨推力系数；ρ 为海水密度；n 为螺旋桨转速；D 为螺旋桨直径。

此外，在计算船舶阻力的基础上，可以计算获得主机输出功率，如式（3.33）所示。

$$P_{\mathrm{B}} = \frac{RV_s}{k_0 \eta_{\mathrm{S}} \eta_{\mathrm{G}} \eta_{\mathrm{O}} \eta_{\mathrm{H}} \eta_{\mathrm{R}}} \tag{3.33}$$

综上所述，便可获得主机输出功率，计算公式如式（3.34）所示。

$$P_{\mathrm{B}} = \frac{RV_s K_{\mathrm{q}} 2\pi(1-w)}{k_0 \eta_{\mathrm{S}} \eta_{\mathrm{G}} \eta_{\mathrm{R}} K_{\mathrm{t}} J(1-t)} \tag{3.34}$$

由主机输出功率计算公式可知，船舶主机功率主要受船舶阻力和航速的影响，船舶航速与主机功率的变化如图 3.12 所示。

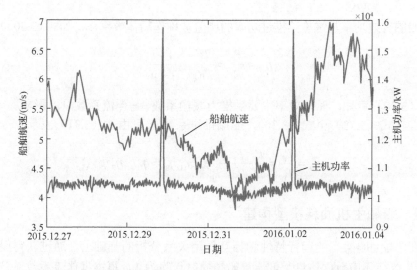

图 3.12　目标航线船舶航速与主机功率变化图（扫封底二维码查看彩图）

另外，螺旋桨进速系数可由式（3.35）计算获得。

$$J = \frac{V_s(1-w)}{nD} \tag{3.35}$$

式中，D 为螺旋桨的直径。

综合以上分析，便可以计算获得船舶单位航行距离的主机油耗，如式（3.36）所示。

$$q_{\mathrm{main}} = \frac{RK_{\mathrm{q}} 2\pi(1-w)}{\eta_{\mathrm{S}} \eta_{\mathrm{G}} \eta_{\mathrm{R}} J(1-t)} g_{\mathrm{main}} = f\left(V_s, V_{\mathrm{wind}}, h, g_{\mathrm{main}}\right) \tag{3.36}$$

式中，q_{main} 为船舶航行单位距离的主机油耗量；V_{wind} 为风速；h 为浪高；g_{main} 为主机油耗率。

从式（3.36）可以看出，船舶航行单位距离的主机燃油消耗主要与船舶航速和船舶阻力有关，而船舶阻力主要受船舶航行时气象海况条件的影响。因此，船舶主机油耗主要取决于船舶航速和航行环境。

在船舶主机燃油消耗计算的过程中，需要确定船舶主机油耗率。通常情况下，采用台架试验数据或者试航数据来获取主机油耗率；然而，随着船舶长时间的运行，机械磨损、设备老化等原因，主机实际燃油消耗率与试验数据存在一定差异，因此，基于船舶实际营运数据获得的主机油耗率更为准确有效。在此基础上，基于船舶主机转速、主机功率和主机油耗率进行三维曲面插值，便可获得船舶主机燃油消耗率特性曲线，如图 3.13 所示。

从主机燃油消耗率特性曲线可以看出，船舶主机油耗率受主机功率及主机转速的影响较大。在特定主机转速情况下，主机油耗率随主机功率的增加呈现先减小后增大的趋势；而在特定主机功率情况下，主机油耗率随着主机转速的增加呈现先减小后增大的趋势。基于所建立的船舶燃油消耗率数据库可知，主机燃油消耗率与功率和转速存在一一对应的关系，因此，在计算船舶主机油耗时，便可根据主机功率与转速信息来获取主机油耗率信息，从而用于船舶主机能耗的分析与计算。

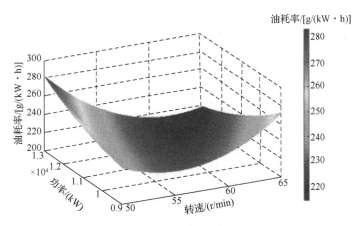

图 3.13　船舶主机燃油消耗率特性曲线图
（扫封底二维码查看彩图）

经过对目标航线单位距离油耗的计算，可以得出在主机功率一定的情况下，单位距离燃油消耗与航速呈负相关。当气象环境趋于恶劣，船舶航行阻力增加，船舶航速降低，此时，船舶单位距离燃油消耗会急剧增加。目标航线船舶单位航行距离燃油消耗与主机功率，以及船舶航速的变化分别如图 3.14 和图 3.15 所示。

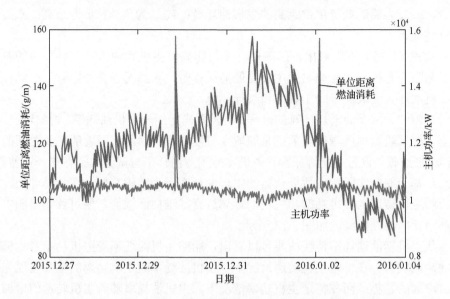

图 3.14　目标航线船舶单位距离燃油消耗与主机功率变化示意图

（扫封底二维码查看彩图）

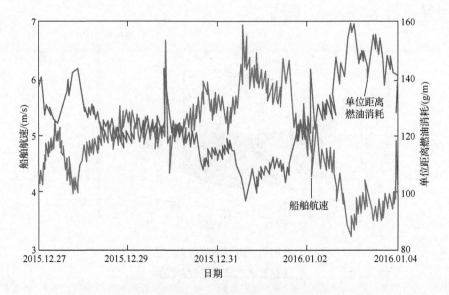

图 3.15　目标航线船舶单位距离燃油消耗与船舶航速变化示意图

（扫封底二维码查看彩图）

3.1.3　船舶主机油耗模型分析

船舶主机油耗模型预测精度是实现船舶能效优化的关键。为了能够对油耗模型的有效性进行充分验证，可将航线进行分段处理，通过综合考虑物理转向点和航线上的海况信息，包括风速、风向及浪高等，将航线划分为若干航向单一且海况相似的航段；然后，将每个航段的历史营运航速和气象条件输入到油耗模型中，获得各航段油耗的预测值；最后，将每一航段的油耗预测值与实际的油耗进行对比分析，结果如图 3.16 所示，从图中可以看出，各航段实船采集油耗与模型预测油耗误差较小，因此，所建立的能耗模型可以实现不同航行环境及运行工况下船舶主机油耗的有效分析与预测。

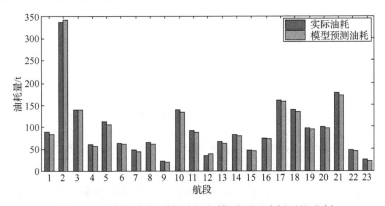

图 3.16　各航段实船采集油耗与模型预测油耗对比分析

综上所述，通过船舶推进系统能量传递关系分析，包括船体阻力特性分析、螺旋桨运行特性分析、主机运行特性分析，所构建的船舶主机油耗模型可实现多要素影响下船舶能耗的有效表征，其可为船舶能耗的分析与优化决策奠定重要基础。

3.2　基于机器学习的船舶能效模型

3.2.1　基于 BP 神经网络的船舶能效模型

BP 神经网络是一种按误差反向传播算法训练的多层前馈网络，能够处理大量的映射关系，其无须预先知道这些映射关系所对应的具体方程，学习规则采用最速下降法，即通过反向传播来不断调整网络的权值和阈值，使网络的误差最小。这种神经网络可用于实现函数逼近、模式识别、数据分类和数据压缩等方面，其具有很强的非线性映射能力，在对多维数据进行拟合处理时具有很好的效果。BP

神经网络模型的拓扑结构包括输入层、隐含层和输出层。面向船舶能耗预测的 BP 神经网络的结构如图 3.17 所示[9-10]。

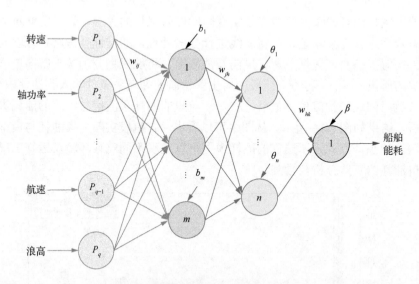

图 3.17　面向船舶能耗预测的 BP 神经网络结构图

BP 神经网络的输入层包含多个变量(P_1, P_2, $\cdots$, P_q)，分别代表影响船舶能耗的几个主要因素，如转速、轴功率、航速和浪高等。此外，该网络包含若干隐含层，其中 b_1, b_2, $\cdots$, b_m, θ_1, θ_2, $\cdots$, θ_n 和 β 代表网络的偏置。此网络的输出层是船舶能耗。在此网络中，w_{ij}、w_{jh} 和 w_{hk} 为网络的权值。BP 神经网络模型能够有效地反映输入节点（船舶能耗影响因素）和输出节点（主机日油耗量）的函数映射关系。其中，网络中的第一层隐含层的第 j 个节点的输出结果 x_j 和第二层隐含层的第 h 个节点的输出结果 y_h，可分别通过式（3.37）和式（3.38）获得。

$$x_j = f_1\left(\sum_{i=1}^{q} w_{ij}P_i + b_j\right) \tag{3.37}$$

$$y_h = f_2\left(\sum_{j=1}^{m} w_{jh}x_j + \theta_h\right) \tag{3.38}$$

此外，网络输出的主机日油耗量 q 可通过式（3.39）获得。

$$q = f_3\left(\sum_{h=1}^{n} w_{hk}y_h + \beta\right) \tag{3.39}$$

式中，f_1、f_2、f_3 为输入关系和输出关系的传递函数。

3.2.2　基于 DBN 的船舶能效模型

DBN 是一种典型的深度学习方法，由受限玻耳兹曼机（restricted Boltzmann machine，RBM）单元堆叠而成，其中，RBM 主要包含隐含层和显层，基于 RBM 堆叠成 DBN 结构时，采用上一个 RBM 的隐含层作为下一个 RBM 的显层的方式来实现多个 RBM 堆叠，从而构成深度神经网络结构[11]。

RBM 实质上是一种由带有一定随机性的可见神经元和隐藏神经元所构成的模型，其仅在隐含层和显层之间的神经元有相应的连接，而显层神经元之间，以及隐含层神经元之间无连接。对于这种基于 RBM 构建的 DBN 模型，通过叠加 RBM 的形式开展分层预训练时，某一层的分布情况仅与前一层相关。基于 DBN 模型的结构和原理，所构建的面向船舶能耗预测的 DBN 模型如图 3.18 所示。

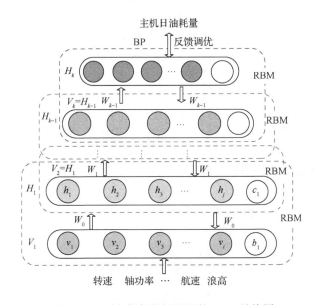

图 3.18　面向船舶能耗预测的 DBN 结构图

该 DBN 模型的输入层包含多个变量，分别代表影响船舶能耗的几个主要因素，如转速、轴功率、航速和浪高等。此外，该网络由 k 个 RBM 单元组成，其中 b 和 c 分别表示显层和隐含层的偏差，V_i 与 H_j 表示第 i 个显层和第 j 个隐含层单元的状态。所建立的 DBN 模型通过若干层 RBM 训练，最后由 BP 神经网络接收 RBM 输出的特征向量作为其输入特征向量，计算获得主机日油耗量。

受限玻耳兹曼机可以用矩阵能量方程 $E_\theta(v,h)$ 表示：

$$E_\theta(v,h) = -b^\mathrm{T}v - c^\mathrm{T}h - h^\mathrm{T}W \tag{3.40}$$

式中，h 为受限玻耳兹曼机隐含层；v 为受限玻耳兹曼机显层；b 为显层的偏置；c 为隐含层的偏置；W 为权重矩阵。

显层和隐含层的联合概率分布如式（3.41）所示。

$$p_\theta(v,h) = \frac{\mathrm{e}^{-E_\theta(v,h)}}{\sum_{v,h}\mathrm{e}^{-E_\theta(v,h)}} = \frac{\mathrm{e}^{-E_\theta(v,h)}}{Z} \tag{3.41}$$

式中，Z 为配分函数，定义为在节点的所有可能取值下 $\mathrm{e}^{-E_\theta(v,h)}$ 的和（亦即使得概率分布和为 1 的归一化常数）。

在训练过程中，首先，将显层的状态向量映射到隐含层单元；然后，由隐含层单元重建显层单元，这些新的显层单元再次映射到隐含层单元，从而获得新的隐含层单元。

由于玻耳兹曼机属于二分图，对于 m 个显层节点和 n 个隐含层节点，显层的配置 v 对于隐含层配置 h 的条件概率如下：

$$p_\theta(h_j = 1|v) = \frac{\mathrm{e}^{-E_\theta(v,h)}}{\sum_h \mathrm{e}^{-E_\theta(v,h)}} = \mathrm{sigmoid}(c_j + w_j v) \tag{3.42}$$

h 对于 v 的条件概率为

$$p_\theta(v_i = 1|h) = \frac{\mathrm{e}^{-E_\theta(v,h)}}{\sum_v \mathrm{e}^{-E_\theta(v,h)}} = \mathrm{sigmoid}(b_i + w_i^\mathrm{T} h) \tag{3.43}$$

通过最大化观测数据的似然函数 $p(v)$ 来获得最佳 RBM 参数：

$$\arg\max L(W,b,c) = \frac{1}{N}\sum_{n=1}^{N}\log p(v^{(n)}) \tag{3.44}$$

式中，$\arg\max L(\cdot)$ 为获得最大值所对应的点集。

DBN 模型的关键步骤为基于 RBM 的无监督训练及有监督的参数调优，RBM 网络的每一层仅确保该层的权重对于特征向量的映射是最优的，这意味着它无法使整个 DBN 模型的特征映射达到最优。因此，反向传播网络会将预测误差信息从上到下传输到 RBM 的每一层，之后对 DBN 模型所有层级的参数进行调整，将损耗函数最小化，如式（3.45）所示。

$$\arg\min L(W,b,c) = \frac{1}{n}\sum_{i=1}^{n}\left(\frac{1}{2}\left\|\tilde{y}_i - y_i\right\|\right) \tag{3.45}$$

式中，n 为训练集的样本数量；$\tilde{y} = [\tilde{y}_1, \tilde{y}_2, \cdots, \tilde{y}_n]^\mathrm{T}$ 为预测的输出矩阵；$y = [y_1, y_2, \cdots, y_n]^\mathrm{T}$ 为实际输出矩阵。

DBN 模型的训练过程如下：首先，不监督 RBM 网络的训练，这样可以保证将特征向量尽可能地映射到不同的特征空间，以保留特征信息；然后，RBM 网络被堆叠以构成 DBN 模型；最后，将一个额外的 BP 神经网络添加到 DBN 模型的顶层，最后一层 RBM 的隐藏特征向量用作输入特征向量，以监督预测模型的训练。DBN 模型预测输出矩阵公式如式（3.46）所示。

$$\tilde{y} = W_k^{\mathrm{T}} H_k + c_k \tag{3.46}$$

式中，W_k 为连接权重矩阵；H_k 为顶层输入矩阵；c_k 为偏置矩阵。

综上所述，所建立的 DBN 模型通过若干层 RBM 训练，最后由 BP 神经网络接收 RBM 输出的特征向量作为其输入特征向量，计算出主机油耗量。

DBN 模型的具体训练步骤如下。

步骤 1：RBM 的第一层使用无监督学习算法（基于梯度的对比散度法）进行预训练。

步骤 2：将上一层的输出作为下一层的输入，按相同方法重复步骤 1 中的训练过程，直到 RBM 的最后一层。

步骤 3：利用 BP 神经网络的监督学习方法对各层参数进行调整。预测误差信息由上到下传递到 RBM 的每一层，然后通过式（3.47）对 DBN 模型的全部参数进行调优。

$$\arg\min L(W, b, c) = \frac{1}{n} \sum_{i=1}^{n} \left(\frac{1}{2} \| \tilde{y}_i - y_i \|^2 \right) \tag{3.47}$$

式中，n 为训练样本个数；$\tilde{y}$ 为预测输出矩阵；y 为实际输出矩阵。

步骤 4：通过式（3.48）计算获得经训练后的 DBN 模型的输出，即主机油耗量。

$$\tilde{y} = W_k^{\mathrm{T}} H_k + c_k \tag{3.48}$$

式中，k 表示 DBN 模型的最上层；W_k 表示连接权重矩阵；H_k 表示顶层输入矩阵；c_k 表示偏置矩阵。

3.2.3　基于 KNN 算法的船舶能效模型

KNN 算法是一种较为成熟的预测方法。该算法基于样本的 k 个最近邻的单元，通过计算获得这些单元的平均值，作为该样本的属性值[12]。此外，该算法也可以基于不同距离的单元对所分析样本产生的影响程度来赋予不同的权重值，再把根据此权重计算的 k 个单元的加权平均值赋值给样本，从而构成距离加权的 KNN 算法。

KNN 算法常用来处理分类问题，也可以解决回归问题，本章要建立的油耗预测模型实质上是一个回归预测模型。对于要预测的值，通过求与它距离最近的 k 个点的值的平均值获得，通常采用欧氏距离来进行距离的计算，其计算公式如式（3.49）所示。

$$d(x,y) = \sqrt{(x_1 - y_1)^2 + (x_2 - y_2)^2 + \cdots + (x_n - y_n)^2} = \sqrt{\sum_{i=1}^{n}(x_i - y_i)^2} \qquad (3.49)$$

式中，x 为特征变量；y 为特征变量所对应的值。

所建立的基于 KNN 算法的船舶能耗预测模型示意图如图 3.19 所示。主要思路为对于要预测的点的值，通过求与它距离最近的 k 个点的值的平均值获得，所采用的距离公式为欧氏距离，具体实现过程包括以下几个步骤。

步骤 1：采用距离公式计算训练样本和测试样本中每个样本点的距离。

步骤 2：对步骤 1 计算获得的距离值进行升序排序。

步骤 3：选取前 k 个最小距离的样本数据。

步骤 4：计算选取的 k 个样本值的平均值，作为预测样本的预测值，从而获得预测样本的预测结果。

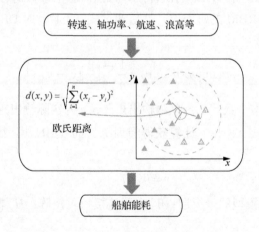

图 3.19　基于 KNN 算法的船舶能耗预测模型示意图

3.2.4　基于决策树的船舶能效模型

决策树是基于树结构实现的，其内部节点特征的取值为"是"或"否"，其将特征空间划分为数个单元，各单元对应不同的输出。由于各节点的取值皆为"是"或"否"，因此所划分的边界与坐标轴是平行的。对于待分析的样本数据，基于特征而划分到某个单元，就可以获得其相应的输出值，这个划分过程即为该算法的建树过程，每当划分过程完成一次后，就可以获得所划分单元对应的输出值。当算法满足终止条件而结束时，就可以确定每个划分单元的输出值，即为树的叶节点[13-14]。决策树实现原理如图 3.20 所示。

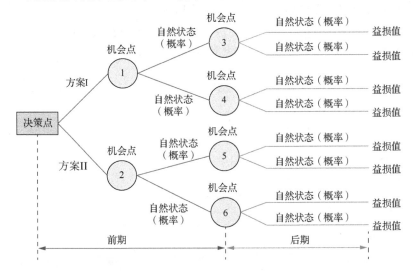

图 3.20　决策树实现原理示意图

决策树的核心内容是通过最小二乘法来选择切分点，通过单元内的均值来确定输出值。假设给定训练数据集为

$$D = \{(x_1, y_1), (x_2, y_2), \cdots, (x_N, y_N)\} \tag{3.50}$$

式中，x 为输入特征向量；y 为输出特征向量；N 为样本的数量。

基于启发式方法实现特征空间的划分，例如，以训练集中第 j 个特征变量 $x(j)$ 和它的取值 s 作为切分变量和切分点，并定义 $R_1(j,s) = \{x \,|\, x^{(j)} \leqslant s\}$ 和 $R_2(j,s) = \{x \,|\, x^{(j)} > s\}$，然后根据平方误差最小原则求解式（3.51）获得最佳的 j 和 s。

$$(j,s)_{\min} [(c_1)_{\min} \sum_{x_i \in R_1(j,s)} (y_i - c_1)^2 + (c_2)_{\min} \sum_{x_i \in R_2(j,s)} (y_i - c_2)^2] \tag{3.51}$$

式中，c_1、c_2 为划分后的两区域的固定输出值，方括号内的 min 表示使用最佳的 c_1、c_2，即为区域内平方误差最小的 c_1、c_2，由此可知，最优输出值即为其所对应的区域内 y 的平均值，然后，根据平方误差最小原则求解式（3.51）：

$$(j,s)_{\min} [\sum_{x_i \in R_1(j,s)} (y_i - \hat{c}_1)^2 + \sum_{x_i \in R_2(j,s)} (y_i - \hat{c}_2)^2] \tag{3.52}$$

决定输出值如式（3.53）和式（3.54）所示：

$$\hat{c}_1 = \frac{1}{N_1} \sum_{x_i \in R_1(j,s)} y_i \tag{3.53}$$

$$\hat{c}_2 = \frac{1}{N_2} \sum_{x_i \in R_2(j,s)} y_i \tag{3.54}$$

式中，$\hat{c}_1$ 和 $\hat{c}_2$ 分别为划分后两区域的决定输出值。

针对两个子区域继续采用上述分析处理过程，直至算法终止。最后，划分输入空间为 M 个区域 $R_1, R_2, \cdots, R_M$，从而生成决策树：

$$f(x) = \sum_{m=1}^{M} \hat{c}_m I, \quad x \in R_M \tag{3.55}$$

式中，I 为指示函数，$I = \begin{cases} 1, & x \in R_M \\ 0, & x \notin R_M \end{cases}$。

综上所述，基于决策树算法的船舶能耗智能预测实现过程如图 3.21 所示。

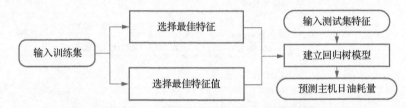

图 3.21　基于决策树算法的船舶能耗智能预测实现过程

训练数据集包括输入特征及输出特征。输入特征包含多个变量，分别代表影响船舶能耗的几个主要因素，如转速、轴功率、航速和浪高等；输出特征为主机日油耗量。通过平方误差最小原理选择最佳特征及特征值，将训练样本的区间进行分割，最终划分为 M 个样本区域 $R_1, R_2, \cdots, R_M$。对于任一样本区域 R_M，$\hat{c}_m$ 为该样本区域主机日油耗量的均值，输入测试样本的输入特征值 x 后，通过式（3.56）可以获得决策树的预测结果，即船舶主机的日油耗量。

$$f(x) = \sum_{m=1}^{M} \hat{c}_m I, \quad x \in R_M \tag{3.56}$$

式中，I 为指示函数，$I = \begin{cases} 1, & x \in R_M \\ 0, & x \notin R_M \end{cases}$。

3.2.5　基于 SVM 的船舶能效模型

SVM 通常应用于分类分析，若采用支持向量进行回归分析，则称其为支持向量回归（support vector regression，SVR）。支持向量机的基本思想是找到合理划分数据的超平面，该算法主要用于线性可分的情况，而对于那些线性不可分的情况，可以采用非线性映射将低维特征空间线性不可分的样本转化为高维特征空间，从而使样本线性可分。此外，该算法基于结构风险最小化原理，通过在特征空间构建最优的分类面，使算法能够实现全局最优化[15]。

支持向量机回归原理如图 3.22 所示，在支持向量机回归中，假设给定样本 $D = \{(x_1, y_1), (x_2, y_2), \cdots, (x_m, y_m)\}$, $y_i \in R$，要获得一个回归模型，应使 $f(x)$ 与 y 尽可能接近，ω 和 b 是待确定的模型参数。

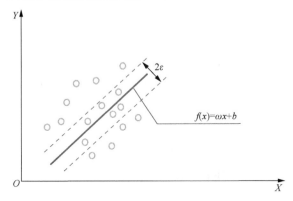

图 3.22　支持向量机回归原理

假设容忍 $f(x)$ 与 y 之间最多有 ε 的偏差，即仅当 $f(x)$ 与 y 之间偏差的绝对值大于 ε 时，才计算损失，于是，SVR 问题可形式化为

$$\min_{\omega, b} \frac{1}{2} \|\omega\|^2 + C \sum_{i=1}^{m} l_\varepsilon(f(x_i), y_i) \tag{3.57}$$

式中，C 为正则化常数；l_ε 为不敏感损失函数，如式（3.58）所示：

$$l_\varepsilon(z) = \begin{cases} 0, & |z| \leqslant \varepsilon \\ |z| - \varepsilon, & |z| > \varepsilon \end{cases} \tag{3.58}$$

通过引入松弛变量 ξ_i 和 $\hat{\xi}_i$，可将式（3.57）写为

$$\min_{\omega, b, \xi_i, \hat{\xi}_i} \frac{1}{2} \|\omega\|^2 + C \sum_{i=1}^{m} l_\varepsilon(\xi_i, \hat{\xi}_i) \tag{3.59}$$

$$f(x_i) - y_i \leqslant \varepsilon + \xi_i \tag{3.60}$$

$$y_i - f(x_i) \leqslant \varepsilon + \hat{\xi}_i \tag{3.61}$$

$$\xi_i \geqslant 0, \hat{\xi}_i \geqslant 0, i = 1, 2, \cdots, m \tag{3.62}$$

引入拉格朗日乘子 μ_i：

$$L(\omega, b, \alpha, \hat{\alpha}, \xi, \hat{\xi}, \mu, \hat{\mu}) = \frac{1}{2} \|\omega\|^2 + C \sum_{i=1}^{m} l_\varepsilon(\xi_i, \hat{\xi}_i) - \sum_{i=1}^{m} \xi_i \mu_i - \sum_{i=1}^{m} \hat{\xi}_i \hat{\mu}_i$$

$$+ \sum_{i=1}^{m} \alpha_i(f(x_i) - y_i - \varepsilon - \xi_i)$$

$$+ \sum_{i=1}^{m} \hat{\alpha}_i(y_i - f(x_i) - \varepsilon - \hat{\xi}_i) \tag{3.63}$$

再令 $L(\omega, b, \alpha, \hat{\alpha}, \xi, \hat{\xi}, \mu, \hat{\mu})$ 对 $\omega, b, \xi, \hat{\xi}$ 的偏导数为 0，可得

$$\omega = \sum_{i=1}^{m} (\hat{\alpha}_i - \alpha_i) x_i \qquad (3.64)$$

上述过程需满足如下条件：

$$\begin{cases} \alpha_i (f(x_i) - y_i - \varepsilon - \xi_i) = 0 \\ \hat{\alpha}_i (y_i - f(x_i) - \varepsilon - \hat{\xi}_i) = 0 \\ \alpha_i \hat{\alpha}_i = 0 \\ \xi_i \hat{\xi}_i = 0 \\ (C - \alpha_i) \xi_i = 0 \\ (C - \hat{\alpha}_i) \hat{\xi}_i = 0 \end{cases} \qquad (3.65)$$

综上，SVR 的解形如：

$$f(x) = \sum_{i=1}^{m} (\hat{\alpha}_i - \alpha_i) x_i^{\mathrm{T}} x + b \qquad (3.66)$$

式中，$(\hat{\alpha}_i - \alpha_i) = 0$ 的样本即为 SVR 的支持向量，若 $0 < \alpha_i < C$，则有 $\xi_i = 0$。

综上所述，所建立的基于 SVR 算法的船舶能耗智能预测流程如图 3.23 所示。

图 3.23　基于 SVR 算法的船舶能耗智能预测流程

训练数据集包括输入特征及输出特征。输入特征包含多个变量，分别代表影响船舶能耗的主要因素，如转速、轴功率、航速和浪高等；输出特征为主机日油耗量。该模型首先通过核函数将非线性的训练数据集映射到高维空间进行线性回归估计；随后，通过松弛变量及惩罚因子表示允许误差的程度；然后，通过引入拉格朗日乘子 α_i、α_i^* 以降低模型求解的复杂度；最后，通过式（3.67）计算获得预测结果，即船舶主机日油耗量。

$$f(x) = \sum_{i=1}^{n} (\alpha_i^* - \alpha_i) K(x_i, x) + b \qquad (3.67)$$

式中，$K(x_i, x)$ 为支持向量回归模型的核函数；n 为训练集样本数量；b 为偏置项。

3.2.6　基于机器学习的能效模型对比分析

不同能耗预测方法具有各自的特点，从而适用于不同的预测问题。几种典型机器学习算法的特点分析如表 3.1 所示。

表 3.1　几种典型机器学习算法的特点分析

算法	优点	缺点
BP 神经网络	① 减少计算时间，高容错和自学能力 ② 强非线性映射能力 ③ 中间层数、神经元个数可设定	① 容易陷入局部优化 ② 网络层数确定缺乏理论依据 ③ 推广能力有限
DBN	① 强非线性映射能力 ② 避免初始化参数陷入局部优化	网络层数、神经元个数的选择缺乏科学依据
KNN 算法	① 准确度高，异常点不敏感 ② 基础理论成熟，可用于非线性分类 ③ 适合于类域交叉或重叠样本	① 在特征数较大时，计算量大、计算复杂度高、速度低 ② 可解释性不强
决策树算法	① 决策过程便于理解与可视化 ② 不需要对数据进行缩放处理	① 容易发生过拟合，泛化性能差 ② 忽略了属性之间的相关性
SVR 算法	① 具有较好的泛化推广能力 ② 用于线性和非线性的回归问题	对参数、核函数的选择缺乏理论依据

1. 数据获取

船舶数据收集中心收集转速传感器、燃油流量计、GPS 和气象海况传感器等采集到的数据，进行整合后送给船端数据库和岸端数据库，并通过船端显示器和岸端显示器实时显示，如图 3.24 所示。常见的影响船舶能耗的数据包括主机转速、轴功率、纵倾、横倾、船速，以及风速、风向、浪高等航行环境要素，这些数据之间并不是孤立存在的，通过对这些影响因素进行挖掘分析可以建立船舶能耗模型，实现船舶能耗的有效预测，从而为船舶能效智能优化模型与算法的研究奠定基础。

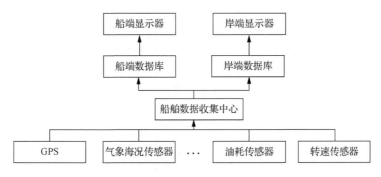

图 3.24　船舶数据采集系统示意图

通过数据采集系统，可以获得主机转速、轴功率、纵倾、横倾、风速、风向、航速、航向、浪高和主机日油耗量数据。其中，前九种数据作为输入变量，主机日油耗量为输出变量，采用不同的机器学习算法实现主机油耗的预测，其中，船舶能效相关数据信息如表 3.2 所示，所需的数据主要来自正常航行状态下相关传感设备的采集数据，如表 3.3 所示。

表 3.2 船舶能效相关数据信息

能效数据种类	单位	说明
转速	r/min	描述主机旋转速度
轴功率	kW	描述船舶轴系功率
纵倾	°	描述船舶艏艉吃水差
横倾	°	描述船舶左右吃水差
风速	m/s	用于分析船舶风载荷
风向	°	用于分析船舶风载荷
航速	kn	描述船舶的航速
航向	°	描述船舶的航行方向
浪高	m	用于分析船舶波浪载荷
主机日油耗量	m^3	反映船舶主机的能耗情况

表 3.3 船舶传感器采集数据

转速	轴功率	纵倾	横倾	风速	风向	航速	航向	浪高	主机日油耗量
58	10050	−0.2	−0.1	1	58	11.9	38	0.819	2.29
58	10050	−0.1	−0.1	0.5	93	11.7	36	0.817	2.29
58	10270	−0.2	0	3.3	57	11.8	37	0.816	2.28
67	15890	−0.2	0	3.5	19	12.9	38	0.814	2.34
58	10200	−0.2	0	2.5	357	11.6	37	0.818	2.27
58	10040	−0.2	0	1.8	348	11.7	38	0.822	2.25
58	9970	0	0	3.5	277	11.9	38	0.839	2.27
58	10130	0	0	4.7	334	12	36	0.848	2.25
58	9970	−0.2	−0.1	4.3	340	12.2	38	0.859	2.26
58	9970	−0.4	0	1.8	357	12.3	38	0.877	2.24
...	...	...	...	...	...	...	...	...	...

2. 数据预处理

由于所采集的数据中存在异常值和噪声，即个别样本的数值明显偏离所属样本的其他观测值，并且某些数据存在错误，会对其他正常数据产生干扰，为了保证预测模型的精度，需对数据进行清洗。

为了消除数据量纲的影响及简化计算，对除决策树模型以外的模型输入数据使用 Python 相关库进行缩放处理，使预测模型能够正常输出预测结果。在 Scikit-learn 中，主要包括四种数据缩放方式，分别为 MinMaxScaler、StandardScaler、Normalizer、RobustScaler。其中，MinMaxScaler 也被称为 0-1 缩放，它是通过数学方式将数据缩放到 0 和 1 之间；StandardScaler 称为标准化缩放，将数据的各个特征向量的均值变为 0、方差变为 1；Normalizer 使得最后的特征向量的欧氏距离为 1，即把数据都投影到一个圆上；RobustScaler 和 StandardScaler 方法相似，它使用中位数和四分位数代替均值和方差来进行转换。本章运用 MinMaxScaler 对数据进行缩放处理。

（1）基于 BP 神经网络的船舶能耗智能预测方法，通过 Python 的深度学习模块 Keras 构建 BP 神经网络模型，BP 神经网络模型的输入层为 9 个影响能耗的参数特征。隐含层为两层，第一层隐含层设置了 32 个神经元，激活函数选择 Sigmoid，第二层隐含层设置了 16 个神经元，激活函数选择 ReLu；输出层的激活函数选择 Linear。通过运行算法获得的主机日油耗量预测结果如图 3.25 所示，其预测结果散点分布如图 3.26 所示。

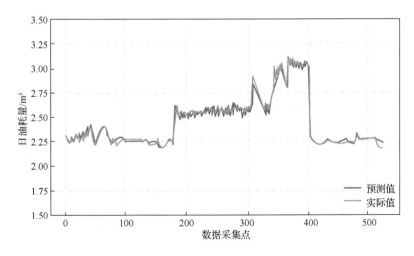

图 3.25　BP 神经网络模型预测结果图（扫封底二维码查看彩图）

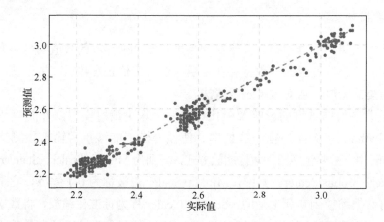

图 3.26　BP 神经网络模型预测结果散点分布（扫封底二维码查看彩图）

（2）基于 DBN 的船舶能耗智能预测方法，建立了 DBN 模型，其输入层为所获得的实船数据，包含 9 个特征，该模型包含 3 个 RBM 单元。根据 RBM 的叠加原理，第一个 RBM 单元的输出层神经元个数设置为 30，第二个 RBM 单元的输出层神经元个数设置为 20，第三个 RBM 单元的输出层神经元个数设置为 20，模型的学习率设置为 0.01，输出层激活函数选择 Linear。通过运行此算法，获得的主机日油耗量预测结果如图 3.27 所示，其预测结果散点分布如图 3.28 所示。

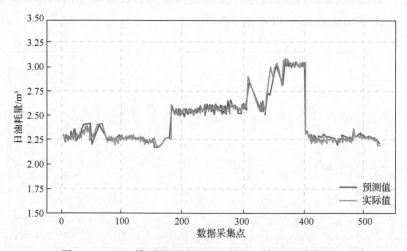

图 3.27　DBN 模型预测结果（扫封底二维码查看彩图）

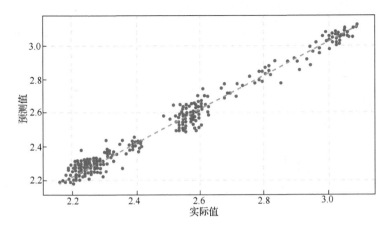

图 3.28　DBN 模型预测结果散点分布（扫封底二维码查看彩图）

（3）基于 KNN 算法的船舶能耗智能预测方法，通过 Python 的 sklearn 模块构建 KNN 模型，并使用 GridSearchCV 功能选择超参数，其输入数据为所获得的实船数据，包含 9 个特征，邻近样本权重方式采用 distance。通过运行 KNN 算法，获得的主机日油耗量预测结果如图 3.29 所示，预测结果散点分布如图 3.30 所示。

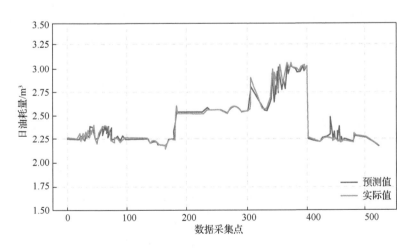

图 3.29　KNN 模型预测结果（扫封底二维码查看彩图）

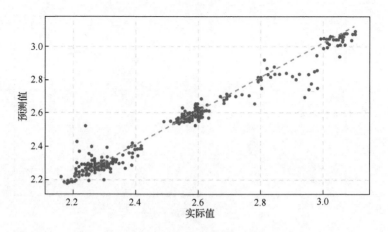

图 3.30　KNN 模型预测结果散点分布

（扫封底二维码查看彩图）

（4）基于决策树算法的船舶能耗智能预测方法，通过 Python 的 sklearn 模块构建决策树模型，并使用 GridSearchCV 功能选择超参数，其输入数据为所获得的实船数据，包含 9 个特征，特征划分标准采用 random，输出结果为主机日油耗量。船舶能耗预测结果如图 3.31 所示，预测结果散点分布如图 3.32 所示。

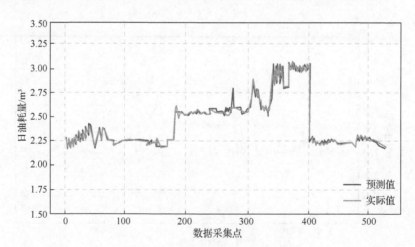

图 3.31　决策树模型预测结果

（扫封底二维码查看彩图）

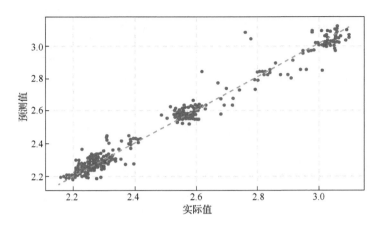

图 3.32 决策树模型预测结果散点分布

（扫封底二维码查看彩图）

（5）基于 SVR 算法的船舶能耗智能预测方法，通过 Python 的 sklearn 模块构建船舶能耗预测模型，输入数据为所获得的实船数据，包含 9 个特征，通过 GridSearchCV 功能确定该模型内核类型采用 rbf，输出结果为主机日油耗量。通过运行该算法，获得的预测结果如图 3.33 所示，其预测结果散点分布如图 3.34 所示。

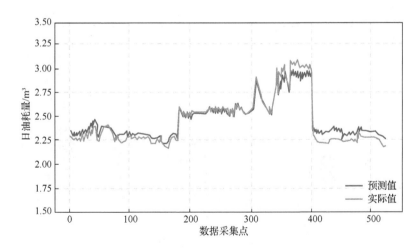

图 3.33 SVR 模型预测结果（扫封底二维码查看彩图）

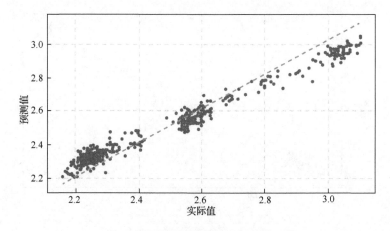

图 3.34　SVR 模型预测结果散点分布

（扫封底二维码查看彩图）

3. 预测结果对比分析

为了进一步对比分析不同预测方法的预测效果，对每种模型算法进行了均方误差、均方根误差、平均绝对误差、平均相对误差、程序运行时间及决定系数 R^2 的计算和对比分析，分别如图 3.35～图 3.40 所示，详细信息如表 3.4 所示。

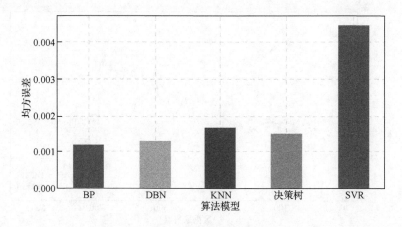

图 3.35　各算法均方误差对比

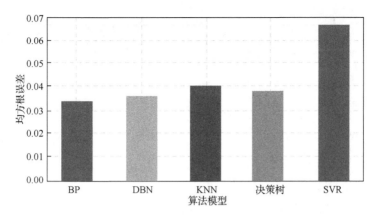

图 3.36　各算法均方根误差对比

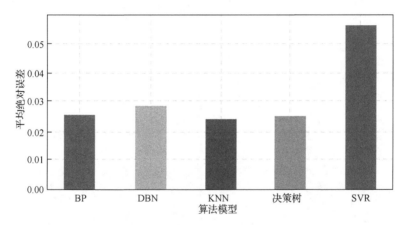

图 3.37　各算法平均绝对误差对比

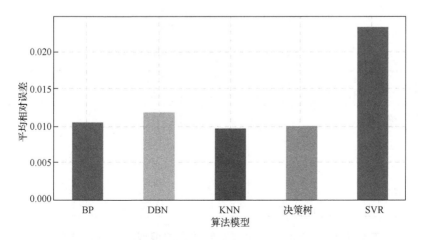

图 3.38　各算法平均相对误差对比

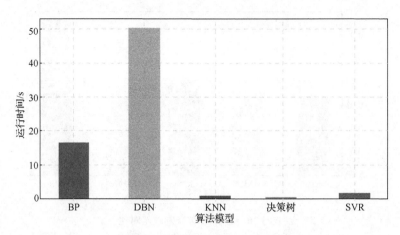

图 3.39　各算法程序运行时间对比

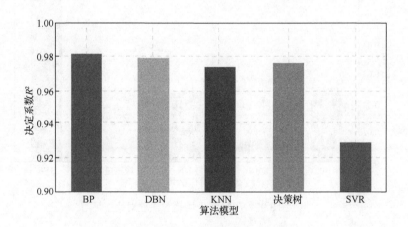

图 3.40　各算法决定系数 R^2 对比

表 3.4　各模型预测性能对比分析

模型	均方误差	均方根误差	平均绝对误差	平均相对误差	程序运行时间/s	决定系数 R^2
BP 神经网络	0.0012	0.0341	0.0258	0.0105	16.8982	0.9818
DBN	0.0013	0.0365	0.0287	0.0119	50.8200	0.9791
KNN	0.0017	0.0411	0.0242	0.0097	0.6890	0.9736
决策树	0.0015	0.0393	0.0252	0.0101	0.6210	0.9758
SVR	0.0045	0.0668	0.0569	0.0234	1.6570	0.9301

通过误差分析结果可知：在均方误差及均方根误差方面，神经网络模型具有

较好的效果，这表明神经网络有较少的高差异预测油耗数据点，并且在模型实际运行过程中，DBN 模型的预测结果比 BP 神经网络波动小，其他模型则因为具有较多高差异预测油耗数据点，使得均方误差值较高；在平均绝对误差及平均相对误差方面，KNN 模型具有最低的误差值，表明该模型的预测油耗与实际油耗契合度高的数据点更多，而其他模型则有所欠缺；在运行时间方面，DBN 模型的运行时间最长，BP 神经网络次之，因为 DBN 结构较为复杂，导致模型运行时间高于BP 神经网络模型，相反，决策树模型由于其不需要对数据进行缩放处理，所需运行时间最短；在决定系数 R^2 方面，BP 神经网络的决定系数 R^2 最高，表示模型的输入特征对输出特征的解释性最好。

基于对比分析可知，不同模型的决定系数 R^2 值相对较高，一定程度上都可以实现船舶能耗的智能预测。然而，当对运行速度要求不高时，可以选用 BP 神经网络或 DBN 神经网络模型来实现船舶能耗的智能预测，其预测结果高差异点较少，并且输入特征对输出特征的解释性较好；当对预测油耗与实际油耗契合度高的数据点的数量要求较高时，可以选用基于 KNN 算法的能耗模型；此外，当对实时性要求较高时，可以选取运行速度较快的决策树模型。

综上，基于机器学习算法的船舶能耗智能预测是实现船舶能效智能评估与智能优化的基础和前提。为了选取合适的机器学习算法进行船舶能耗的智能预测，开展了基于不同机器学习算法的船舶能耗预测结果案例验证分析。通过实船采集的船舶营运数据及能效数据，分别采用 BP 神经网络、DBN、KNN 模型、决策树模型和 SVR 算法开展了船舶日油耗量的预测与分析。预测结果表明，五种机器学习算法都可实现船舶能耗的智能预测，其中，BP 神经网络可以达到较高的精度，预测效果最好，但其训练运行时间较长；当对预测油耗与实际油耗契合度要求较高时，可以选用 KNN 模型；此外，当对实时性要求较高时，可以选取运行速度较快的决策树模型来实现船舶能耗的智能预测。

3.3　数据与知识融合驱动的船舶能效模型

3.3.1　数据与知识融合驱动的灰箱模型

灰箱模型主要针对研究对象知识背景不完全清晰的问题进行建模，利用灰箱模型进行船舶能效分析与建模时，已有成熟的理论方程和数学计算过程部分采用基于理论知识的白箱模型，而对于那些尚无法通过理论公式和知识进行数学描述的部分则可采用基于机器学习算法的黑箱模型来描述[16]。基于此思想，所建立的基于数据与知识融合驱动的船舶能耗灰箱模型如图 3.41 所示。从图中可以看出，在灰箱模型中，可以采用白箱模型来表征船舶推进动力和阻力之间的对应关系，并采用机器学习的黑箱模型根据复杂多变航行环境等信息来动态优化模型的输出，从而提高船舶能耗模型的预测效果。

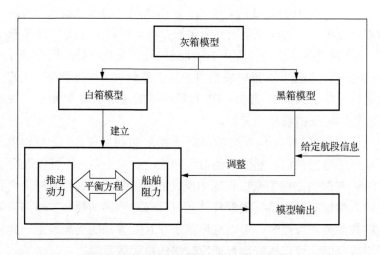

图 3.41　基于数据与知识融合驱动的船舶能耗灰箱模型示意图

3.3.2　船舶能耗灰箱模型构建方法

灰箱模型有串行和并行两种方式，其中，基于串行结构的灰箱模型建模过程如下：①首先构建一个基于理论分析的白箱模型；②基于白箱模型的实际输出和期望输出间误差的最小化，来对黑箱模型进行训练；③通过组合白箱模型和黑箱模型完成灰箱模型的构建。航速与油耗间的对应关系虽然可以通过基于理论分析的白箱模型来描述，但是理论分析方法难以描述复杂多变的气象海况等因素，进而会导致计算结果存在一定的误差。基于此，通过采用机器学习算法来构建黑箱模型，把所建立的白箱模型的输出作为黑箱模型的输入，并考虑气象海况等复杂影响因素，通过不断进行网络学习和训练，可更为准确地表征船舶航速与油耗的对应关系。综合而言，所建立的灰箱模型首先采用理论知识构建白箱模型，并将计算结果作为基于机器学习的黑箱模型的输入，通过训练学习而获得更准确的船舶能耗预测模型。基于上述思路，结合白箱模型和黑箱模型所构建的串行结构的船舶能耗灰箱模型如图 3.42 所示[10]。

此外，基于并行结构的船舶能耗灰箱模型如图 3.43 所示。相比于串行结构的船舶油耗模型，该模型结构增加了黑箱模型的输出，将黑箱模型和白箱模型的计算结果融合后，获得最终的船舶油耗输出结果。

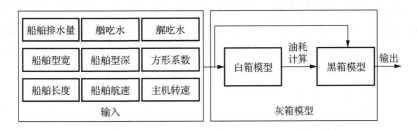

图 3.42　基于串行结构的船舶能耗灰箱模型

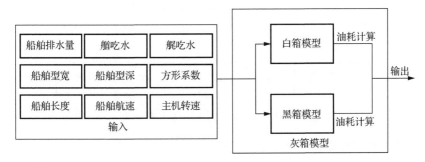

图 3.43　基于并行结构的船舶能耗灰箱模型

3.3.3　船舶能耗灰箱模型超参数优化

超参数对模型的复杂性或学习能力具有一定的影响,其不能直接从标准模型训练过程中的数据中学习,而是需要预先定义,可以通过设置不同的参数值来训练不同的模型,从而选择更好的参数值[17]。

超参数优化是提升机器学习模型精度的重要过程,尤其是对于集成学习方法(如随机森林等),超参数对其预测性能影响较大,因此,需要考虑超参数优化的问题。超参数优化面临的挑战主要包括:①由于其属于组合优化问题,无法采用梯度下降法实现超参数的优化,目前尚没有通用的优化方法;②超参数配置的评估较为耗时且运算成本较高,使不同优化方法难以实现超参数的优化,如基于神经网络的优化方法等。目前,超参数优化方法主要有网格搜索方法、随机搜索方法、贝叶斯优化方法等[18]。

1. 基于网格搜索方法的超参数优化

网格搜索方法是一种应用较多的超参数优化方法,其超参数优化实现的流程如图 3.44 所示。网格搜索基于较大的搜索范围和较小的步长,从而可以较准确地获取全局的最大值或最小值。然而,该方法对计算资源要求较高,尤其是当网格较密且待优化的超参数较多时比较耗时。为解决此问题，可以先采用较广搜索范围及较大的步长来快速获得全局最优的位置，然后，再逐渐缩小搜索的范围和搜索的步长，最终获得最优值。然而，超参数优化的目标函数往往是非凸的，在采用此方法时，可能会造成局部最优而错过全局最优的问题。

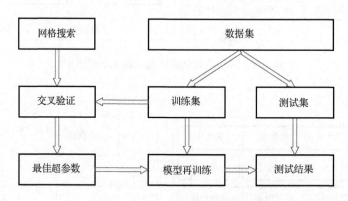

图 3.44　基于网格搜索的超参数优化实现过程

2. 基于随机搜索方法的超参数优化

不同超参数对模型性能的影响具有较大的差异。某些超参数（如正则化系数等）对预测模型的影响较小，而某些超参数（如学习率等）会对模型产生较大的影响。基于此原因，使用网格搜索方法会造成在某些不重要的参数上进行不必要的尝试。一种比较有效的改进方法是随机组合超参数，然后获得性能最佳的配置，即为随机搜索。随机搜索方法具有以下特点：①该方法结构相对简单，可实现并行计算；②无须考虑超参数估计目标函数的非凸性，只要随机样本点的数量足够多，就能获得全局最优值；③便于采用启发式思想对该方法进行修改和完善，从而提高算法的搜索效率和性能。在实际应用中，随机搜索方法通常会比网格搜索方法速度快，然而，随机搜索方法的引入形式还有待进一步分析研究。

3. 基于贝叶斯优化方法的超参数优化

贝叶斯优化方法与网格搜索和随机搜索不同，它能够充分利用已知数据点的信息来寻找新的数据点，即当前的最优值搜索是在之前搜索结果的基础上得到的，从而提升搜索质量及整体搜索进度。贝叶斯优化方法通过采用不同函数来逼近超参数与模型评价的关系，在此基础上，组合迭代有希望的超参数，最终获得效果最佳的超参数组合，具体优化流程如图 3.45 所示。因需要使用待评估的超参数训练模型，所以超参数的评估代价较大。贝叶斯优化方法基于持续更新的概率模型，通过历史结果的推断来"集中"有希望的超参数。与网格搜索方法或随机搜索方法相比，贝叶斯优化方法的独特之处在于其会参考先前的评估结果来尝试下一组超参数，以提升该方法搜索的质量和搜索的速度。

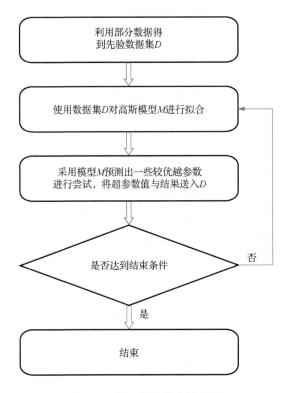

图 3.45　贝叶斯优化方法流程

贝叶斯优化方法也存在一定的缺点，主要体现在以下几个方面。

（1）产生局部最优的问题。该方法只要获得局部最优值，就会在其附近不断地进行采样，所以容易陷入局部最优值。为了解决这个问题，可以在贝叶斯优化方法中引入一定的随机性，该算法会在探索和利用中找到一个平衡点。探索就是在还未取样的区域获取采样点，除了在曲线上扬的方向，在其他区域也进行寻找。在明确的曲线上扬方向继续走，大概率会获得更好的结果，但是容易陷入局部最优。

（2）消耗计算资源且耗时较长。由于进行数十次的迭代寻优，会造成大量计算资源和时间的消耗。此外，该算法无法对带有噪声的高维非凸函数进行拟合和优化，并且常有一些难以满足的假设条件，通常可以采用将该算法与多保真度优化相融合的方法来解决此问题。

综上，贝叶斯优化方法基于已知的超参数及模型测试集误差数据来构造概率代理模型，并在此基础上，基于优化采集函数获取更好的超参数配置。此方法可以充分利用已有数据，从而可有效地提高超参数优化的性能，获得较好的实际应用效果。

3.3.4　基于灰箱模型的船舶能耗预测分析

一种基于网络搜索超参数优化的船舶能耗灰箱模型的建立过程如图 3.46 所示。首先需基于船舶推进系统能量传递关系建立船舶能耗白箱模型。其中，船舶推进系统是由主机通过轴系带动螺旋桨旋转产生推力，来克服船舶航行时的静水阻力，以及由气象环境因素变化所引起的风阻和波浪增阻等。根据船舶推进系统能量传递关系，通过机理分析建立船舶能耗白箱模型，基于对象船舶的基本参数、螺旋桨运行特性、主机运行特性和气象数据等信息，可以计算获得船舶主机油耗。

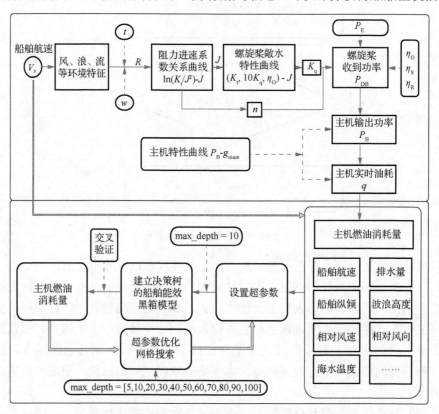

图 3.46　基于超参数优化的船舶能耗灰箱模型建立过程

在上述白箱模型基础上，基于决策树算法建立考虑风、浪、流等环境因素的船舶能耗黑箱模型。将白箱模型与黑箱模型按串行方法组成船舶能效灰箱模型，将白箱模型计算得到的船舶主机油耗量与船舶能效数据库中的相关数据共同作为黑箱模型训练数据集。其中，模型的输入参数包括白箱模型输出主机油耗、排水量、船舶纵倾、航速、相对风速、相对风向、特征浪高、海水温度；模型的输出为船舶油耗。

为验证超参数优化效果，采用设置超参数和基于网格搜索优化超参数"max_depth"两种方式。对于设置超参数方式，将 max_depth 设为 10；对于基于网格搜索优化超参数方式，设置 max_depth 搜索空间为[5,10,20,30,40,50,60,70,80,90,100]，并对模型进行交叉验证。研究分析结果表明，数据与知识融合驱动的船舶能耗灰箱模型比基于机理分析的船舶能耗白箱模型误差小，说明灰箱模型比白箱模型具有更高的预测精度和更好的预测性能。在串行结构的能效灰箱模型中，黑箱模型能够对白箱模型的计算结果进行修正，对物理经验公式的误差进行弥补[19]。此外，采用超参数优化的模型比手动设置超参数的模型误差更小，说明进行超参数优化能够有效地获得最佳超参数，从而提高船舶能效预测模型的性能。

3.3.5 船舶能耗灰箱模型特点分析

从理论方法、考虑因素、预测效果、数据获取方式、模型应用等几个方面，总结船舶能耗灰箱模型具有如下特点。

（1）灰箱模型对于复杂或难以建模的问题具有更强的鲁棒性和泛化能力。与白箱模型相比，灰箱模型的预测精度更高；此外，灰箱模型比黑箱模型的外推能力更好。灰箱模型在给定训练数据集之外进行外推的优势显著，可以避免没有考虑影响因素或参数超出模型范围时预测不准确的问题。灰箱模型能够较好地跟踪运行数据，适用于离线和实时操作优化。

（2）在实际应用中，当灰箱模型更多地依赖物理规律而非历史数据量时，需要对船舶的物理特性有较深的初始知识和信息才能获得较好的结果。另外，当模型使用较少的物理假设，而更多地依赖历史数据时，就需要一组更广泛的数据来描述尽可能多的操作条件和运行工况。现有模型的研究对象主要为油轮和集装箱船，通过考虑船舶特性的更多细节，灰箱模型的范围可以进一步扩展到其他类型船舶。

（3）灰箱模型的研究依赖数据的数量和质量。通过获得更多类型的数据，以此考虑更广泛的相关特征，从而获得更准确的预测结果。但是，考虑到模型结构、假设和对物理模型的依赖性等问题，单纯地增加数据难以达到非常高的精度。

（4）在灰箱模型建模过程中，对于某些机器学习算法，需要在训练之前设置一系列超参数，因为这些超参数值对灰箱模型的预测精度和鲁棒性具有较大的影响。因此，需确定合适的超参数值，以提高基于灰箱模型的能耗预测精度。常用的超参数优化方法包括网格搜索方法、随机搜索方法、贝叶斯优化方法等。网格搜索方法需遍历所有可能的超参数值，然而，当参数较多且使用大量数据进行训练时，网格搜索方法的计算时间呈指数增长。随机搜索方法主要适用于超参数值连续的情况。贝叶斯优化方法则基于先验知识搜索样本超参数值，与网格搜索方法和随机搜索方法相比，可以节省计算时间。

（5）船舶油耗不仅取决于船舶本身，还与航行环境等因素有关，因此，输入和输出之间的非线性关系较为复杂，难以构建非常精确的物理模型。与白箱模型相比，灰箱模型的预测精度更高；此外，灰箱模型比黑箱模型的外推能力更好。因此，灰箱模型可弥补白箱模型与黑箱模型的不足。由于灰箱模型结合了白箱模型与黑箱模型的优点，其可以实现船舶油耗的准确预测，从而为船舶能效智能优化决策奠定重要基础。

3.4　本章小结

本章介绍了考虑多因素的船舶能效机理模型、基于机器学习的船舶能效模型，以及数据与知识融合驱动的船舶能效灰箱模型。

首先，基于船舶推进系统能量传递关系分析，构建了船舶阻力模型、螺旋桨动态特性模型、主机动态特性模型，并在此基础上，建立了考虑多因素的船舶能效机理模型。

然后，开展了基于不同机器学习算法的船舶能耗模型及预测结果验证分析。通过实船采集的船舶营运数据及能效相关数据，分别采用 BP 神经网络、DBN、KNN 模型、决策树模型和 SVR 算法构建了船舶能耗预测模型，并开展了基于不同机器学习算法的船舶能耗预测性能对比分析。

最后，研究了基于灰箱模型的船舶能耗模型构建方法，通过融合理论模型和机器学习算法，构建了基于数据与知识融合驱动的船舶能耗灰箱模型。

参 考 文 献

[1]　WANG K, WANG J H, HUANG L Z, et al. A comprehensive review on the prediction of ship energy consumption and pollution gas emissions[J]. Ocean Engineering, 2022, 266: 1-17.

[2]　袁裕鹏, 王康豫, 尹奇志, 等. 船舶航速优化综述[J]. 交通运输工程学报, 2020, 20(6): 18-34.

[3]　李嘉源. 基于时空分布特征的船舶能效联合优化方法研究[D]. 大连: 大连海事大学, 2021.

[4]　HOLTROP J, MENNEN G G J. An approximate power prediction method[J]. International Shipbuilding Progress, 1982, 29(7): 166-170.

[5]　ITTC. Full scale measurements speed and power trials analysis of speed/power trial data[C]. International Towing Tank Conference(ITTC), Lyngby, Denmark, 2005.

[6]　刘红. 船舶原理[M]. 上海: 上海交通大学出版社, 2009.

[7]　杨江. 吊舱式电力推进系统的建模与仿真[D]. 武汉: 武汉理工大学, 2011.

[8]　王壮. 基于海况智能识别的远洋船舶航速优化方法研究[D]. 大连: 大连海事大学, 2020.

[9]　王凯, 徐浩, 黄连忠, 等. 基于机器学习的船舶能耗智能预测方法分析[J]. 船舶工程, 2020, 42(11): 87-93.

[10]　袁智, 刘敬贤, 刘奕, 等. 基于实船数据的船舶航速与油耗优化建模[J]. 中国航海, 2020, 43(1): 134-138.

[11]　SHEN X Q, WANG S Z, XU T, et al. Ship fuel consumption prediction under various weather condition based on DBN[C]. Proceedings of 12th International Conference on Marine Navigation and Safety of Sea Transportation, Gdynia, Poland, 2017.

[12]　YU B, SONG X L, GUAN F, et al. k-nearest neighbor model for multiple-time-step prediction of short-term traffic condition[J]. Journal of Transportation Engineering, 2016, 142(6): 1-10.

[13]　SHAIKHINA T, LOWE D, DAGA S, et al. Decision tree and random forest models for outcome prediction in antibody incompatible kidney transplantation[J]. Biomedical Signal Processing and Control, 2017, 52(10): 456-462.

[14]　牟小辉, 袁裕鹏, 严新平, 等. 基于随机森林算法的内河船舶油耗预测模型[J]. 交通信息与安全, 2017, 35(4): 100-105.

[15]　牛晓晓, 刘文斌, 聂志斌, 等. 基于 AFSA 优化的支持向量机柴油机性能预测模型[J]. 船舶工程, 2019, 41(7): 44-48, 79.

[16]　LEIFSSON L T, SAEVARSDÓTTIR H, SIGURESSON S T, et al. Grey-box modeling of an ocean vessel for operational optimization[J]. Simulation Modelling Practice and Theory, 2008, 16(8): 923-932.

[17]　ZHOU T R, HU Q Y, HU Z H, et al. An adaptive hyper parameter tuning model for ship fuel consumption prediction under complex maritime environments[J]. Journal of Ocean Engineering and Science, 2022, 7(3): 255-263.

[18]　李亚茹, 张宇来, 王佳晨. 面向超参数估计的贝叶斯优化方法综述[J]. 计算机科学, 2022, 49(S1): 86-92.

[19]　王中一. 基于理论与数据分析的风帆助航船能耗预测研究[D]. 大连: 大连海事大学, 2023.

第4章 船舶航速智能优化方法

船舶航速智能优化可有效提高船舶能效水平，对实现航运业的节能减排具有重要意义。同时，船舶航速优化也可以降低船舶的营运成本，从而提高航运公司的经济效益。为实现不同海况条件下船舶最佳航速的智能优化决策，本章提出了船舶航速智能优化方法，可为船舶航速智能优化决策与能效优化管理提供理论与技术支持。

4.1 船舶航速智能优化实现方法

船舶航速优化主要是在满足航行时间要求条件下，基于船舶能效模型及智能求解算法，决策出不同航行海况条件下的船舶最佳航速，从而提升船舶营运能效水平。船舶航速智能优化实现过程如图 4.1 所示[1]。

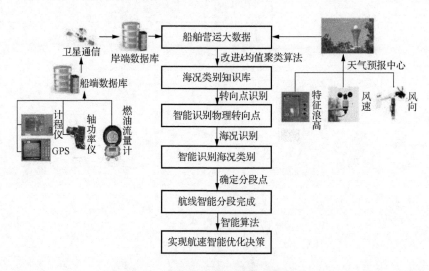

图 4.1　船舶航速智能优化实现过程

首先，在船舶航行环境数据及能耗数据获取和分析的基础上，构建船舶营运大数据库，并采用 k 均值聚类算法构建海况类别知识库；然后，结合船舶航行物理转向点的智能识别，以及基于 KNN 算法的海况智能识别方法，实现船舶航段的智能划分；最后，通过建立船舶能效优化模型，并采用智能算法实现不同航段船舶航速的智能优化。

4.2　船舶航行海况分析与类别划分

4.2.1　数据获取与预处理

1. 数据获取

1）船舶能效数据获取方案

船舶运行及能耗相关数据主要通过船载传感器获得。其中，通过 GPS 获得船舶航速、航向及经度和纬度数据；通过轴功率仪获取船舶轴功率数据；通过转速传感器监测目标船主机转速数据；通过计程仪采集目标船的对水航速；通过流量计获取船舶主要能耗设备的油耗数据。传感器采集信号后，将信号转换为计算机可识别和存储的数据，分别供船端和岸端进行挖掘分析和决策[2]。

2）气象数据获取

通过 ECMWF 可获得船舶航行区域的海洋气象数据信息，包括风场数据和特征浪高等数据，其是以网络通用数据格式（network common data format）存储的，气象数据文件格式如表 4.1 所示，所提取的文件数据内容如表 4.2 所示。

表 4.1　气象数据文件格式

名称	数值	单位
经度范围	W60～E150	°
纬度范围	S50～N50	°
网格精度	0.125×0.125	°
时间间隔	6	h

表 4.2　气象数据文件对应的数据内容

数据类型	缩写	单位
海平面 10m 处经度方向风场分量	U10	m/s
海平面 10m 处纬度方向风场分量	V10	m/s
联合风浪和涌浪的特征浪高	SWH	m

2. 数据预处理

1）能耗数据处理

由于能耗数据和气象数据的时间不同步，因此，需进行时间统一化处理，以便于数据的分析挖掘与建模。可以采用按时间进行数据点提取的方法对能耗数据和气象数据进行处理，从而获得时间同步的数据。在此基础上，将能耗数据和气象数据进行融合以获得最后的数据集。该数据集包括数据采集时间、航速、航向、经度、纬度、主机功率、主机转速、油耗、风速、风向等。

2）气象数据处理

所获取的气象数据是以网络通用数据格式存储的，网络通用数据格式已经成为许多数据采集软件输出的文件格式。由于气象数据的时间间隔较长，不便与能耗数据进行关联分析，因此，需采用插值方法来丰富气象数据集。此外，由于气象数据和能耗数据采用的时间制不一样，因此，首先需统一数据的时间制，然后以数据采集时间点为基准，采用插值方法计算获得处理后的数据。

目标船所处的航行海况，包括风、浪、流等信息，对船舶航速的优化决策具有较大的影响。因此，船舶航速的智能优化需考虑气象海况数据的综合影响，从而提高优化模型的准确性。其中，洋流信息可通过船舶对地航速、航向和对水航速计算获得。

基于上述方法，最后获得目标船舶 10 余个航次的船端数据和 ECMWF 数据，部分数据如表 4.3 所示。

表 4.3　部分数据信息

数据类型	数据采集时间				
	2016/8/1 08:00:00	2016/8/1 08:10:00	2016/8/1 08:20:00	2016/8/1 08:30:00	......
对地航速/kn	11.00	11.00	10.90	11.00	......
航向/(°)	96.00	94.00	95.00	94.00	......
经度/(°)	4.00	4.04	4.07	4.11	......
纬度/(°)	-33.34	-33.34	-33.34	-33.35	......
U10/(m/s)	4.23	4.16	4.09	4.03	......
V10/(m/s)	0.67	0.79	0.91	1.02	......
特征浪高/m	3.28	3.27	3.27	3.26	......
ECMWF 绝对风速/(m/s)	4.28	4.23	4.19	4.15	......

续表

数据类型	数据采集时间				
	2016/8/1 08:00:00	2016/8/1 08:10:00	2016/8/1 08:20:00	2016/8/1 08:30:00	……
ECMWF 绝对风向/(°)	80.94	79.24	77.51	75.73	……
风速仪风速/(m/s)	4.30	4.30	4.20	4.10	……
风速仪风向/(°)	80.00	79.00	78.00	76.00	……
主机转速/(r/min)	56.00	57.00	56.00	56.00	……
主机功率/kW	10850	10940	10820	10670	……
油耗量/(m³/10min)	0.37	0.37	0.36	0.38	……
洋流流速/(m/s)	0.09	0.09	0.09	0.10	……
洋流流向/(°)	133.00	133.00	133.00	133.46	……

4.2.2　基于聚类算法的航行海况类别划分

船舶航线上不同位置的航行海况具有较大的差异，因此，航行海况的分析对实现船舶航段的划分具有重要意义。通过航行海况的划分，可以将航行海况特征相近的位置划分为一个特定的航段，进而可以为基于航段划分的船舶航速的优化决策奠定基础[3-4]。其中，船舶航行海况的划分可以通过聚类算法来实现。

1. 聚类算法介绍

聚类算法在类别划分及模式识别等方面获得了广泛的应用。通过采用聚类算法，可以将数据集分为若干个类别，每个类别内数据的信息是相近的，且同类别内数据之间的距离小于不同类别中数据之间的距离，不同类别中的数据具有一定的差异，所表达的内容也不同。目前，常用的聚类算法如图 4.2 所示。其中，k 均值聚类算法是应用较多的一种聚类算法。k 均值聚类算法因简单、便于改进、可以有效处理大数据集等优点而获得了广泛的应用，因此，本节采用 k 均值聚类算法实现基于聚类分析的航行海况类别划分，主要步骤如下。

第 1 步：进行算法初始化，随机生成 k 个聚类中心 $(c_1, c_2, \cdots, c_k)$。

第 2 步：基于式（4.1）分析样本 x_i 到各聚类中心的距离 d，并通过距离分析获得最近的中心 c_v，将 x_i 划分为 c_v 这个类别。

$$d(x_i, c_v) = \left(\sum_{l=1}^{p} |x_{il} - c_{vl}|^2 \right)^{\frac{1}{2}} \tag{4.1}$$

式中，c_{vl} 为 c_v 的第 l 个特征属性；x_{il} 为 x_i 的第 l 个特征属性；p 为属性的个数。

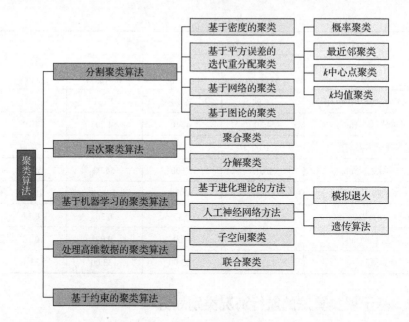

图 4.2　聚类算法分类示意图

第 3 步：通过式（4.2）将当前 c_v 中样本的中心点 c_i 作为新的聚类中心。

$$c_i = \sum_{l=1}^{p} \frac{x_{il}}{|c_v|} \tag{4.2}$$

第 4 步：通过式（4.3）判断算法是否收敛，若 E 值基本不变则完成聚类分析，否则转到第 2 步，直至算法收敛为止。

$$E = \sum_{i=1}^{k} \sum_{x \in c_v} d^2(x_i, c_v) \tag{4.3}$$

2. k 均值聚类算法改进

1）数据标准化处理分析

海况数据的量纲和单位具有较大的差异，如表 4.4 所示。聚类算法运行时需要计算不同参数之间的距离，若基于原始数据进行分析计算，相对风向和洋流流向由于数值较大，对距离的计算结果影响较大，而相对风速、特征浪高等参数的影响非常弱，这种数值和量纲的差异会对聚类分析的结果产生较大的影响，难以准确分析海况的类别。因此，本节采用标准化方法对数据集进行处理，以解决数值和量纲的差异对分析结果的影响，所采用的最大最小标准化算法如式（4.4）所示。

表 4.4　海况参数范围

海况特征属性	ECMWF 相对风速/(m/s)	ECMWF 相对风向/(°)	特征浪高/m	洋流流速/(m/s)	洋流流向/(°)
最大值	24.42	360.00	5.21	1.40	360.00
最小值	0.00	0.00	0.31	0.00	0.00

$$y = \frac{x - \min(x)}{\max(x) - \min(x)} \tag{4.4}$$

式中，x 为属性的数据值；y 为标准化属性数据值。

2）海况数据标准化处理

对于海况数据的标准化，需要对相对风向和洋流流向进行处理。以相对风向为例，首先将风向角度映射到 0°～180° 的范围内，如图 4.3 所示。风向角小于 10° 为顶风；风向角大于 170° 为顺风；风向角在 80°～100° 为横风；风向角在 10°～80° 为偏顶风；风向角在 100°～170° 为偏顺风。

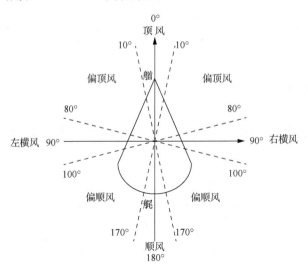

图 4.3　船舶风向分类示意图

为了建立准确的海况类别知识库，需优化聚类算法的距离计算方法。不同数据属性间的相关性系数可以描述彼此之间影响的大小。其中，航速与海况特征属性间的相关性系数如表 4.5 所示，根据属性间的相关性系数，可获得各相关性系数的权重 ω_a，如式（4.5）所示。

$$\omega_a = \frac{r_i}{\displaystyle\sum_{i=1}^{5} r_i} \tag{4.5}$$

综上所述，引入权重 ω_a 后的距离计算方法如式（4.6）所示，基于此可以构建改进的 k 均值聚类算法，从而为航行海况类别的划分奠定基础。

$$d(x_i, c_v) = \left(\sum_{l=1}^{p} \omega_a \mid x_{il} - c_{vl} \mid^2 \right)^{\frac{1}{2}} \tag{4.6}$$

表 4.5　对地航速与海况特征属性间的相关性系数

项目	对地航速	ECMWF 相对风速	ECMWF 相对风向	特征浪高	洋流流速	洋流流向
对地航速	1.00	-0.61	-0.16	-0.34	-0.20	-0.30
ECMWF 相对风速	-0.61	1.00	0.23	0.58	-0.07	0.03
ECMWF 相对风向	-0.16	0.23	1.00	0.13	-0.07	0.08
特征浪高	-0.34	0.58	0.13	1.00	-0.20	0.03
洋流流速	-0.20	-0.07	-0.07	-0.20	1.00	0.02
洋流流向	-0.30	0.03	0.08	0.03	0.02	1.00

3. 基于改进聚类算法的海况类别划分

基于改进聚类算法对海况信息进行类别划分，进而可构建海况类别知识库。以 k 值为 16 为例，通过采用改进聚类算法计算获得了每个样本的类别及每个类别的聚类中心，如表 4.6 所示。由表可知，所建立的海况类别知识库总共 16 类，不同类别的参数特征具有一定的差异。

表 4.6　海况聚类分析结果

聚类中心序号	ECMWF 相对风速/(m/s)	ECMWF 相对风向/(°)	特征浪高/m	洋流流速/(m/s)	洋流流向/(°)
1	11.69	348.62	1.72	1.02	287.58
2	11.61	335.50	2.26	0.19	69.47
3	9.69	330.77	1.99	0.20	285.34
4	13.20	31.36	2.95	0.22	201.62
5	13.30	347.27	2.41	0.18	303.09
6	7.54	103.78	3.76	0.33	215.54
7	9.48	30.40	1.79	0.27	218.93
8	4.71	300.13	2.04	0.26	70.44
9	4.14	51.70	1.97	0.23	272.55

续表

聚类中心序号	ECMWF相对风速/(m/s)	ECMWF相对风向/(°)	特征浪高/m	洋流流速/(m/s)	洋流流向/(°)
10	3.95	63.16	1.67	0.28	66.86
11	11.47	23.54	2.09	0.23	67.38
12	6.22	293.56	2.56	0.23	214.32
13	4.95	33.59	0.58	0.55	196.78
14	5.51	331.73	0.52	0.55	198.41
15	2.98	277.49	1.67	0.22	268.70
16	12.30	15.87	2.19	0.36	296.60

通过将海况类别知识库里的海况类别作为参照样本，对新的海况特征属性进行分析，可识别出新的海况特征所属的海况类别。

通过上述方法获得的聚类结果及各聚类类别下的参数数量分布如图4.4所示，其参数数量统计值如表4.7所示。可以看出，第4类的参数数量最多，第1类的参数数量最少，说明目标船处于第4类海况的时间比处于第1类海况的时间长。

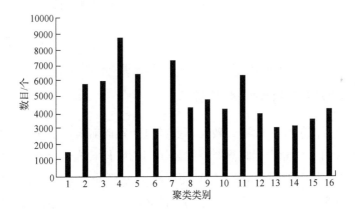

图 4.4　不同聚类类别下的参数数量分布

表 4.7　不同聚类类别的参数数量统计　　　　　单位：个

类别1	类别2	类别3	类别4	类别5	类别6	类别7	类别8
1542	5839	6014	8755	6457	3023	7294	4356

类别9	类别10	类别11	类别12	类别13	类别14	类别15	类别16
4829	4216	6354	3954	3075	3161	3598	4244

4.3　航段智能划分方法

　　在进行船舶航速智能优化时，需对航段进行划分，如图 4.5 所示。航段的划分不仅可以避免频繁调整航速的问题，也可以有效提高船舶的能效水平。航段智能划分可通过物理转向点智能识别和海况智能识别来实现。

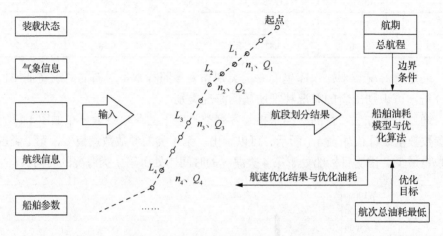

图 4.5　航段智能划分及航速优化示意图

4.3.1　船舶物理转向点智能识别

　　在船舶航行过程中，船舶的转向需要经过一定的航程才能完成，因此，在进行船舶物理转向点智能识别时需要将船舶转向的航程看成一个质点。例如，船舶的总航程为 L_1 时，如果目标船转向时的航程 L_2 远远小于总航程 L_1，则可视其为质点。如图 4.6 所示，航线具有四个明显的物理转向点，且转向幅度较大。以目标船物理转向点作为判别依据编写物理转向点智能识别程序，以船舶航向作为输入、物理转向点的位置作为输出，可实现船舶物理转向点的智能识别。

　　此外，船舶航行状态主要有定速航行、机动航行等，不同航行状态下船舶的运行参数具有一定的差异，如图 4.7 所示。由于机动航行及大风浪航行时不宜采用航速优化技术，因此，本章针对定速的航行状态开展船舶航速智能优化方法的研究。

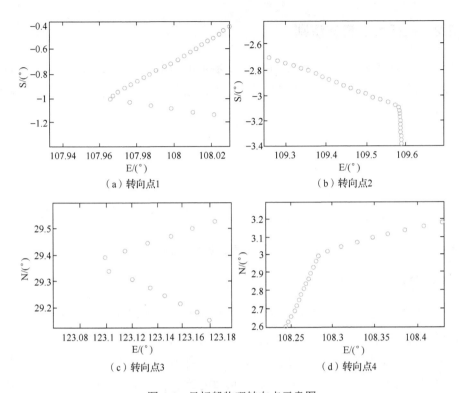

（a）转向点1　　　　　　　　　　（b）转向点2

（c）转向点3　　　　　　　　　　（d）转向点4

图 4.6　目标船物理转向点示意图

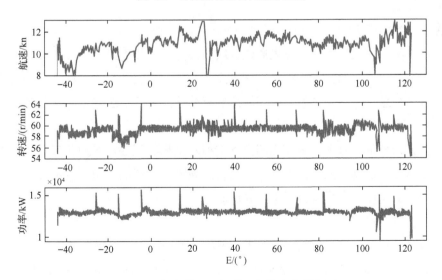

图 4.7　目标船舶部分相关运行信息数据序列

注：横坐标中，正数表示东经，负数表示西经

4.3.2　航行海况智能识别

船舶航行海况的智能识别主要基于所获取的气象海况信息，通过采用分类算法并参照所建立的航行环境类别知识库，实现航行海况类别的智能识别。具体识别过程如图 4.8 所示[5]。

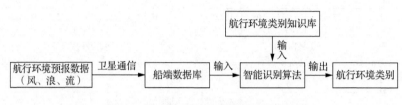

图 4.8　航行海况智能识别过程示意图

1. 分类识别算法对比分析

通过采用分类识别算法可实现目标航线海况的智能识别，从而可实现基于海况信息的航段精细划分。分类识别算法首先通过训练样本数据对算法进行训练，当算法识别的精度达到一定程度时，再对识别样本进行分类。目前，相关分类算法主要有 KNN 算法、决策树算法、贝叶斯算法、人工神经网络和基于关联规则的分类算法。

1）KNN 算法

该算法原理较为简单，首先通过选取与待分类的样本距离最近的 k 个训练样本，然后判断选取的样本中哪种类别的个数最多，就将待分类的样本划分为哪一类。从这个意义上来讲，为了提高算法的有效性，合理地选取 k 值较为重要。

2）决策树算法

该算法是基于带有很多节点和分支的树形结构实现的，其中各节点表示不同的特征属性。该算法基于待识别样本的特征属性，从树的根部节点进行搜索，直至树的叶子节点，最终获得基于该算法的分类结果。

3）贝叶斯算法

该算法首先分析待分类样本的先验概率，在此基础上，基于贝叶斯公式获得待分类样本的后验概率。后验概率反映了待分类样本属于某个类别的概率，因此，待分类样本所属的类别即为后验概率值最大所对应的类别。

4）人工神经网络

该算法是一种基于监督学习的算法，主要是模拟大脑的神经元来进行信息的学习和处理。该方法首先基于已有样本及其类别进行学习，从而获得训练后的神经网络模型，在此基础上，采用训练好的网络实现样本的分类识别。

5）基于关联规则的分类算法

该算法是基于数据之间关联关系分析的一种分类方法，由于其可以较全面地分析相关的关联规则，因此具有较好的分类效果。

以上这些算法中，KNN 算法因具有简单高效等特点获得了大量的研究和应用。然而，其是基于距离的分类算法，为了提高该算法的性能，需考虑不同属性对分类结果的影响程度。在船舶航速与航行环境特征属性相关性分析的基础上，根据相关系数可以对 KNN 算法进行优化，以提升算法的性能，其可为船舶航行海况智能识别奠定基础。

2. KNN 算法改进

1）KNN 算法实现过程

KNN 算法的实现主要包括以下步骤。

第 1 步：以前文所建立的类别知识库为训练样本 X。

第 2 步：进行 k 值初始化。

第 3 步：基于训练样本集合，获得与待分类样本距离最近的 k 个样本，然后采用式（4.7）获得待分类的样本 x_q 到所获得的各个训练样本 x_k 的距离。

$$d(x_q, x_k) = \left(\sum_{l=1}^{n} (x_q^l - x_k^l)^2 \right)^{\frac{1}{2}} \tag{4.7}$$

式中，l 表示 x_q 和 x_k 的相关属性。

第 4 步：对于待分类样本 x_q，$x_1, x_2, \cdots, x_k$ 表示与其距离最近的训练样本，若目标计算形式表示为 $f: R^n \to v_i$，其中，v_i 为第 i 个类别的标签，则其函数关系如式（4.8）所示。

$$\tilde{f}(x_q) = \arg\max_{v \in V} \sum_{i=1}^{k} \delta(v, f(x_i)) \tag{4.8}$$

式中，$\tilde{f}(x_q)$ 表示对 $f(x_q)$ 的估计。

第 5 步：$\tilde{f}(x_q)$ 为 x_q 所属的类别。通过循环迭代完成所有样本的识别后，算法结束。

2）KNN 算法的优化与改进

海况类别知识库的建立考虑了船舶航速和气象海况特征的关联程度和作用关系，而海况智能识别需要以该知识库作为分类识别的样本。若采用原始的 KNN 算法开展航行气象海况的识别，则无法考虑各参数对船舶航行影响的重要程度，从而会降低分类识别的效果。因此，为了提高基于 KNN 算法的气象海况类别划分的准确性，通过引入权重系数 ω_b 来实现算法中距离计算方法的优化和改进，如式（4.9）所示。

$$d(x_q, x_k) = \left(\sum_{l=1}^{n} \omega_b (x_q^l - x_k^l)^2 \right)^{\frac{1}{2}} \tag{4.9}$$

3）改进算法效果分析与验证

在改进的 KNN 算法中，k 值的选取较为重要，如 k 值过小，则分类识别结果不准确，若 k 值过大，算法的运行效率会受到影响。为了进行改进后算法效果的验证分析，本节将所构建的类别知识库中的 16 类数据作为分类识别测试的样本。开展不同 k 值情况下的分类识别效果的分析后，获得了适合的 k 值及其对应的识别结果，如图 4.9 所示。基于识别结果的统计分析可知，采用未经改进的分类识别算法，分类识别的准确率为 89.44%左右，而采用改进后的 KNN 算法，其分类识别准确率可达 97.25%。基于改进前后 KNN 算法的海况特征智能识别对比分析如表 4.8 所示，可以看出，KNN 算法的改进可以有效提高智能分类识别的效果。

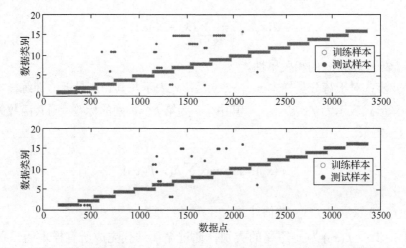

图 4.9　算法改进前后识别效果对比图（扫封底二维码查看彩图）

表 4.8 算法改进前后识别效果对比分析

项目	算法改进前	算法改进后
训练样本/组	24814	24814
测试样本/组	3200	3200
识别准确的样本/组	2862	3112
准确率/%	89.44	97.25

4.3.3 航段智能划分

将目标航线进行航段划分是实现船舶航速优化的关键步骤之一，航段的划分可以基于物理转向点及气象海况的智能识别来实现。为了进一步分析基于物理转向点和气象海况识别后的航段划分效果，可用所建立的海况类别知识库作为训练样本，对目标识别航线的海况进行识别，从而实现基于海况识别的目标航线的航段智能划分。

4.4 船舶航速智能优化与效果分析

建立航速优化模型可实现船舶航速的优化决策，从而得到不同航段的最佳船舶航速。然而，需分析船舶航速优化的实现过程，明确船舶航速优化模型的优化目标、优化变量，以及模型的智能求解算法，并验证航速智能优化决策模型与算法的有效性。

4.4.1 航速优化实现过程

在船舶开航前，首先，将船舶的海况预报信息、物理转向点信息、航线信息输入到航线分段模型中，通过海况识别将目标优化航线分成航向单一、海况类似的若干航段；然后，基于所划分的航段和对应的航行环境及船舶运行参数等信息，通过采用群智能优化算法实现船舶航速的智能优化决策[6-7]。在优化决策过程中，定期更新海况信息并进行航速的动态智能优化，可以进一步提高船舶能效的优化效果。综上，船舶航速智能优化过程如图 4.10 所示[8]。

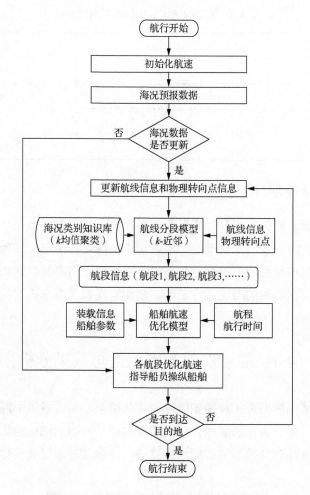

图 4.10　船舶航速智能优化实现过程示意图

4.4.2　航速优化模型

船舶航速优化模型是实现船舶航速优化决策的关键，主要包括优化目标函数和约束条件两部分。

1）目标函数

船舶航速的优化目标为整个航次的船舶能耗最少，因此，需要建立各个航段油耗和船舶航速的动态响应关系[9]。基于所获得的不同海况条件下的船舶航速和船舶主机油耗量数据，采用数据分析方法可获得不同海况下船舶主机油耗与船舶航速之间的对应关系，从而可以构建船舶航速智能优化模型的目标函数，如式（4.10）所示。

$$Q_{\text{total}} = f(v_1, v_2, v_3, \cdots, v_n) \cdot 10^{-6} = \sum_{i=1}^{n} (g_i P_i T_i) \cdot 10^{-6} \qquad （4.10）$$

式中，Q_{total} 为船舶航次总油耗；v_1，v_2，v_3，$\cdots$，v_n 为不同航段的船舶航速；g_i 为船舶主机的油耗率；P_i 为船舶主机输出功率；T_i 为航段内船舶的航行时间。

2）约束条件

航程约束：船舶在目标航线上总的航行距离 L_0 等于各划分航段内航行距离 $L_i (i = 1, 2, \cdots, n)$ 的总和，如式（4.11）所示。

$$\sum_{i=1}^{n} L_i = L_0 \qquad （4.11）$$

时间约束：为了保证船舶在规定时间内完成整个航次，从而提高准点率，各航段内船舶航行时间的总和应小于等于船舶航次最大航行时间 T_{limit}，如式（4.12）所示。

$$\sum_{i=1}^{n} (L_i / v_i) \leqslant T_{\text{limit}} \qquad （4.12）$$

主机转速约束：为避免超负荷等问题，主机转速 n_e 需要控制在最大和最小主机转速之间，如式（4.13）所示。

$$n_{\min} < n_e < n_{\max} \qquad （4.13）$$

4.4.3　智能优化算法

智能优化算法广泛应用于处理智能优化决策问题，其中，遗传算法是受生物进化规律的启发而发展的一种智能优化算法，其具有较好的全局搜索能力，且能自适应地调整搜索方向，该算法具体实现过程如图 4.11 所示。

基于遗传算法的特点及工程应用情况，结合船舶航速优化的实际问题以及不同智能优化算法的适应性，本节采用遗传算法来实现船舶航速的智能优化决策。

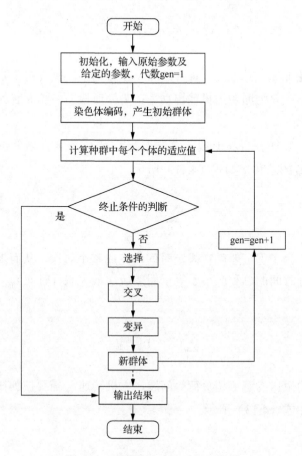

图 4.11　遗传算法实现过程示意图

4.4.4　船舶航速优化效果分析

1. 研究对象

选取某大型远洋散货船为研究对象，如图 4.12 所示，该船主要参数如表 4.9 所示。此外，船舶主机各项参数如表 4.10 所示。

选取目标船从巴西圣路易斯到非洲好望角作为目标航线，基于本章所提出的海况智能识别方法实现目标航线的航段划分；在此基础上，构建船舶主机油耗模型及航速优化模型；最后，基于所构建的航速优化模型，采用智能优化算法实现船舶航速智能优化决策，并开展船舶能效优化效果的实例验证分析。

图 4.12　目标船示意图

表 4.9　目标船主要参数

序号	名称	参数	单位
1	船长	327	m
2	垂线间长	321.5	m
3	型深	29	m
4	设计吃水	21.4	m
5	设计服务航速	14.5	kn
6	最大载重吨	297959	t

表 4.10　目标船主机参数

序号	名称	参数信息	单位
1	型号	6S80MC	—
2	冲程	2	—
3	最大输出功率	22360	kW
4	最大持续功率	19000	kW
5	额定转速	73	r/min
6	最高爆发压力	15.0	MPa
7	平均有效压力	1.90	MPa
8	气缸直径	800	mm
9	缸数	6	—
10	行程	3200	mm
11	发火顺序	1-5-3-4-2-6	—
12	旋转方向	顺时针	—

将海况预报信息、航线信息和物理转向点信息输入到航线分段模型中，获得航段划分结果，如图 4.13 所示。图中不同的颜色和数字对应海况类别知识库中不同的海况。

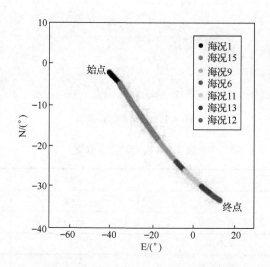

图 4.13   目标航线航段划分结果（扫封底二维码查看彩图）

基于所建立的船舶能耗模型，通过遍历各航段的船舶航速，采用拟合方法获得不同航段内船舶油耗和航速的对应关系，进而构建了船舶航速优化模型的目标函数，如式（4.14）所示。

$$Q_{\text{total}} = \sum_{i=1}^{7} (a_i v_i^2 + b_i v_i + c_i) \tag{4.14}$$

式中，a_i、b_i、c_i 代表各航段船舶油耗和航速的拟合参数。

基于船舶实际运行信息可知，目标航次的总航程为 3539.60n mile，航行时间约束为 341.68h，主机转速为 35～73r/min。

2. 优化结果分析

基于所建立的船舶航速优化模型，采用遗传算法获得了不同航段及对应航行环境条件下的船舶航速优化结果。各航段内船舶航速优化前后对比如图 4.14 所示，优化前后各航段内船舶油耗如图 4.15 所示。可以看出，通过采用航速智能优化，大部分航段的船舶油耗有所降低。通过统计分析可知，采用船舶航速智能优化方法后船舶航次的总油耗量约为 802.93t，与优化前船舶航次的油耗量 831.05t 相比，可降低油耗约 28.12t。

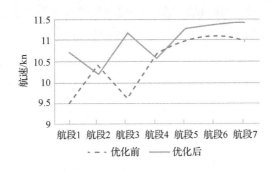

图 4.14　各航段航速优化前后对比

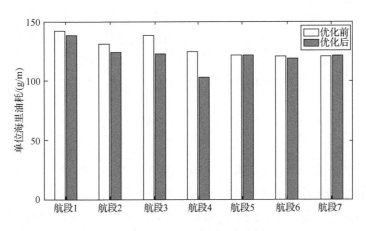

图 4.15　单位海里油耗对比分析

另外,为了进一步分析航速优化的减排效果,航速优化前后各航段的船舶 CO_2 排放情况如图 4.16 所示。其中,船舶 CO_2 排放总量通过式(4.15)计算获得。

$$Q_{CO_2} = \lambda Q_{total} \tag{4.15}$$

式中, Q_{CO_2} 和 λ 分别代表 CO_2 排放总量和燃油的 CO_2 排放转换因子。

根据上式计算,可获得优化后的 CO_2 排放总量为 2502.47t,相比优化前的 2590.11t,可降低 CO_2 排放量 87.64t,由此可见,采用航速智能优化方法可以降低 CO_2 排放量约 3.38%。

综上所述,通过采用考虑多航行环境要素的船舶航速智能优化方法,可以降低船舶油耗和 CO_2 排放量约 3.4%。需要说明的是,由于航行环境及船舶运行状态的不同,不同航次及不同类型船舶的航速优化节能效果具有一定的差异。当航行环境变化较大，以及各划分航段的航行环境的差异较大时，船舶航速优化节能效果会更好；反之，航速优化的节能效果会受到一定的影响。

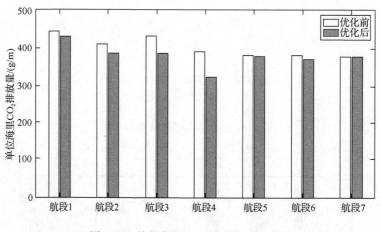

图 4.16　单位海里 CO_2 排放量对比分析

4.5　本 章 小 结

本章主要研究了考虑航行环境影响的船舶航速智能优化决策方法。首先，基于船舶能耗数据和船舶航行环境数据，采用改进 k 均值聚类算法对历史海况数据进行聚类分析，构建了航行海况类别知识库；然后，为将目标航线智能划分为航行海况类似的航段，提出了基于船舶物理转向点智能识别及海况智能识别的航线智能分段方法；最后，研究了考虑多航行环境要素的船舶航速智能优化模型与算法，其以航次船舶能耗最低为优化目标，综合考虑航行时间等约束条件，通过采用遗传算法实现了船舶航速智能优化决策。实例分析结果表明，本章提出的船舶航速智能优化方法可有效降低船舶能耗和碳排放，其对实现船舶能效智能优化管理具有重要的参考价值。

参 考 文 献

[1] 王壮, 王凯, 黄连忠, 等. 海况识别下的船舶航速动态优化方法[J]. 哈尔滨工程大学学报, 2022, 43(4): 488-494.

[2] WANG K, YAN X P, YUAN Y P, et al. Real-time optimization of ship energy efficiency based on the prediction technology of working condition[J]. Transportation Research Part D: Transport and Environment, 2016, 46: 81-93.

[3] 马冉祺, 黄连忠, 魏茂苏, 等. 基于实船监测数据的定航线船舶智能航速优化[J]. 大连海事大学学报, 2018, 44(1): 31-35.

[4]　WANG K, YAN X P, YUAN Y P, et al. Study on route division for ship energy efficiency optimization based on big environment data[C]. 4th International Conference on Transportation Information and Safety(ICTIS 2017), 2017.

[5]　王壮, 李嘉源, 黄连忠, 等. 基于改进 K 近邻算法的船舶通航环境智能识别[J]. 上海海事大学学报, 2020, 41(3): 36-41.

[6]　WANG K, YAN X P, YUAN Y P, et al. Optimizing ship energy efficiency: Application of particle swarm optimization algorithm[J]. Proceedings of the Institution of Mechanical Engineers, Part M: Journal of Engineering for the Maritime Environment, 2018, 232(4): 379-391.

[7]　徐浩. 基于数据驱动的船舶能效动态仿真与验证方法研究[D]. 大连: 大连海事大学, 2022.

[8]　WANG K, YAN X P, YUAN Y P, et al. Dynamic optimization of ship energy efficiency considering time-varying environmental factors[J]. Transportation Research Part D: Transport and Environment, 2018, 62: 685-698.

[9]　魏应三, 王永生. 船舶航速优化原理研究[J]. 中国造船, 2008, 49(S1): 75-82.

第 5 章 船舶航线智能优化方法

船舶航线智能优化决策是提升船舶营运能效的有效措施之一。面向能效提升的船舶航线优化技术主要基于船舶航行的相关要求及航行环境信息来获得船舶能效最优的航线,在保证船舶航行安全性与经济性的同时降低船舶的能耗。此外,考虑航行环境等因素的船舶航线优化可以一定程度上保证船舶航期的准点率,并且可以有效降低船舶温室气体排放[1]。因此,船舶航线优化技术的研究与应用对优化船舶航行、促进航运业的绿色低碳发展等都具有重要意义。

5.1 船舶航线分析

5.1.1 不同航线特点分析

从不同的角度出发,远洋船舶航线可划分为不同的类别。从航程和航向的角度,可分为大圆航线、等纬圈航线及混合航线等[2]。

另外,综合考虑气象、海况等条件,航线又可分为:①最短航线,是指起始港和目的港之间航行路程最短的航线。②气候航线,是基于大量历史气象海况信息的统计分析,再结合船舶航行的具体要求所规划的航行路线。由于历史航行环境信息实时性较差,往往与实际情况具有很大的差异,因此,气候航线的应用越来越少。③气象航线,是基于实时的气象海况数据,再结合船舶航行的具体要求而优化设计的航线,以解决基于历史航行环境信息的气候航线实时性差的问题。④最佳航线,是指综合考虑各影响因素及航线类型,分析获得的营运效率最优的船舶航线。

此外,根据船舶特定的航行任务和要求,航线可划分为最短航时航线、经济航线、最舒适航线等。①最短航时航线是指船舶起止点之间航行所需的时间最短的航线。当货物运输需求较多、航期较紧的情况下,可以选用该类航线。②经济航线,是在满足船舶相关具体要求的情况下,规划的经济性最好的航行路线。选择此航线可有效提高船舶营运的经济性。③最舒适航线。恶劣的海况会使船舶发生摇晃,进而极大地影响船舶的舒适性,该航线旨在避开恶劣海况区域,获得航次的最佳舒适性,其较适用于邮轮等对舒适性要求比较高的船舶。

在船舶绿色化与低碳化的背景下,采用考虑多因素的船舶航线优化技术,可以在降低船舶油耗及碳排放的同时减少船舶的营运成本,进而提高船舶的经济效益和市场核心竞争力。

5.1.2　航线气象影响因素

船舶航行时主要受到航线上风、浪、流等气象因素的影响。其中，风对船舶航速及航行阻力具有一定的影响，其大小主要取决于风速及船体水线以上迎风面积。风的作用会使船舶偏离预设的航线航行，流也会对船舶航速和船舶阻力产生一定的影响。此外，浪对船舶航速及航行姿态的影响最为显著，海浪的作用不仅会使船舶发生摇晃，而且还有可能产生共振问题，使船舶大幅地纵摇，并且会影响舵的效果。综上，由于海洋气象要素对船舶的航行状态及能效水平产生较大的影响，因此，充分考虑海洋气象条件并结合海洋环境预报信息以实现船舶航线的优化决策具有重要的意义。

5.1.3　船舶航线优化分析

船舶航线优化是在充分考虑复杂多变气象海况的基础上，通过构建航线优化模型与优化决策算法，在满足船舶航行安全的条件下获得船舶能耗与排放最小、舒适程度高的船舶航线。目前，船舶航线优化方法可以实现考虑气象海况的船舶航线智能优化与决策，近年来获得了广泛的研究和应用[3]。

气象预报数据服务质量的提升为考虑气象海况的船舶航线优化技术的发展和应用奠定了重要基础。船舶航线优化主要基于航行海域内的气象海况预报信息，并综合考虑船舶运行特性、装载，以及船舶航行相关具体要求，通过构建优化模型与算法获得综合性能最佳的航线。船舶航线智能优化结合船舶相关资料及航行海域气象海况等信息资料，通过采用先进智能优化算法决策出目标海域实时气象海况条件下的船舶最佳航线，可以进一步提高船舶航线优化的智能化水平。

船舶航线优化具有很多好处，如：合理地规划航线可以避免大风浪等恶劣海况的影响，从而保证船舶航行安全；合理的航线规划可以减少船舶航次的航行时间，进而可以保证航期的准点率；更重要的是可以有效降低船舶油耗，进而提高船舶营运的经济性和市场竞争力；另外，可以有效降低温室气体排放，对促进船舶的绿色化发展具有重要意义。综上，考虑气象海况的船舶航线优化具有如下特点和作用[4]：①由于气象定线主要基于航行海域的气象海况的预报信息，包括风、浪、流等信息，因此，所获得的优化航线可以避免大风浪等恶劣海况的影响，提高船舶航行的安全性和舒适性。②船舶航线优化可以基于不同的约束条件和优化目标，在保证航行安全的条件下，获得面向不同航行优化目标的船舶最佳航线，满足船舶在不同情况下的具体航行要求。③采用气象定线方法可以有效减少船舶油耗，进而提高船舶营运的经济性和市场竞争力；与此同时，还可以有效降低船舶温室气体排放。④采用气象定线方法有助于船长直观了解船舶未来的航行环境和气象海况信息，从而可以提前开展相关航行准备与操作，进而提高船舶航行性能。

5.2　船舶航线智能优化实现方法

船舶航线优化包括定速和变速两种情况，其中，变速情况下的船舶航线优化可以根据航行区域的气象海况条件，实现船舶航速与航线的协同优化决策，从而实现船舶航速与航线的联合优化[5-6]，此部分内容将在第 7 章进行详细介绍。本章主要介绍定速下的船舶航线优化，其具体实现过程如图 5.1 所示。

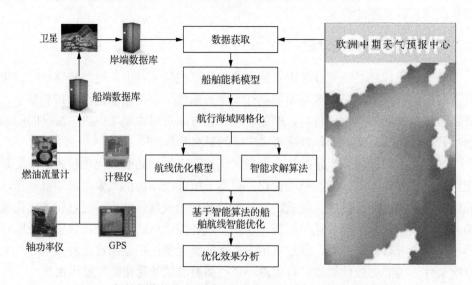

图 5.1　船舶航线优化实现过程示意图（扫封底二维码查看彩图）

首先，通过船载传感设备获得船舶航行数据。其中，通过燃油流量计获取燃油消耗数据；通过计程仪获取航程数据；通过轴功率仪获取轴功率数据；通过 GPS 获取船舶航行位置数据。此外，从 ECMWF 获取船舶航行海域实时的气象信息，包括风速、风向和浪高等。然后，基于所获取的数据，建立考虑多航行环境要素的船舶能耗模型。随后，根据经纬度值将船舶航行海域进行网格划分处理，并获取不同网格位置即不同经纬度的实时海洋气象信息。在此基础上，构建考虑多航行环境要素的船舶航线优化模型。此模型在满足船期要求的条件下，以航次油耗最低为目标，通过采用智能优化算法决策船舶最佳航行网格位置，从而决策出船舶最佳航线，实现船舶航线的优化设计，有效提高船舶能效水平。

5.3　船舶航线智能优化模型与算法

5.3.1　航线优化模型

1. 优化模型分析

基于船舶航线优化实现方法可知，船舶航线优化是一个多因素影响的复杂的优化决策问题，因此，明确该优化问题的优化目标、优化变量和约束条件是实现航线优化的关键。其中，该优化问题的优化目标为整个航次的总油耗最低，如式（5.1）所示。

$$\min \ Q_{\text{total}} = f\left(x_1, x_2, \cdots, x_n\right) \tag{5.1}$$

式中，Q_{total} 表示船舶整个航次的总油耗；$x_1, x_2, \cdots, x_n$ 表示航线上不同的航行位置，即航线优化问题的优化变量。

船舶主要能耗设备为主柴油机、发电柴油机和燃油锅炉。其中，主柴油机是能耗最大的设备，也是船舶能耗分析的主要设备，发电柴油机和燃油锅炉的油耗正常情况下变化较小，可以通过历史数据估算出每天的油耗量。因此，本节主要基于主柴油机的油耗最小为目标来开展船舶航线优化决策研究。

综上，为实现船舶航线的优化决策，需对航行区域进行航段网格划分处理，从而把航线规划问题转化为离散空间的路径寻优问题，决策出不同航行区域的最佳航行位置后，再通过连接所获得的优化决策位置，即可获得船舶最佳航行路径，从而实现船舶航线的优化决策。

2. 优化目标函数

船舶航线优化主要是针对定速的航行状态开展的。此外，当船舶的航段距离较短，则认为航段内气象海况条件基本不变，从而可以将到达位置点的气象海况信息作为该航段的气象海况信息，用以计算该航段内的船舶油耗。根据前文的船舶能耗模型，可以得到不同气象海况条件下船舶单位距离油耗，通过式（5.2）可计算获得船舶航次总油耗。

$$Q_{\text{total}} = \sum_{j=1}^{n-1}\left(q_j S_j\right) \tag{5.2}$$

式中，q_j 为第 j 个航段的船舶单位距离油耗；S_j 为第 j 个航段的航程。

基于前文，船舶单位距离油耗可通过式（5.3）获得。

$$q = f\left(V, V_{\text{wind}}, h, g_{\text{main}}\right) \tag{5.3}$$

式中，V 表示船舶航速；V_{wind} 表示船舶航向上的相对风速；h 表示浪高；g_{main} 表示柴油机的燃油消耗率。

此外，基于各航行位置的经纬度坐标，可通过式（5.4）计算获得各航段的航程。

$$S_{i,i+1} = R_e 2a\sin\left(\sqrt{\left(\sin\left(a/2\right)^2\right) + \cos\left(x_i\,\pi/180\right)\cos\left(x_{i+1}\,\pi/180\right)\sin\left(b/2\right)^2}\right) \quad (5.4)$$

式中，$S_{i,i+1}$ 表示相邻位置之间的航行距离；x 表示纬度值；i 表示第 i 个航行位置；R_e 表示地球半径；a 和 b 可以分别通过式（5.5）和式（5.6）获得。

$$a = x_i\,\pi/180 - x_{i+1}\,\pi/180 \quad (5.5)$$

$$b = y_i\,\pi/180 - y_{i+1}\,\pi/180 \quad (5.6)$$

式中，y 表示经度值。

3. 约束条件

在进行船舶航线优化决策时，需考虑航行时间、航行区域、船舶及动力系统运行状态等约束条件。

（1）为了在规定的时间内完成整个航次的航行，以确保航期的要求，设置约束条件如式（5.7）所示。

$$\sum_{i=1}^{n}\left(L_i/V_i\right) \leqslant T_{limit} \quad (5.7)$$

式中，L 为航行距离；V 为航速；T_{limit} 为航次最大航行时间。

（2）优化的航线不能通过岛礁和恶劣海况等区域，且必须满足船舶航行安全要求，所设置的约束条件可通过式（5.8）表示。

$$P_i\left(x_i,\,y_i\right) \neq P_{i0}\left(x_{i0},\,y_{i0}\right) \quad (5.8)$$

式中，$P_i\left(x_i,\,y_i\right)$ 表示船舶航行的位置；$P_{i0}\left(x_{i0},\,y_{i0}\right)$ 表示陆地及岛礁等无法航行的区域。

（3）船舶航速及主机转速的物理限制对应的约束条件分别如式（5.9）和式（5.10）所示。

$$V_{min} < V_i < V_{max} \quad (5.9)$$

$$n_{min} < n_i < n_{max} \quad (5.10)$$

式中，n_i 为主机转速。

5.3.2　基于 PSO 的航线智能优化算法

1. 粒子群优化算法

1）算法的实现原理与实现过程

粒子群优化（particle swarm optimization，PSO）算法是受鸟群的觅食行为启发而设计的群智能优化算法。鸟群在森林中随机地寻找食物时，会搜索森林中食物最多的位置，然而，鸟群开始并不了解哪里的食物最多，只能猜测食物的大致位置，鸟群中的鸟会基于各自猜测的方向来搜索食物，并在此过程中记录各自曾经获得过食物最多的位置。与此同时，鸟群会共享每一次搜索到食物的位置和食物的量，因此，鸟群可以了解当前食物量最多的位置在哪里。此外，在寻找食物的过程中，鸟群会基于各自记忆中食物最多的位置和当前获得的食物最多的位置，来对各自的搜索方向进行调整。搜索一段时间后，鸟群就可以获得森林中食物最多的位置，即为所对应的优化模型的全局最优解。PSO 算法具有收敛速度快、参数少、算法简单易实现等优点，近年来获得了广泛的研究和应用，其具体实现流程如图 5.2 所示[7-8]。

2）速度与位置的更新

粒子速度可通过式（5.11）进行更新，其主要包括三项，分别为惯性项、认知项和社会项。其中，惯性项主要由惯性权重和粒子速度构成，表示粒子对先前运动状态的信任；认知项主要表示粒子本身的思考，表征的是粒子当前位置与历史最优位置间的距离和方向；社会项则表示粒子间信息的共享与合作，即来源于群体中其他优秀粒子的经验，表征的是粒子当前位置与群体历史最优位置的距离和方向。

$$v_{id}^{k+1} = \omega v_{id}^k + c_1 r_1 (p_{id,\text{pbest}}^k - x_{id}^k) + c_2 r_2 (p_{d,\text{gbest}}^k - x_{id}^k) \quad (5.11)$$

式中，i 为粒子序号，$i=1, 2, \cdots, N$，其中 N 为粒子群规模；d 表示维度的序号，$d=1, 2, \cdots, D$，其中 D 为粒子维度；k 表示迭代的次数，$k=1, 2, \cdots, K$；ω 表示惯性权重；c_1 和 c_2 为加速常数；r_1, r_2 为[0, 1]之间的随机数；v_{id}^k 表示第 i 个粒子在第 k 次迭代中的第 d 维的速度向量；x_{id}^k 表示第 i 个粒子在第 k 次迭代中的第 d 维的位置向量；$p_{id,\text{pbest}}^k$ 表示第 i 个粒子在第 k 次迭代中的第 d 维的历史最优位置，以及在第 k 次迭代后，第 i 个粒子（个体）搜索到的最优解；$p_{d,\text{gbest}}^k$ 为群体在第 k 次迭代中第 d 维的历史最优位置，以及在第 k 次迭代后整个粒子群体中的最优解。

在粒子速度更新的基础上，可通过式（5.12）实现粒子位置的更新。

$$x_{id}^{k+1} = x_{id}^k + v_{id}^{k+1} \quad (5.12)$$

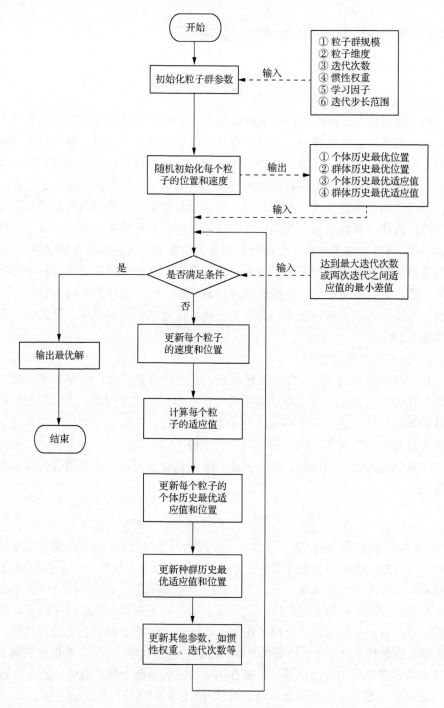

图 5.2　PSO 算法实现流程

3）算法参数设置分析

（1）粒子种群规模 N。对于大部分优化问题，设置 20～50 个粒子就可以取得较为理想的优化效果。然而，对于较为复杂的优化问题，可将粒子群规模设置为 100～200，以增加搜索空间的覆盖程度，使得粒子更容易找到全局最优解。但是，这也意味着算法的运行时间会更长，因为每个粒子的位置和速度需要更新更多次，以找到最优解。

（2）粒子维度 D 与迭代次数 k。粒子维度 D 表示粒子搜索的空间维数，即自变量的个数；迭代次数 k 为算法循环迭代计算的次数，一般取值范围为 50～100，具体取值需要在优化的过程中根据实际情况进行调整。如迭代次数过小，则会导致求解不稳定；如迭代次数太大，将会耗时较长。

（3）惯性权重 ω。惯性权重 ω 是粒子群优化算法中的一个重要参数，它决定了每个粒子在更新速度时对前一速度的保留程度，从而影响算法的全局和局部搜索能力。具体来说，惯性权重 ω 的大小对粒子的搜索行为具有一定的影响。如果惯性权重 ω 较小，粒子的局部搜索能力会增强，但全局搜索能力会降低；反之，如果惯性权重 ω 较大，算法的全局搜索较好，但同时其局部搜索会变差。通常情况下，惯性权重 ω 的取值范围为 0.8～1.2，也可以固定为某个值，以使粒子之间具备相同的寻优能力。为提高算法的搜索性能，可采用自适应调整策略，即随着迭代的进行，线性地减小 ω 的值。如式（5.13）所示，随着算法的迭代运行，ω 逐步减小，因此，可使算法在运算开始具备较好的全局搜索能力，随着运算的运行，逐步提高算法的局部搜索能力[9]。

$$\omega = \omega_{max} - (\omega_{max} - \omega_{min})\text{iter}/\text{iter}_{max} \tag{5.13}$$

式中，ω_{max} 为最大惯性权重；ω_{min} 为最小惯性权重；iter 为当前迭代次数；iter_{max} 为最大迭代次数。

（4）加速常数 c_1 和 c_2。加速常数 c_1 和 c_2 的作用是保证粒子间进行信息交互，其中，c_1 主要用于调整粒子向 p_{best} 飞行的最大步长，而 c_2 主要用于调整粒子向 g_{best} 飞行的最大步长，即粒子自身的经验和群体的经验对粒子飞行的影响。如果 c_1 的值较小，粒子会缺乏对自身的经验认知，使得算法易于获得局部最优解；如果 c_2 的值较小，粒子将无法有效进行群体经验的信息交流，使得算法难以搜寻到最优解[10]。一般 c_1 和 c_2 的取值相同，以保证粒子能够兼顾自身经验和群体经验的影响。

（5）粒子的最大速度 v_{max}。粒子的最大速度可以限制粒子的飞行速度，并将其控制在 $[-v_{max}, +v_{max}]$ 区间范围内。在搜索过程中，速度一般为固定值。粒子的最大速度是一个关键参数，其对粒子群优化算法的性能具有较大影响。最大速度决定了粒子在搜索空间中的跳跃能力和探索深度。如果最大速度过大，粒子可能会跳过全局最优解；如果最大速度过小，粒子的搜索范围将受到限制，难以跳出局部最优解。

（6）适应度值。适应度值即优化目标函数的值，用来评价粒子位置的好坏程度，决定是否更新粒子和群体的历史最优位置，从而保证粒子朝着最优解的方向搜索。

（7）算法的终止准则。终止准则是指算法结束运行的条件，不同的问题需要采用不同的终止准则。对于不同的优化问题，需要考虑的条件也是不同的。在设置终止准则时，需要考虑搜索最优解的质量和算法的运行时间等因素，并需兼顾这些因素的影响来确定终止准则。

（8）初始化。粒子群优化算法优化的结果受很多因素的影响，其中，粒子初始值对其影响比较大，而且难以调控。如果粒子初始值是随机初始化的，在不改变任何参数的情况下，多次优化的结果不一定都收敛到一个全局最优解或局部最优解，也可能会得到一个无效解。所以粒子初始化较为重要，其会对算法收敛速度产生一定的影响。如果粒子的初始化范围选择合理，可以大大缩短收敛时间，也不易于陷入局部最优解。因此，需要根据具体的问题进行分析，如果根据经验可判断出最优解在某个范围内，则可在这个范围内初始化粒子。如果无法确定，则一般以粒子的取值边界作为初始化范围。

2. 航线智能优化算法实现过程

基于 PSO 算法的船舶航线智能优化算法实现流程如图 5.3 所示，具体包括以下步骤[11]。

步骤 1：对航线智能优化算法所使用的粒子群进行初始化设置，包括粒子的规模、惯性权重、加速系数等。

步骤 2：基于所建立的船舶航线优化模型的优化目标，计算获得每个粒子的适应度值，即船舶航次的总能耗。

步骤 3：将计算获得的各粒子的适应度值与当前的个体极值和群体极值进行对比分析，从而获得更新后的个体极值和群体极值。

步骤 4：根据式（5.11）和式（5.12）更新粒子的飞行速度和飞行位置。

步骤 5：进行终止准则判断。若符合算法终止条件，算法结束并输出最优解；若不符合终止条件，则返回步骤 2 继续进行计算，直至满足终止准则为止。

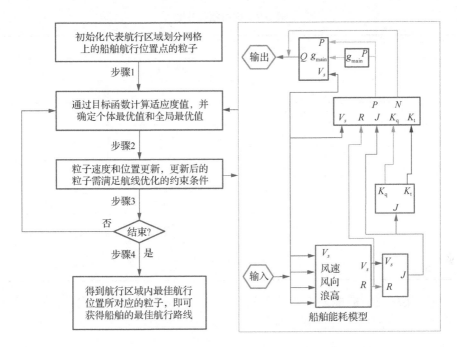

图 5.3　基于 PSO 算法的船舶航线智能优化算法实现流程

5.4　船舶航线智能优化案例分析

5.4.1　船舶运行数据分析

选取某大型矿石运输船为研究对象，以印尼巽他海峡到中国舟山航行区域为例，开展船舶航线优化分析研究。目标船基本参数如表 5.1 所示。

表 5.1　目标船的基本参数

名称	参数	名称	参数
船长	327m	设计航速	14.5kn
型深	29m	方形系数	0.8376
船宽	55m	螺旋桨直径	9.7m
最大载重吨	297959t	设计吃水	21.4m

目标船在所选取的航线航行时，实际载重吨为 293015t，吃水为 21.4m。此外，船舶主机为大型低速二冲程柴油机，主要参数如表 5.2 所示。

表 5.2　主机相关参数

序号	名称	参数	单位
1	型号	6S80MC	—
2	冲程	2	—
3	最大输出功率	22360	kW
4	最大持续功率	19000	kW
5	额定转速	73	r/min
6	最高爆发压力	15.0	MPa
7	平均有效压力	1.90	MPa
8	气缸直径	800	mm
9	缸数	6	—
10	行程	3200	mm

　　为了实现目标船能效性能的有效分析，以及船舶航线智能优化决策，需要对船舶航行时的相关数据进行收集与分析，主要包括船舶油耗数据、主机转速及轴功率数据、GPS 及航速数据等。

　　1.　船舶油耗数据

　　船舶油耗数据通过燃油流量计进行采集。基于采集的主机油耗数据，可以验证所建立船舶能耗模型的精度，并为船舶航线优化的节能效果分析奠定基础。所获得的船舶主机油耗数据序列如图 5.4 所示。

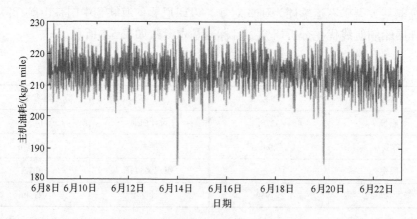

图 5.4　实测船舶主机油耗数据序列

2. 主机转速及轴功率数据

主机转速与轴功率数据通过轴功率仪获取，并将采集信号经现场总线传输至工控机，用于进一步分析。船舶实际航行时，主机功率会随着航行环境的变化而变化，因此，主机转速与轴功率数据对验证船舶油耗模型的有效性具有重要作用。船舶实测轴功率数据序列如图 5.5 所示。

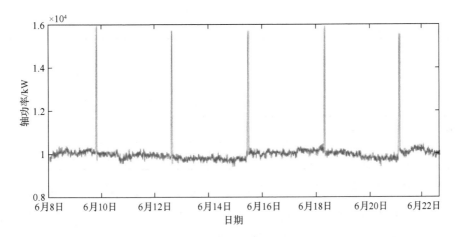

图 5.5 实测轴功率数据序列

3. GPS 及航速数据

当船舶航行至不同位置时，对应的气象海况条件会存在一定的差异，因此，在不同的航行区域及航行工况下，船舶能效具有明显的差异。船舶航行位置及船舶航速信息可通过 GPS 获取，所获取的船舶航速数据序列如图 5.6 所示。

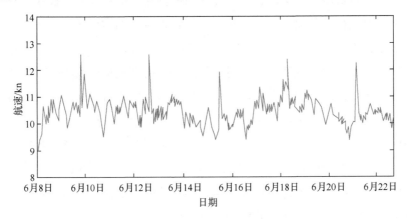

图 5.6 船舶航速数据序列

综上所述，船舶能效数据获取方案如表 5.3 所示，通过船载传感器获得的数据存储在船端数据库中，并可通过卫星发送至岸端数据库。船端采集的能耗数据可提供给驾驶台及机舱集控室相关负责人员使用，以辅助其进行优化管理决策。通过卫星信号传递到岸端的数据可供岸基管理人员参考分析，以制定合理的船舶优化管理方案。

表 5.3　船舶能效数据获取方案

参数	采集设备	安装位置
航速及航行位置	GPS	驾驶台
对水航速	计程仪	船底及驾驶台
主机转速及轴功率	轴功率仪	轴系
油耗	燃油流量计	燃油管路

传感器本身的性能及工作环境等因素可能会使采集到的船舶航行数据出现异常，其将对船舶能耗模型的精度和优化效果产生影响。因此，对采集的能效数据进行异常分析及预处理，从而获得用于船舶航线优化分析的有效数据。

5.4.2　目标海域气象特征分析

1. 气象数据获取

船舶目标航线的气象数据可通过相关气象预报服务中心获得。其中，ECMWF提供的航行气象数据种类丰富且对气象环境的预测准确度较高，被国内外学者广泛使用。针对航行气象数据，ECMWF 可提供多种不同类型的气象数据集，本节选用的数据集为 ECMWF 再分析数据集，其包含自 1979 年起的距海平面 10m 高度处的风分量、温度、湿度，以及对应位置波浪的高度和周期频率等多样化气象数据集。对于目标海域的数据集可在确定具体地理位置后，根据实际需要，通过经纬度划分的形式进行设置。相关气象数据以网格形式进行储存，并提供不同精度等级的数据，其中，最小网格精度为 0.125°×0.125°。此外，该数据集的数据采集频率为 6h 一次，采集时间分别为 00:00、06:00、12:00、18:00。当确定好所有参数设置后，最终会生成带有目标数据集的文件以供下载，所需数据集以矩阵的形式存储，方便开展进一步的数据挖掘分析。

对于目标海域气象特征分析，主要包括经度、纬度及时间三个维度的目标海域所对应的风速、风向及特征浪高数据的分析。由于所需风速及风向数据无法直接获取，故只能基于所获得的距海平面 10m 处的沿纬度方向的 U 方向分量及沿经度方向的 V 方向分量，通过采取矢量合成的方法来获得风速风向信息，其具体合成示意图如图 5.7 所示。

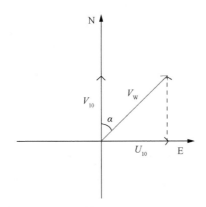

图 5.7　风速风向矢量合成示意图

图 5.7 中，U_{10} 为距海平面 10m 处沿横向的风速分量，当 U_{10} 的数值为正数时，表示该风速分量的指向为正东，当 U_{10} 的数值为负数时，则表示该风速分量的指向为正西；V_{10} 为距海平面 10m 处沿纵向的风速分量，当 V_{10} 的数值为正数时，表示该风速分量的指向为正北，当 V_{10} 的数值为负数时，则表示该风速分量的指向为正南。此时，仅需将 U_{10} 分量与 V_{10} 分量通过矢量合成的方法进行计算，最终所获取的数据矢量即为绝对风速 V_{w}，具体计算公式如式（5.14）所示。

$$V_{\mathrm{w}} = \sqrt{U_{10}^2 + V_{10}^2} \tag{5.14}$$

由于船舶航行时，船舶所受绝对风的位置与计算所得绝对风的位置具有一定的高度差，此时还需要对绝对风速进行修正，如式（5.15）所示。

$$\frac{V_{\mathrm{w1}}}{V_{\mathrm{w}}} = \left(\frac{h_1}{h_2}\right)^z \tag{5.15}$$

式中，V_{w}、V_{w1} 分别为修正前及修正后的绝对风速；h_1 为船舶实际高度值，h_2 表示采集风速数据对应的高度；z 为对应的修正系数。

　　经处理后，不同经纬度下的风速、风向和浪高信息分别如表 5.4～表 5.6 所示。

表 5.4　不同经纬度下的风速信息　　　　　　　单位：m/s

纬度	经度				
	107.875°E	108.500°E	109.125°E	109.750°E	……
0.325°N	4.32	3.62	2.20	1.22	……
0.930°N	4.45	3.38	1.50	0.81	……
1.517°N	5.18	4.54	2.82	1.16	……
2.087°N	6.52	6.60	5.17	3.71	……
2.673°N	6.94	7.03	6.79	5.87	……
3.254°N	7.71	7.61	7.70	7.65	……
……	……	……	……	……	……

表 5.5　不同经纬度下的风向信息　　　　　　　单位：（°）

纬度	经度				
	107.875°E	108.500°E	109.125°E	109.750°E	……
0.325°N	204.85	216.62	225.60	229.50	……
0.930°N	221.62	228.54	236.96	199.11	……
1.517°N	233.62	236.93	236.19	234.88	……
2.087°N	237.64	238.29	237.17	232.60	……
2.673°N	238.40	238.54	236.60	231.78	……
3.254°N	228.40	227.91	225.28	222.46	……
……	……	……	……	……	……

表 5.6　不同经纬度下的浪高信息　　　　　　　单位：m

纬度	经度				
	107.875°E	108.500°E	109.125°E	109.750°E	……
0.325°N	0.63	0.47	0.30	NaN	……
0.930°N	0.72	0.56	0.42	NaN	……

续表

纬度	经度				
	107.875°E	108.500°E	109.125°E	109.750°E	……
1.517°N	0.86	0.78	0.68	NaN	……
2.087°N	1.10	1.04	1.05	1.23	……
2.673°N	1.29	1.32	1.53	1.60	……
3.254°N	1.38	1.58	1.80	1.85	……
……	……	……	……	……	……

注：NaN 表示缺失值，对应位置为陆地，没有浪高信息。

2. 气象数据特征分析

本案例中所使用的数据源为最小网格精度 0.125°×0.125°，气象数据的采集频率为 6h 一次，采集时间点分别为 00:00、06:00、12:00、18:00。为进一步分析航行区域的环境特征，对所获取的气象数据按照获取的日期以及经纬度范围进行了分析，某时刻风速和浪高的分布特征分别如图 5.8 和图 5.9 所示。

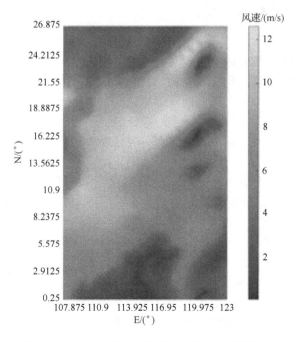

图 5.8　风速分布特征（扫封底二维码查看彩图）

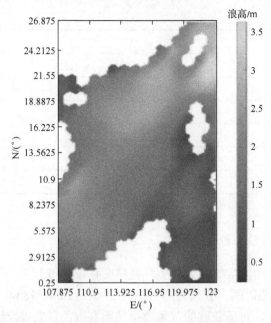

图 5.9　浪高分布特征（扫封底二维码查看彩图）

5.4.3　航行海域网格化处理

船舶航线优化的本质是决策出航行区域内的最佳航行位置，因此，需要对航线进行网格化处理，使其转化为在离散空间中的寻优，从而达到多变量优化的目的。以航行的起点及终点为端点，构建船舶实际航行区域，并沿着经度及纬度方向，对航行区域进行横向及纵向网格划分。网格划分的精细程度会对优化算法运行时间及航线优化的效果和精度产生一定影响，因此，综合考虑各因素的影响来确定合适的网格大小较为重要。网格大小的选取需要考虑以下几个因素的影响。

1）算法运行时间

对于不同的网格划分精度，算法涉及的数据量也有所不同，网格划分越精细，对应数据量越大，其计算的准确度也就越高，然而算法的运算量势必会增加，从而导致运算时间较长。当网格划分过小时，运算时间可能会呈指数倍增长，从而会耗费更多的计算资源。

2）气象数据的精度

对于所采集的海域风力资源信息，其数据的精度与所划分网格的精度应相当，以便采用数值插值方法进行数据处理，若两者的精度差值过大，就会影响插值处理的效果，从而影响结果的准确性及航线优化节能效果。

3）航行的可操作性

航行海域的网格化处理主要是为了实现航线优化服务，由于船舶实际的航行模式不便对船舶的航向进行过于频繁的调整和控制，航向的优化与调整需要满足实际操作的可行性和便利性。因此，网格划分精细化程度过高虽然可以提高能效优化效果，但会受实际应用操作性的制约。

以印尼巽他海峡到中国舟山航行区域为例，综合考虑以上因素，对该航行区域进行网格划分，划分结果如图 5.10 所示。

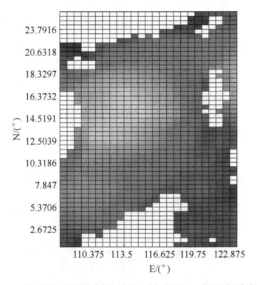

图 5.10　航行海域网格划分结果（扫封底二维码查看彩图）

5.4.4　航线优化结果分析

在所建立的航线优化模型的基础上，通过采用基于 PSO 算法的智能优化求解算法可以获得船舶航线优化结果。其中，算法优化迭代结果如图 5.11 所示。

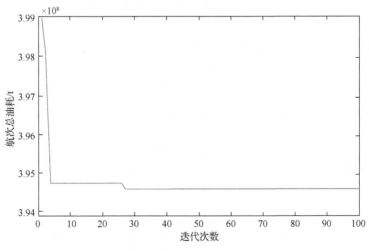

图 5.11　算法优化迭代结果

　　船舶优化航线与原始航线对比分析如图 5.12 所示，可以看出优化航线与原始航线在整体方向上保持一致。然而，与原始航线相比，优化后的航线在部分航路点位置的分布具有一定的差异，且部分航段的实际航行距离有所增加，从而导致航程有所增加。为了能够最大限度地避免恶劣海况对船舶航行安全及船舶能耗的影响，优化后的航线绕过了部分危险系数较高或能耗较高的航行区域，从而提高船舶航行的安全性，降低船舶能耗及温室气体排放。船舶优化航线与原始航线对比分析如图 5.12 所示。优化航线和原始航线航行模式下的航次航行距离、航次总油耗量、航次总 CO_2 排放量如表 5.7 所示，其中，CO_2 排放量是基于油耗量与燃油的碳排放转换因子计算获得的。从表中可以看出，虽然航线优化后船舶航行总里程有所增加，但整个航次的总油耗有所降低，与原始航线运行模式相比，可降低船舶油耗量及 CO_2 排放量分别为 16.23t 和 50.53t，降低幅度约为 3.95%，由此可见，采用船舶航线优化方法可以有效提高船舶能效水平。

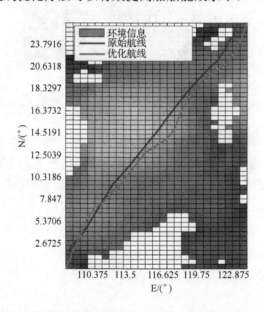

图 5.12　船舶优化航线与原始航线对比分析（扫封底二维码查看彩图）

表 5.7　目标船舶航线优化结果对比分析

项目	航次航行距离/n mile	航次总油耗量/t	航次总 CO_2 排放量/t
原始航线	1858.80	410.80	1279.23
优化航线	1863.50	394.57	1228.70

5.5　本 章 小 结

本章在不同船舶航线特点分析的基础上，提出了一种考虑气象时空分布特征的船舶航线智能优化方法。首先，分析了船舶航线智能优化的实现过程与实现方法；然后，建立了以船舶航次能耗最低为优化目标、以航行时间等为约束条件的船舶航线优化模型，在此基础上，构建了基于 PSO 算法的船舶航线智能优化决策算法；最后，在航行海域网格化处理的基础上，提出了船舶航线智能优化方法，并进行了航线优化节能效果分析。研究结果表明，本章提出的船舶航线智能优化方法可以实现考虑多航行环境要素的船舶航线智能优化决策，从而有效降低船舶能耗和 CO_2 排放。因此，本章所提出的船舶航线智能优化方法对实现船舶能效智能优化管理具有重要的参考和指导价值。

参 考 文 献

[1] WANG K, LI J Y, HUANG L Z, et al. A novel method for joint optimization of the sailing route and speed considering multiple environmental factors for more energy efficient shipping[J]. Ocean Engineering, 2020, 216: 107591.

[2] 牟小辉. 基于动态规划算法的船舶经济航线优化研究[D]. 武汉: 武汉理工大学, 2017.

[3] WANG K, XU H, LI J Y, et al. A novel dynamical collaborative optimization method of ship energy consumption based on a spatial and temporal distribution analysis of voyage data[J]. Applied Ocean Research, 2021, 112: 1-13.

[4] 郭东东, 尹勇, 肖方兵. 智能船舶航线优化方法综述[J]. 中国舰船研究, 2023, 18(4): 151-161.

[5] 董思邑. 风翼助航船舶的航速航线联合优化方法研究[D]. 大连: 大连海事大学, 2022.

[6] DONG S Y, HUANG L Z, WANG K, et al. The joint optimization technology of sailing speed and route for sea-going ships[C]. 6th International Conference on Transportation Information and Safety(ICTIS 2021), 2021.

[7] KENNEDY J, EBERHART R. Particle swarm optimization[C]//Proceeding of ICNN'95 – International Conference on Neural Networks, 1995, 4(8):1942-1948.

[8] EBERHART R C, SHI Y H. Comparison between genetic algorithms and particle swarm optimization[C]. Evolutionary Programming VII, 7th International Conference, EP98, San Diego, CA, USA, 1998.

[9] SHI Y H, EBERHART R. A modified particle swarm optimizer[C]. Proceeding of IEEE ICEC Conference, 1998: 69-73.

[10] 周蕾. 粒子群算法的改进及其在人工神经网络中的应用[D]. 西安: 西安电子科技大学, 2010.

[11] WANG K, YAN X P, Yuan Y P, et al. PSO-based method for safe sailing route and efficient speeds decision-support for sea-going ships encountering accidents[C]. 14th IEEE International Conference on Networking, Sensing and Control. Calabria, Southern Italy, 2017: 413-418.

第6章　船舶纵倾智能优化决策方法

船舶纵倾智能优化决策旨在通过智能优化算法获得船舶的最佳纵倾状态，降低船舶航行的阻力和能耗，从而提高船舶的营运能效水平。船舶纵倾智能优化决策方法的研究可为船舶航行浮态的精细化管理与控制提供重要参考，对促进船舶的绿色化与智能化发展具有重要意义。

6.1　船舶纵倾智能优化决策实现方法

为了降低船舶能耗及温室气体排放，业界开展了船舶能效优化管理方法的探索和研究，并尝试了如螺旋桨优化、气泡减阻及新能源应用等各种减排措施，这些措施往往会增加初始投资成本，对新老船舶的适应性不同，而纵倾智能优化决策技术具有较强的灵活性，不仅不需要修改船体，也不会影响船舶装载能力[1-2]。通过改变船上的作业模式，可以使船舶以最佳的纵倾航行，从而降低船舶的航行阻力、减少油耗，并且该方法能够应用于不同船龄的船舶，具有较好的适用性。因此，船舶纵倾智能优化决策技术对提高船舶能效水平具有重要意义，是船舶智能能效管理的重要组成部分之一[3-4]。

6.1.1　船舶纵倾基本概念

1. 船舶纵倾含义

船舶纵倾指的是船舶在纵向上的倾斜状态，通常采用艏艉吃水差或者纵倾角度来表征船舶纵倾的大小。其中，艏艉吃水差如式（6.1）所示。

$$t = d_F - d_A \tag{6.1}$$

式中，t 为艏艉吃水差，当 $t<0$ 时，表示艉倾，当 $t>0$ 时，则表示艏倾；d_A 为艉吃水；d_F 为艏吃水。艏艉吃水的变化量如式（6.2）所示。

$$\begin{cases} \Delta d_F = \Delta t \left(0.5 - \dfrac{x_f}{L} \right) \\[3mm] \Delta d_A = \Delta t \left(0.5 + \dfrac{x_f}{L} \right) \end{cases} \tag{6.2}$$

式中，Δt 为吃水差的变化量；$\Delta t = \left|\Delta d_{\mathrm{F}}\right| + \left|\Delta d_{\mathrm{A}}\right|$；$x_f$ 为漂心与船中的距离，船中后为负，船中前为正；L 为船舶的长度。

此外，船舶纵倾角可通过式（6.3）计算获得。

$$\theta = \arctan\left(\frac{d_{\mathrm{F}} - d_{\mathrm{A}}}{L_{\mathrm{pp}}}\right) \tag{6.3}$$

式中，θ 为船舶的纵倾角；L_{pp} 为船舶的垂线间长。

当船舶倾斜角度较小时，可通过式（6.4）近似计算获得船舶纵倾角。

$$\theta = \arctan\left(\frac{t}{L_{\mathrm{pp}}}\right) \approx \frac{t}{L_{\mathrm{pp}}} \tag{6.4}$$

2. 等容倾斜

当受到外力作用时，船舶的浮态会发生改变，船舶的浮态可以用横倾和纵倾来表示。如果船舶重量及排水量不变，则船体倾斜只会导致船舶水线位置和水下部分体积形状发生改变，基于此，可分析船舶等容倾斜后的水线变化情况及其变化过程，如图 6.1 所示。

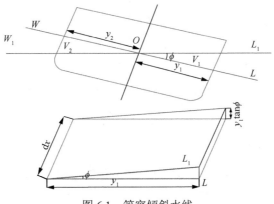

图 6.1　等容倾斜水线

从图 6.1 可以看出，当船体处于横倾角 ϕ 的状态时，船舶的水线将由 $W\text{-}L$ 变为 $W_1\text{-}L_1$，此时，可基于 LOL_1 及 WOW_1 来分析水线 $W_1\text{-}L_1$ 的位置。

其中，入水楔形 LOL_1 的面积可表示为 $\frac{1}{2}y_1^2\tan\phi$，沿船长取一小段 $\mathrm{d}x$，则其体积可通过式（6.5）计算获得。

$$\mathrm{d}V_1 = \frac{1}{2}y_1^2\tan\phi\,\mathrm{d}x \tag{6.5}$$

式中，V_1 表示整个入水楔形的体积，可由式（6.6）计算获得。

$$V_1 = \int_{-\frac{L}{2}}^{\frac{L}{2}} \frac{1}{2} y_1^2 \tan\phi \, \mathrm{d}x = \tan\phi \int_{-\frac{L}{2}}^{\frac{L}{2}} \frac{1}{2} y_1^2 \, \mathrm{d}x \qquad (6.6)$$

同理，整个出水楔形的体积可由式（6.7）计算获得。

$$V_2 = \tan\phi \int_{-\frac{L}{2}}^{\frac{L}{2}} \frac{1}{2} y_2^2 \, \mathrm{d}x \qquad (6.7)$$

由于船舶等容倾斜，则入水楔形的总体积应与出水楔形的总体积相等，如式（6.8）所示。

$$\int_{-\frac{L}{2}}^{\frac{L}{2}} \frac{1}{2} y_1^2 \, \mathrm{d}x = \int_{-\frac{L}{2}}^{\frac{L}{2}} \frac{1}{2} y_2^2 \, \mathrm{d}x \qquad (6.8)$$

水线面示意图如图 6.2 所示，对于等容倾斜，倾斜后的水线面会通过原水线面的漂心，因此，当船舶倾斜角度较小时，只需对船模围绕漂心旋转对应角度即可。

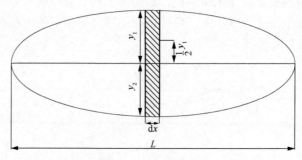

图 6.2　水线面示意图

6.1.2　纵倾优化决策实现方法

船舶航行过程中，航行环境会引起船舶浮态和航向的改变，进而会影响船舶的能耗状态。此外，航速、载重量和纵倾等因素会对船舶阻力产生一定影响，其中，船舶纵倾的变化会导致船舶姿态发生相应变化，进而会改变船舶的湿面积和船体周围流体的流场等，最终会改变船舶的摩擦阻力和黏性阻力[5]。如船舶以最佳的姿态航行，可以一定程度上减少船舶航行阻力，进而降低船舶能耗，达到节能减排的效果。综上，除航行环境因素外，纵倾角 θ、航速 V_s 和排水量 $\varDelta$ 为船舶航行阻力 R 的主要影响因素，如式（6.9）所示。

$$R = f(\varDelta, V_s, \theta) \qquad (6.9)$$

对于目标船的某一特定航次，当船舶航速和排水量基本不变时，总阻力仅与船舶纵倾角有关，但不是简单的线性关系，可通过模型实验或数值模拟来得到两者之间的复杂作用关系。船舶航行过程中，当船舶纵倾角发生改变时，螺旋桨的推进效率也会发生改变,从而会影响船舶主机输出功率。所以,当确定排水量和航速后,船舶最佳纵倾为主机输出功率最小时所对应的纵倾状态。

　　船舶纵倾优化实现过程如图 6.3 所示,主要包括以下几个方面的内容:首先,基于目标船舶的参数与特点,建立船舶三维模型,通过 CFD 仿真计算,获得船模的静水阻力,并基于船模实验结果来验证阻力模型的计算精度,在此基础上,通过计算不同纵倾角情况下的船模阻力,分析总结不同纵倾角情况下的船舶阻力的变化规律。然后,基于满载条件下的吃水情况,计算分析不同船舶航速、不同纵倾角情况下的船模阻力,并通过阻力换算方法,计算对象船舶在不同情况下的航行阻力。随后,建立船舶纵倾优化决策模型,通过采用优化决策算法求解纵倾优化决策模型,从而获得不同情况下的船舶最佳纵倾角度。最后,开展目标船舶最佳纵倾节能效果的论证分析,对比分析最佳纵倾的节能效果,从而实现船舶纵倾优化决策与节能效果分析。

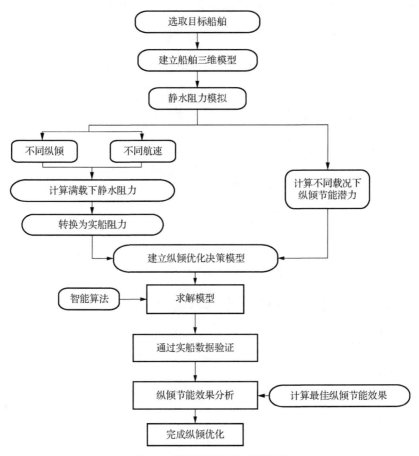

图 6.3　船舶纵倾优化实现过程

6.2　不同纵倾下船舶航行阻力分析

6.2.1　船舶阻力分类及成因

船舶海上航行时，水流及波浪的影响会引起船体表面压力分布的变化，并且艏艉之间存在一定的压差，从而使得船舶产生兴波阻力。另外，水的黏性作用会导致船体表面出现边界层，从而使船体受到黏性力的作用，船体表面黏性力在运动方向上的合力即为摩擦阻力。由于船体结构复杂，且艏艉曲率变化较大，因此，艉部经常会产生涡流，使得对应位置的水压降低，从而使得艏艉具有一定的压力差，由此产生的阻力则为黏压阻力。综上，通常以兴波阻力 R_w、摩擦阻力 R_f 和黏压阻力 R_{pv} 的总和作为裸船体阻力 R_t，如式（6.10）所示。

$$R_t = R_w + R_f + R_{pv} \tag{6.10}$$

船舶航行所受阻力包括水面以下由水产生的水阻力和水面以上由于空气产生的空气阻力，如图 6.4 所示。其中，水阻力主要包括波浪阻力及静水阻力，静水阻力主要可分为裸船体阻力及附体阻力两部分。此外，空气阻力、波浪阻力和附体阻力之和统称为附加阻力。

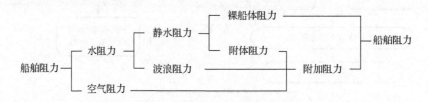

图 6.4　船舶阻力分析示意图

6.2.2　基于 CFD 仿真计算的船舶静水阻力分析

1. 船体三维模型构建

1）对象船舶

选取一艘服务航速为 14.5kn 的大型散货船为对象进行分析，该船的基本参数如表 6.1 所示。

表 6.1　对象船舶的基本参数

参数	数值
总长 L/m	327.00
垂线间长 L_{pp}/m	321.50
水线宽 B_{wl}/m	55.00
吃水 d/m	21.40
型深 D/m	29.00
排水量 $\varDelta$/t	332668
方形系数 C_{B}	0.85

2）模型构建

首先，在 CFD 仿真计算软件中，将完整的横剖线映射至三维立体空间，并获取 Markers 点以用于建立船舶三维模型，获取的 Markers 点如图 6.5 所示。

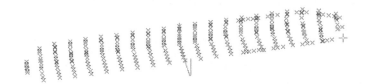

图 6.5　Markers 点示意图（扫封底二维码查看彩图）

根据型线图构建一个纵向曲面，并对其单位和坐标进行定义和设置。在此基础上，通过调整横纵剖线而使其与所构建的 Markers 点重合来获得船体三维曲面，如图 6.6 所示。

图 6.6　船体三维曲面示意图（扫封底二维码查看彩图）

构建船体三维模型后，通过设计吃水等信息的设置和定义，得到目标船最终的三维模型，如图 6.7 所示。

为了分析验证所建立的三维模型的精度，可计算设计吃水情况下的船舶静水力系数，并将计算获得的船型参数与已知的船型参数进行分析比较，从而判断所建立模型的质量。经分析计算，所建三维模型的方形系数误差为 0.12%，船体排水量误差为 0.69%，模型精度可满足计算要求。

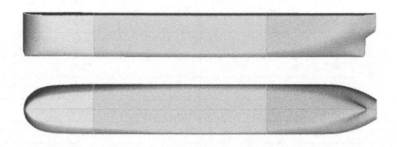

图 6.7　目标船三维模型示意图

2. 船舶静水阻力仿真与验证

1）计算域的离散

首先，对船体模型的计算域进行划分和离散，对于外围流场边界的选取，可以选用长方体、圆柱体或立方体。计算域越大外部流场边界导致的干扰就越小，船周围流动现象的描述也就越真实；然而，若计算域过大就会导致网格的数量过多，从而使得模拟计算时间过长。因此，当计算域的数值模拟收敛性较好，并且所建立的模型能够满足精度的要求即可[6-7]。本节选择长方体作为计算域，为了尽量减少计算过程中的回流现象，选择的计算域范围较大。其中，将进口与艏之间的距离设置为 490.50m，将出口和艉的距离设置为 981.00m，将吃水方向向下离基线的距离设置为 327.00m，向上离基线的距离设置为 163.50m。按照左右完全对称来进行分析计算，因此，可沿中间纵向截面选取一半模型进行计算，从而提高计算效率、降低计算成本。综上，计算域如图 6.8 所示。

图 6.8　计算域示意图（扫封底二维码查看彩图）

网格质量和网格数量的选择对模拟计算的精度和收敛性具有较大的影响，为了提高网格质量、减少网格数量，计算域的划分采用六面体结构网格，并将船舶模型划分为三段。其中，中间位置相对平滑，可以通过稀疏处理来控制网格数量；而艏段和艉段的曲率变化相对较大，需要对其进行加密处理。此外，对船体表面等物理量变化相对较大的位置进行了加密处理，从而更好地捕捉流场和自由表面的状态；并对物理远场进行了稀疏处理，以提高计算效率、降低计算成本。采用上述方法对计算域进行划分后，得到了计算域网格和船体表面网格，分别如图 6.9和图 6.10 所示，其中，不同的颜色表示网格的细密程度。

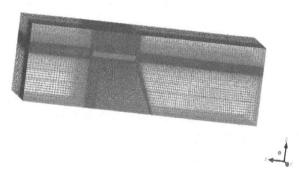

图 6.9　计算域网格示意图（扫封底二维码查看彩图）

图 6.10　船体表面网格示意图（扫封底二维码查看彩图）

在模拟计算中，网格质量的好坏起着重要的作用，计算过程中的回流、不收敛等现象往往是由网格质量差导致的。在使用 Fluent 进行仿真计算时，为了满足使用要求，网格质量越接近 1 越好，且不能出现负体积。此外，为了避免不收敛的情况发生，在划分模型计算域时，进行节点位置及数量的调整以获得最佳的网格质量。基于软件网格质量功能查看可知，模型计算域网格划分的质量可满足计算的要求。

2）计算参数设置

对于来流入口和出口，分别设置了压力入口及出口。此外，船体的上侧和下侧，以及其外部的流场设置成无滑移的壁面。由于本节所建立的模型为两相流的模型，静水面可选择采用明渠流动边界，并采用自由液位不分离进水口和进气口的方式，从而可以在模拟不同吃水条件下的船舶阻力时调整水位。另外，气液两相流的自由面由流体体积（volume of fluid，VOF）分数法模型进行捕捉。通过采用二阶迎风格式来实现动量方程中的瞬态项及对流项的离散化处理，其他项则使用一阶迎风格式，以增加收敛速度。另外，选择可缩放壁面函数（scalable wall functions）对湍流模型的近壁进行处理。采用监视器来实时观看船舶阻力的变化情况。时间步长设置越小，则每步的迭代次数越大，迭代越稳定，但是这样会增加仿真计算时间，尤其在模拟低航速船体阻力时，所需要的仿真时间会更长。经综合考虑，本案例选取时间步长为 0.01s，每步最大迭代次数为 30 次。待所有参数设置后，开始进行阻力仿真计算，以获得仿真计算结果。

3）收敛标准

结束仿真运算的条件是收敛，收敛意味着仿真已将流场校正到位。通过残差可以判断仿真计算是否收敛。然而，对于复杂的船舶阻力计算而言，不能仅通过残差来判断，还应该观察仿真计算的阻力是否逐渐趋于稳定，并分析能量是否达到守恒。阻力系数收敛曲线如图 6.11 所示，模型部分残差项在十几步的计算后便趋于收敛，并且，经过一段时间的迭代计算后，模型的阻力曲线已基本无波动，当计算完成时，阻力曲线基本稳定，质量流量基本守恒，仿真运算是收敛的。

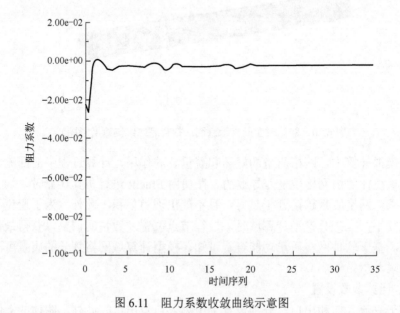

图 6.11　阻力系数收敛曲线示意图

4）分析与验证

为了验证船模阻力仿真计算的效果，我们分析了设计吃水、不同船舶航速下的船舶航行阻力。在进行计算分析时，首先对模型进行质量检查和设置，观察是否有模型破损等情况，检查和设置完成后，开展了模型阻力计算与分析，所获得的阻力计算结果如表 6.2 所示。阻力的仿真计算值和试验测试值的对比分析如图 6.12 所示，从图中可以看出，模型的误差较小，可以满足工程分析的精度要求。

表 6.2　阻力计算结果

弗劳德数 Fr	仿真计算值/kN	试验测试值/kN	计算误差/%
0.104	16.71	17.50	−4.51
0.114	20.37	21.03	−3.11
0.123	25.58	26.14	−2.14
0.132	30.26	30.23	0.10
0.141	35.89	34.44	4.21

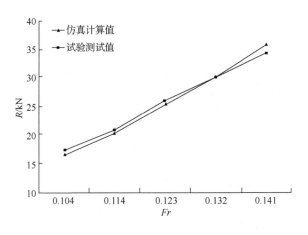

图 6.12　阻力对比分析

由于湍流模型的近壁面处理选择了壁面函数法，因此，需查看表面的 y^+ 分布情况是否符合要求。如图 6.13 所示，y^+ 值主要处于 30～100 的范围内，符合壁面函数的相关要求。

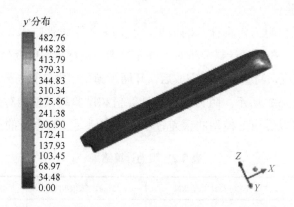

图 6.13　船体表面 y^+ 分布（扫封底二维码查看彩图）

6.3　船舶纵倾优化决策模型与算法

6.3.1　纵倾优化决策模型

根据纵倾优化分析角度的不同，纵倾优化模型可分为如下两种[8-9]。

（1）基于船舶航速及船舶吃水，获得最优主机功率时的船舶纵倾，即求取当前条件下的船舶主机最小输出功率时的船舶纵倾。

（2）基于主机输出功率和船舶吃水，获得船舶最快航速下的船舶纵倾，即求取当前条件下最快船舶航速时的船舶纵倾。

两种纵倾优化模型实现过程示意图如图 6.14 所示，本节主要采用第一种模型开展纵倾优化的建模及优化决策分析。

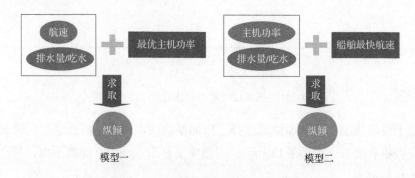

图 6.14　纵倾优化模型实现过程示意图

6.3.2　最佳纵倾智能决策算法

1. SVM 求解算法介绍

目前，SVM 理论发展较为成熟，获得了广泛的应用，并取得了较好的应用效果，因此，本节采用 SVM 算法来解决最佳纵倾优化决策问题[10]。SVM 算法基于非线性变换函数 $\phi(\cdot)$，将原始数据集映射到更高维度的特征空间，并建立回归曲线估计函数 $f(x)$，如式（6.11）所示。

$$f(x) = \tilde{\omega}\phi(x) + b \tag{6.11}$$

式中，$\tilde{\omega}$ 为特征空间的维数；$\tilde{\omega}\phi(x)$ 指的是向量的点积；b 表示偏置。

在 SVM 算法中，通常采用少量的支持向量来表示具有稀疏性的决策函数，为了减少样本点对决策函数的影响，引入不敏感损失函数。若某一点的观测值和预测值的差值小于预先给定值，则认为其是无损的。为了更清晰地描述此问题，可将回归估计函数 $f(x)$ 视为某一半径为 $\tilde{\varepsilon}$ 的管子的中心轴线，$f(x)+\tilde{\varepsilon}$ 则为该管的管壁，管壁上的点即为支持向量，它在函数 $f(x)$ 中起至关重要的作用[11]。

算法最终要得到一个能够使所有输出值和真实值的差值均不超过 $\tilde{\varepsilon}$ 的决策函数 $f(x)$。然而，实现此条件难度较大，可通过宽松条件来实现，故引入松弛变量 ξ_i、ξ_i^* 和惩罚系数 C，将求解决策函数转换成求解凸优化问题，具体如式（6.12）所示。

$$\min_{\tilde{\omega},b,\xi} \frac{1}{2}\|\tilde{\omega}\|^2 + C\sum_{i=1}^{N}(\xi_i + \xi_i^*)$$

$$\text{s.t.} \begin{cases} y_i - \tilde{\omega}\phi(x_i) - b \leqslant \tilde{\varepsilon} + \xi_i \\ \tilde{\omega}\phi(x_i) + b - y_i \leqslant \tilde{\varepsilon} + \xi_i^* \\ \xi_i \geqslant 0, \xi_i^* \geqslant 0 \, (i = 1, 2, \cdots, n) \end{cases} \tag{6.12}$$

惩罚系数 C 越大，则向超出 $\tilde{\varepsilon}$ 的数据施加更大的惩罚力度，为求解该问题，引入如式（6.13）所示的拉格朗日函数。

$$L_D = \frac{1}{2}\|\tilde{\omega}\|^2 + C\sum_{i=1}^{N}(\xi_i + \xi_i^*) - \sum_{i=1}^{N}\alpha_i\left(\tilde{\varepsilon} + \xi_i^* - y_i + \tilde{\omega}\phi(x_i) + b\right)$$
$$- \sum_{i=1}^{N}\alpha_i^*\left(\tilde{\varepsilon} + \xi_i^* + y_i - \tilde{\omega}\phi(x_i) - b\right) - \sum_{i=1}^{N}\left(\eta_i\xi_i + \eta_i^*\xi_i^*\right) \tag{6.13}$$

式中，α_i，α_i^*，η_i，ξ_i^* 为拉格朗日乘数。

通过拉格朗日函数将上述问题转换成一个对偶问题，而对偶问题属于凸二次规划的问题，该问题的可行域是非空的且是有界的集合，存在最优解。将式（6.13）

对 $\tilde{\omega}$，b，ξ，ξ_i^* 等求偏导，令其等于零，得到二次规划问题相应的对偶问题，如式（6.14）所示。

$$\max_{\alpha,\alpha^*} \left\{ L_D = -\frac{1}{2}\sum_{i=1}^{N}\sum_{j=1}^{N}(\alpha_i-\alpha_i^*)(\alpha_j-\alpha_j^*)K(x_i,y_j) \right.$$
$$\left. -\varepsilon\sum_{i=1}^{N}(\alpha_i+\alpha_i^*)+\sum_{i=1}^{N}y_i(\alpha_i-\alpha_i^*) \right\} \tag{6.14}$$

$$\text{s.t.} \begin{cases} \sum_{i=1}^{N}(\alpha_i-\alpha_i^*)=0 \\ 0\leqslant\alpha_i\leqslant C, 0\leqslant\alpha_i^*\leqslant C\ (i=1,2,\cdots,n) \end{cases}$$

其中，$K(x_i,y_j)=\phi(x_i)\phi(y_j)$ 为核函数，设 $\overline{a}_i^*=(\overline{a}_1,\overline{a}_1^*,\overline{a}_2,\overline{a}_2^*,\cdots,\overline{a}_l,\overline{a}_l^*)$ 为对偶问题的最优解，则决策函数如下所示：

$$f(x)=\sum_{x_i\in\text{SV}}(\overline{a}_i-\overline{a}_i^*)\cdot K(x_i,x)+b \tag{6.15}$$

其中，b 可通过式（6.16）计算获得。

$$b=\frac{1}{N_{\text{SV}}}\left(\sum_{0<\alpha_i<C}\left(y_i-\sum_{x_j\in\text{SV}}(\alpha_j-\alpha_j^*)K(x_j,x_i)-\varepsilon \right) \right.$$
$$\left. +\sum_{0<\alpha_i^*<C}\left(y_i-\sum_{x_j\in\text{SV}}(\alpha_j-\alpha_j^*)K(x_j,x_i)+\varepsilon \right) \right) \tag{6.16}$$

式中，N_{SV} 表示支持向量的数量，其中 SV 表示支持向量。

核函数的选取是 SVM 算法中的关键步骤，基于线性算子的非线性化处理，可以使求解绕过特征空间，从而可以有效避免非线性运算。此外，特征空间基于核函数确定，由于高斯核函数具有较宽的收敛域，并且无样本维数等要求，因此，选择其作为核函数，如式（6.17）所示。

$$K(x,x')=\exp\left(-\frac{\|x-x'\|^2}{2\sigma^2} \right) \tag{6.17}$$

式中，σ 为常实数。

2. 求解步骤与评价指标

基于 SVM 的船舶最佳纵倾优化决策模型的求解过程包括以下几个步骤。

步骤 1：获取不同船舶航速及纵倾状态下的船舶主机功率信息。

步骤 2：通过拟合获得不同航速和不同纵倾下的主机功率图谱。

步骤 3：采用 SVM 算法对模型进行求解，获得不同航速下船舶最优纵倾角曲线。

步骤 4：根据获得的船舶最优纵倾角曲线，输出当前航速状态下的船舶最佳纵倾值。

其中，通过 SVM 算法对模型进行求解，主要包括以下步骤。

步骤 1：设已知训练集 $T = \{(x_1, y_1), (x_2, y_2), \cdots, (x_n, y_n)\}$。

步骤 2：选择合适的惩罚系数、不敏感损失函数，以及适当的核函数。

步骤 3：构建并求解最优化问题，得到最优解。

步骤 4：构建决策函数，并进行分析计算。

通过采用均方根误差（root mean square error，RMSE）和相关系数 R^2 来分析评估 SVM 模型的拟合效果。

其中，RMSE 的计算公式如下：

$$\text{RMSE} = \sqrt{\frac{1}{n}\sum_{k=1}^{n}(y_k - y_k')^2} \tag{6.18}$$

此外，相关系数 R^2 的计算公式如下：

$$R^2 = 1 - \frac{\sum_{k=1}^{n}(y_k - y_k')^2}{\sum_{k=1}^{n}(y_k - \bar{y}_k)^2} \tag{6.19}$$

式中，n 为样本总量；y_k 和 y_k' 分别为第 k 个样本的真实值和预测值；$\bar{y}_k$ 为真实值的均值。

RMSE 可以用来描述预测值与真实值之间的偏差，RMSE 越小，精度越高；相关系数 R^2 分布区间为[0, 1]，R^2 越接近 1，表明拟合结果与原始数据关联度越强，即拟合效果越好。

3. 算法参数分析与选取

考虑到优化问题的对偶式中没有出现惩罚系数 C，因此，其取值对模型的推广能力影响较小。理论上，当 C 增大到一定值时，继续增大 C 对模型性能并无影响，所以对 C 值的选取应当使模型稳定且支持向量数变化不大[12]。当 ε 取 0.01 时，不同 C 值的模型精度评价结果如表 6.3 所示。

表 6.3　不同 C 值的模型精度评价结果

ε	C	支持向量个数	RMSE	相关系数 R^2
0.01	5000	15	1355.50	0.9701
	10000	21	680.89	0.9912
	20000	24	157.28	0.9995
	25000	25	105.01	0.9998
	30000	25	105.01	0.9998
	40000	25	105.01	0.9998

由表 6.3 可知，RMSE 随着惩罚系数 C 的增大而逐渐减小，R^2 逐渐增大，支持向量的数量逐渐增多，当惩罚系数 C 达到 25000 时，评价指标的数值和支持向量个数均已稳定，故该模型中 C 取值为 25000。然后，通过试验来确定核参数的取值，不同核参数所对应的评价指标值如表 6.4 所示。

表 6.4　不同核参数模型精度评价结果

ε	C	核参数	支持向量个数	RMSE	相关系数 R^2
0.01	25000	0.10	25	43.839	近似为 1
		0.15		38.322	近似为 1
		0.20		48.305	近似为 1
		0.30		320.788	0.998
		0.40		763.849	0.988

由表 6.4 可知，当 C 取为 25000 时，随着核参数的减小，RMSE 先减小后增大，在核参数为 0.15 时，RMSE 最小，R^2 近似为 1。核参数为 0.15 的功率图谱如图 6.15 所示。

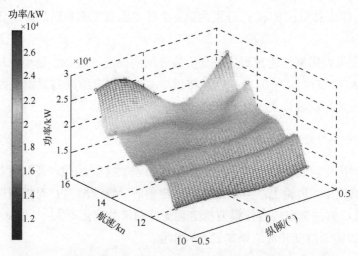

图 6.15　核参数为 0.15 时的功率图谱（扫封底二维码查看彩图）

由功率图谱可以看出，其拟合效果并不理想，曲面梯度太大，并有过拟合现象，此外，当纵倾角一定时，功率与航速的关系曲线波动过大，不符合功率与航速呈近似三次方的关系。

当核参数大于 0.4 时，RMSE 过大，不满足拟合精度要求。因此，选中间值 0.26 作为模型的核参数。在此情况下，RMSE 为 105.011，R^2 为 0.9998，其对应的功率图谱如图 6.16 所示。由此图可知，其曲面光滑平缓，拟合效果较好。

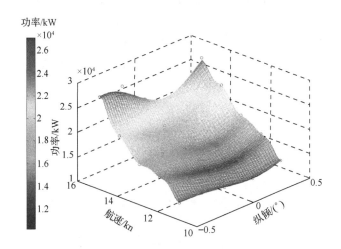

图 6.16　核参数为 0.26 时的功率图谱（扫封底二维码查看彩图）

6.3.3　最佳纵倾节能效果分析

1. 最佳纵倾船舶能耗分析

1）波浪增阻的估算

进行船舶仿真计算时并未考虑波浪对船舶阻力的影响，然而，分析纵倾节能效果时，需要考虑波浪增阻的影响。波浪增阻受浪的大小和方向等因素的影响，在特定海况条件下，船舶的平均有效功率增量 ΔP 可通过式（6.20）计算获得[13]。

$$\Delta P = 4.594(2\xi_w + 0.152)^2 \frac{C_B}{L/B} B \qquad (6.20)$$

式中，ξ_w 为特征浪高；C_B 为船舶方形系数；L 为水线长度；B 为船宽。

根据目标船的运行数据，采用式（6.20）对目标航段内的波浪增阻进行估算，结果如表 6.5 所示。

表 6.5　目标船波浪增阻估算结果

航段	航速/kn	平均风速/(m/s)	浪高/m	功率增量/kW
1	11.5	8.40	1.41	319.58
2	12.5	8.75	1.53	373.26

2）舵的阻力增额估算

航行环境的影响会使船舶发生横向的倾斜和移动，需控制舵角来维持船舶的正常航向[14]。如图 6.17 所示，当打一定的舵角时，舵叶上会产生水动力，舵的作用力由舵的正压力 P_N 和平行于舵纵向截面的切向力 P_T 合成，由于切向力值很小，因此，舵的作用力大小和方向与正压力近似相同。此外，舵的阻力为沿前进方向的舵力分量 P_D，舵的升力则为分量 P_L。

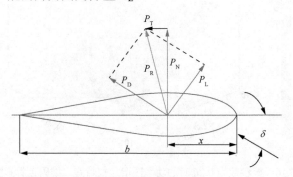

图 6.17　舵力分布图

平板舵的正压力 P_N 和舵前缘到压力中心的距离 x 可通过式（6.21）和式（6.22）估算。

$$P_N = 576.2 A_r v_r^2 \sin \delta \tag{6.21}$$

$$x / b = 0.195 + 0.305 \sin \delta \tag{6.22}$$

式中，δ 为舵角；A_r 为舵面积；v_r 为舵的前进速度；x 为舵前缘到压力中心的距离；b 为舵的弦长。

施加在舵上的正压力计算如下。

$$P_N = \frac{1}{2} \rho A_r v_s^2 (1-\omega)^2 \left(1 + 3.6 s^{1.5}\right)^2 C_N \sin \delta \tag{6.23}$$

$$C_N = \frac{6.13 \lambda}{\lambda + 2.25} \tag{6.24}$$

式中，C_N 为舵的升力系数；λ 为舵的展弦比；ρ 为海水密度；s 为滑失比；ω 为伴流系数。

此外，存在以下关系：

$$P_N \approx P_R \tag{6.25}$$

$$P_D = P_R \sin \delta \tag{6.26}$$

式中，P_R 为舵的作用力；P_D 为沿前进方向的舵力分量。

综合式（6.21）～式（6.26），舵的阻力增额可通过式（6.27）进行计算获得

$$\Delta P_D = \frac{1}{2} \rho A_r v_s^2 (1-\omega)^2 \frac{6.13\lambda}{\lambda + 2.25}(1 + 3.6 s^{1.5}) \sin^2 \delta \tag{6.27}$$

2. 最佳纵倾节能效果分析

计算船舶在一定时间内的油耗量，可量化船舶最佳纵倾的节能效果。其中，船舶油耗量可通过式（6.28）获得。

$$Q = P g_{main} t \tag{6.28}$$

式中，Q 为燃油消耗量；P 为主机输出功率；g_{main} 为主机油耗率；t 为航行时间。

主机油耗率主要与转速和主机输出功率有关，其中，主机输出功率与主机油耗率拟合曲线如图 6.18 所示。

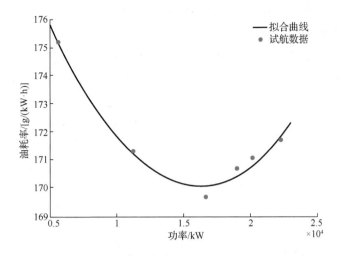

图 6.18　主机输出功率与主机油耗率拟合曲线

目标船的主机转速主要为 50～70r/min，主机功率主要为 9000～15000kW，通过对采样点进行插值，可得到目标船的油耗率曲线，如图 6.19 所示。

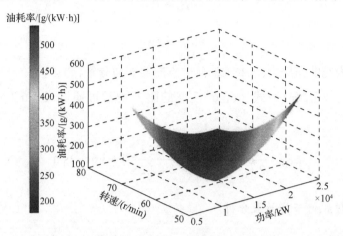

图 6.19　主机油耗率曲线（扫封底二维码查看彩图）

　　根据上述船舶最佳纵倾优化决策方法，通过计算可获得最佳纵倾时的船舶主机输出功率，并根据燃油消耗率曲线可以获得主机的燃油消耗率；最后，可计算获得航段内的油耗量。基于船舶的基本参数和上述纵倾优化方法，以及能耗分析过程，可以通过理论计算分析获得船舶纵倾优化节能效果。研究结果表明，相对于平吃水状态，船舶以最佳纵倾角度航行时，能够降低燃油消耗 5%左右。

　　需要指出的是，理论计算节能效果由于忽略了一些实际的影响因素，计算模型具有一定的误差，使得与实际营运节能效果有一定的差异，航行环境或运行工况等因素也会影响纵倾优化的节能效果。另外，本章的优化效果是相对于平吃水状态进行分析，而现有营运船舶通常具有一定的倾角，实际节能效果可能会有所不同，因此，纵倾优化的实际节能效果有待进一步开展实船验证分析。

6.4　本章小结

　　本章采用 CFD 仿真计算方法，开展了不同载况条件下的船舶静水阻力预报分析。在此基础上，建立了船舶纵倾优化决策模型，提出了基于 SVM 算法的船舶纵倾智能优化决策方法，并开展了纵倾节能效果理论计算分析。结果表明，通过采用纵倾智能优化决策技术可以改善船舶航行阻力性能，相比于平吃水状态，船舶以最佳纵倾角度航行时，可以有效降低船舶燃油消耗，对提高船舶的绿色化水平具有重要意义。

参 考 文 献

[1]　王欢. 基于 CFD 的船舶纵倾节能研究[D]. 大连: 大连海事大学, 2019.

[2]　SHERBAZ S, DUAN W Y. Ship trim optimization: Assessment of influence of trim on resistance of MOERI container ship[J]. The Scientific World Journal, 2014(3): 72-78.

[3]　刘伊凡, 张剑, 张跃文. 纵倾优化下的船舶能效数值模型[J]. 船舶工程, 2015, 37(12): 31-34, 91.

[4]　王绪明, 刘维勤, 吴昊, 等. 船舶智能纵倾控制系统[J]. 中国航海, 2018, 41(3): 59-62, 75.

[5]　CORADDU A, ONETO L, BALDI F, et al. Vessels fuel consumption forecast and trim optimization: A data analytics perspective[J]. Ocean Engineering, 2017, 130: 351-370.

[6]　倪崇本. 基于 CFD 的船舶阻力性能综合研究[D]. 上海: 上海交通大学, 2011.

[7]　肖丹. 基于 CFD 的船舶阻力性能研究[D]. 大连: 大连理工大学, 2014.

[8]　DU Y Q, MENG Q, WANG S A, et al. Two-phase optimal solutions for ship speed and trim optimization over a voyage using voyage report data[J]. Transportation Research Part B: Methodological, 2019, 122: 88-114.

[9]　SUN J L, TU H W, CHEN Y N, et al. A study on trim optimization for a container ship based on effects due to resistance[J]. Journal of Ship Research, 2016, 60(1): 30-47.

[10]　杨海. SVM 核参数优化研究与应用[D]. 浙江: 浙江大学, 2014.

[11]　TAY F E H, CAO L J. ε-Descending support vector machines for financial time series forecasting[J]. Neural Processing Letters, 2002, 15(2): 179-195.

[12]　魏峻. 一种有效的支持向量机参数优化算法[J]. 计算机技术与发展, 2015, 25(12): 97-100, 104.

[13]　朱城锜. 基于泰勒展开边界元法的船舶波浪增阻计算分析研究[D]. 哈尔滨: 哈尔滨工程大学, 2018.

[14]　杜嘉立. 船舶原理[M]. 大连: 大连海事大学出版社, 2016.

第7章 船舶能效联合智能优化方法

由于单一航行优化方法的能效优化效果有限，为了进一步提高船舶能效水平，本章提出了基于船舶航线航速联合优化的船舶能效智能优化方法。在此基础上，充分考虑航行环境及运行条件的时变性，提出了基于时空分布特征分析的船舶航线航速动态联合优化方法，其可以实现复杂多变条件下船舶能效的动态优化与智能决策，从而进一步挖掘船舶能效的提升潜力。

7.1 船舶航线航速联合智能优化方法

7.1.1 航行海域网格化

船舶在海上航行时，采用大圆航线航行可缩短航行距离，但沿此航线航行不一定是最节能的，因为船舶海上航行时的油耗时刻受航行海域气象与海洋环境等因素的影响，这些因素又随季节变化而具有很强的不确定性。因此，通过结合气象服务机构提供的实时气象与海洋环境数据，决策出最佳的航行路线，可在保证船舶航行安全的条件下，提高船舶能效水平。另外，船舶在不同的航行环境条件下航行时，油耗量随船舶航速的变化而变化。因此，船舶航线与航速都会对船舶能效水平产生一定影响。为了确保船舶在不同的航行条件下都能达到最佳的能效水平，需要进行多变航行环境条件下船舶航线与航速的联合优化决策[1-2]。综上所述，通过船舶航线和航速的联合优化决策，可以进一步提高船舶的能效水平，具体实现过程如图7.1所示。

通过相关船载传感器可以获得船舶营运能效信息，其中，通过燃油流量计获取燃油消耗数据，通过计程仪获取航程数据，通过轴功率计获取轴功率数据，通过GPS获取船舶位置数据等，此外，通过ECMWF获得船舶航行海域实时的气象数据，包括风速、风向和浪高等。首先，基于所获取的能效相关数据信息，建立考虑多环境因素的船舶能耗模型；然后，将船舶航行海域根据经纬度值进行网格划分，并获取不同网格位置的实时海洋气象信息；最后，建立船舶航线航速联合优化模型，以航次油耗最低为优化目标，采用智能优化算法决策出船舶航行所经过的最佳网格位置，以及不同网格位置之间对应的航速，从而实现船舶航线与航速的联合优化决策。

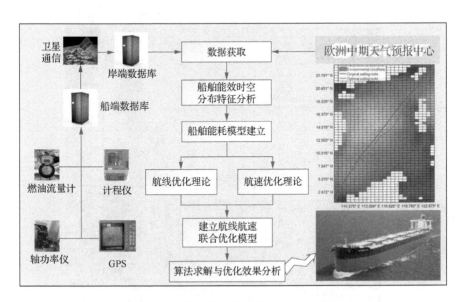

图 7.1　船舶航线航速联合优化实现过程

（扫封底二维码查看彩图）

为了实现船舶航线航速的联合优化，并充分考虑航行距离和实际运营管理情况，需要将航行区域划分为大小适当的网格，即进行网格化处理，将海域在经度变化方向划分为 M 列网格，并设置纬度变化方向上的网格宽度与经度变化方向上的网格宽度相同，如图 7.2 所示。船舶在航行海域内的起始位置和终止位置是已知的，即该海域内的 A 点和 B 点位置。因此，船舶航线航速联合优化问题需要优化的变量包括 $M-2$ 个航行位置变量和 $M-1$ 个航速变量，基于这些变量的寻优以实现船舶航行路径和航速的联合优化，可以进一步提高船舶能效水平。

在图 7.2 中，白色区域表示陆地，其他颜色表示海洋，粗实线条代表船舶在未优化前的航线轨迹。以船舶 A 点到 B 点的油耗最低为目标进行优化决策，细实线上的位置点代表优化后船舶航线所对应的航路点，每两个航路点之间为一个航段，将所有航路点连接起来就构成了优化后的航线。

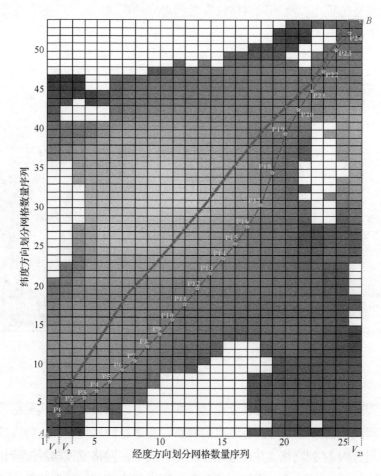

图 7.2　船舶航线航速联合优化示意图（扫封底二维码查看彩图）

7.1.2　联合优化模型

要计算船舶在整个航线上的油耗，需要先计算船舶在每个航段上的航行距离。因为 ECMWF 提供的气象信息是经纬度格点的形式，所以需要将航行海域进行网格化处理。然而，地球是椭球体，高纬度区域的经纬度线密度远大于低纬度区域的经纬度线密度，从而导致不同的网格在地理上的大小和网格之间的实际距离不相等。因此，需要通过经纬度来计算任意两个网格之间的实际距离。在计算从位置 A 到位置 B 的整个航程的航行距离时，需要计算每个航段的距离，然后进行加和便可以获得整个航次的航行距离，其中，每个航段的航行距离可以通过式（7.1）进行计算。

$$S_{i,i+1} = R_{\mathrm{e}} 2a \sin \left(\sqrt{\left(\sin \left(a/2 \right)^2 \right) + \cos \left(x_i \, \pi/180 \right) \cos \left(x_{i+1} \, \pi/180 \right) \sin \left(b/2 \right)^2} \right)$$

$$\tag{7.1}$$

式中，$S_{i,i+1}$ 表示位置 $P_i(x_i, y_i)$ 和位置 $P_{i+1}(x_{i+1}, y_{i+1})$ 之间的航行距离；x 指的是纬度，x_i 表示第 i 个位置点的纬度；R_{e} 表示地球半径；a 和 b 可以分别通过式（7.2）和式（7.3）获得。

$$a = x_i \, \pi/180 - x_{i+1} \, \pi/180 \tag{7.2}$$

$$b = y_i \, \pi/180 - y_{i+1} \, \pi/180 \tag{7.3}$$

式中，y_i 表示第 i 个位置点的经度。

　　计算获得航行距离后，再结合船舶单位航行距离的油耗计算方法，便可求得船舶整个航次总的油耗量，如式（7.4）所示。

$$Q_{\mathrm{total}} = \sum_{i=0}^{m} \left(q_{i,i+1} S_{i,i+1} \right) \tag{7.4}$$

式中，Q_{total} 表示位置 A 和 B 之间的总油耗；$q_{i,i+1}$ 表示位置 $P_i(x_i, y_i)$ 和 $P_{i+1}(x_{i+1}, y_{i+1})$ 之间的船舶单位距离油耗量，其是航速 $V_{i,i+1}$ 及航行位置 $P_i(x_i, y_i)$ 和位置 $P_{i+1}(x_{i+1}, y_{i+1})$ 区间内航行环境的函数；$S_{i,i+1}$ 表示位置 $P_i(x_i, y_i)$ 和位置 $P_{i+1}(x_{i+1}, y_{i+1})$ 之间的航行距离。

　　通过上述方法得到每个航段上的航行距离之后，整个航次的总航行时间可由航线上各航段航行时间求和获得，如式（7.5）所示。

$$T_{\mathrm{total}} = \sum_{i=0}^{m} T_{i,i+1} = \sum_{i=0}^{m} \left(S_{i,i+1}/V_{i,i+1} \right) \tag{7.5}$$

式中，T_{total} 为位置 A 和位置 B 之间的总航行时间；$T_{i,i+1}$ 为位置 $P_i(x_i, y_i)$ 和 $P_{i+1}(x_{i+1}, y_{i+1})$ 之间的总航行时间；$S_{i,i+1}$ 表示位置 $P_i(x_i, y_i)$ 和位置 $P_{i+1}(x_{i+1}, y_{i+1})$ 之间的航线距离；$V_{i,i+1}$ 为位置 $P_i(x_i, y_i)$ 和位置 $P_{i+1}(x_{i+1}, y_{i+1})$ 之间的航速。

　　基于前文所构建的考虑多因素的船舶主机油耗模型，可计算获得不同环境条件下、不同航线及航速下的船舶航次总油耗和总航行时间。航线航速的联合优化是一个非线性的优化问题，所建立的联合优化模型的优化目标和约束条件如式（7.6）～式（7.9）所示。

$$\min \quad Q_{\mathrm{total}} = \sum_{i=0}^{m} \left(q_{i,i+1} S_{i,i+1} \right) \tag{7.6}$$

$$\sum_{i=0}^{m}\left(S_{i,i+1}/V_{i,i+1}\right)<T_{\text{limit}} \tag{7.7}$$

$$N_{\min}<f_{\text{rpm}}\left(V_{i,i+1}\right)<N_{\max} \tag{7.8}$$

$$V_{\min}<V_{i,i+1}<V_{\max} \tag{7.9}$$

式中，T_{limit} 为最大允许航行时间，即船期要求；$N_{\min}$ 为主机最小转速；$N_{\max}$ 为主机最大转速；$f_{\text{rpm}}\left(V_{i,i+1}\right)$ 表示位置 $P_i(x_i,y_i)$ 和位置 $P_{i+1}(x_{i+1},y_{i+1})$ 之间航段的船舶主机转速。

式（7.6）是船舶航线航速联合优化的目标函数，其优化变量为各航段的航速和位置。此外，约束条件式（7.7）可以确保船舶能够在要求的时间内完成整个航程，约束条件式（7.8）和式（7.9）分别代表与发动机转速和船舶航速相关的物理限制。

船舶航线与航速的联合优化是一个多变量、多约束的复杂非线性优化问题，采用常规方法难以获取该模型的最优解。随着智能技术的快速发展，群智能优化算法可以实现此类问题的求解，因此，本节采用群智能优化求解算法来实现船舶航线及航速的联合优化与智能决策。

7.1.3　联合智能优化算法

目前，有多种智能算法可以实现复杂非线性优化问题的求解，包括蚁群算法、模拟退火算法和粒子群优化算法等。其中，粒子群优化算法是一种应用较多的随机搜索算法，其具有较强的全局最优解搜索能力。该算法通过学习和模仿生态环境中鸟类群体的捕食行为来实现优化问题的求解。在该算法中，将可能的解看作鸟类群体中的个体，通过模拟鸟类群体寻找食物的行为在解的范围内寻找最优解。每个粒子都有自己独特的速度，决定了粒子的飞行方向和距离，并且粒子本身具有由适应度函数决定的适应值。最终，粒子群优化算法能够找到全局最优解，从而解决优化问题。船舶航线和航速的联合智能优化问题涉及多个变量和约束条件，因此，可以选择粒子群优化算法进行船舶航线航速联合优化模型的求解，从而实现船舶航线和航速的联合智能优化决策。

1. 联合智能优化算法设计

假设航线与航速联合智能优化是一个 M 维搜索空间，可设置有 N 个粒子的粒子群，其中，第 i 个粒子是一个 M 维向量，如式（7.10）所示。

$$X_i=\left(x_{i1},x_{i2},\cdots,x_{iM}\right),\ i=1,2,\cdots,N \tag{7.10}$$

同样，第 i 个粒子的飞行速度也可以表示为

$$V_i = (v_{i1}, v_{i2}, \cdots, v_{iM}), \quad i = 1, 2, \cdots, N \tag{7.11}$$

此外，第 i 个粒子最新搜索到的最优飞行位置为粒子的个体极值，可记为

$$p_{\text{best}} = (p_{i1}, p_{i2}, \cdots, p_{iM}), \quad i = 1, 2, \cdots, N \tag{7.12}$$

另外，整个粒子群最新搜索到的最优飞行位置为粒子群的群体极值，可表示为

$$g_{\text{best}} = (g_1, g_2, \cdots, g_M) \tag{7.13}$$

获得上述极值后，可采用式（7.14）和式（7.15）进行粒子的飞行速度和飞行位置的更新。

$$V^{k+1} = \omega V^k + c_1 r_1 (p_{\text{best}}^k - X^k) + c_2 r_2 (g_{\text{best}}^k - X^k) \tag{7.14}$$

$$X^{k+1} = X^k + V^{k+1} \tag{7.15}$$

式中，k 表示当前迭代次数；p_{best} 表示个体极值；g_{best} 表示群体极值；X 表示粒子的位置；V 表示粒子的速度；c_1 和 c_2 表示加速常数；r_1 和 r_2 是随机数，其主要作用是增加粒子飞行的随机性；ω 是惯性权重。

通过动态调整惯性权重，可以使算法快速且较为精准地收敛到全局最优解。惯性权重的动态调整可通过式（7.16）来实现。

$$\omega = \omega_{\max} - \frac{(\omega_{\max} - \omega_{\min})t}{T_{\max}} \tag{7.16}$$

式中，$\omega_{\max}$ 表示最大惯性权重；$\omega_{\min}$ 表示最小惯性权重；k 表示当前迭代次数；$T_{\max}$ 表示最大迭代次数。

2. 联合优化算法实现流程

船舶航线航速联合优化算法基于群智能理论，通过粒子间的协作来获取多约束多变量非线性优化问题的最优解，具体实现流程如图 7.3 所示，主要包括以下几个步骤。

步骤 1：对联合优化算法相关参数进行初始化设置，包括群体的规模、惯性权重、加速系数，以及粒子的初始飞行位置和速度等。

步骤 2：基于优化目标，根据适应度函数计算获得各粒子的适应度值。

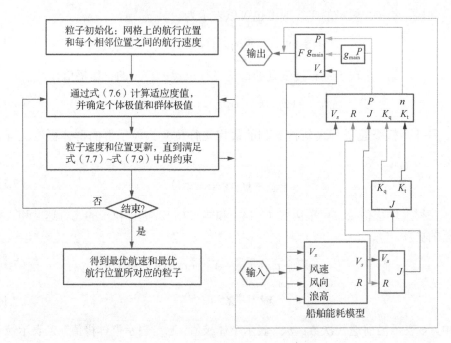

图 7.3　联合智能优化算法流程图

步骤 3：将每个粒子的适应度值与个体极值和群体极值进行比较。如果其适应度值优于个体极值或群体极值，则用该适应度值替换个体极值或群体极值，并将该粒子的状态保存下来。

步骤 4：根据式（7.14）和式（7.15）进行粒子飞行速度和飞行位置的更新。

步骤 5：算法会在每一步计算后检查是否满足终止准则，如果满足就输出最优解并结束寻优，如果不满足就继续返回步骤 2，直到满足终止准则为止。

7.1.4　联合优化案例分析

1. 航行海域网格化处理

船舶在航行中主要有机动航行和定速航行等航行状态。机动航行通常发生在进出港口或狭窄水道，此时船舶需要根据实际情况来灵活调整航线和航速。在这种情况下，船舶通常不进行航线和航速的优化。当船舶在开阔海域航行时，各种条件比较稳定，适于进行航线和航速的优化决策与控制，以提高其航行效率和经济性。因此，如果船舶在目标海域处于定速航行状态，则可进行航线和航速的联合优化决策控制，从而有效地提高船舶的能效水平。

为了实现船舶航线和航速的联合优化，首先需要对船舶航行海域进行网格化处理，主要是根据船舶的经纬度将海域划分成大小合适的网格，以便于进行优化计算。联合优化的目标是确定最佳的网格位置和相邻位置之间的船舶航速，以在满足航行时间要求的同时降低整个航程的船舶燃油消耗和 CO_2 排放量。为了确保航行海域数据的准确性，可采用预报中心提供的气象信息的最小精度（0.125°×0.125°）。但是在实际使用中，需要根据实际需求进行航行海域的网格化处理。然而，网格大小的确定需要考虑船舶运营的实际情况和智能优化算法的计算效率。为了确定合适的网格大小，开展了不同网格大小情况下智能优化算法的收敛性和准确性测试，主要包括以下三种网格划分情况，分别为：①在经度方向划分为 22 格，在纬度方向划分为 54 格；②在经度方向划分为 26 格，在纬度方向划分为 54 格；③在经度方向划分为 30 格，在纬度方向划分为 54 格。

　　不同网格情况下算法收敛测试结果如图 7.4 所示，由图可见，不同的网格尺寸的收敛结果有所不同。较大的网格尺寸使得算法收敛速度更快，迭代次数更少，然而优化结果的精度会受到影响，优化后整个航程的油耗也会相应地增加，油耗优化效果仅为 3.5%。相反，较小的网格尺寸可以提高优化结果的精度，油耗优化效果可达 4.6%，但同时其也会增加迭代次数，从而降低算法的计算效率。此外，若网格较小，则优化的船舶航速和航行位置变量过多，会导致船舶航速和航线调整过于频繁，不利于船舶的实际操作。综合以上因素考虑，可选取目标海域的网格划分方案为在经度方向划分为 26 格，在纬度方向划分为 54 格。

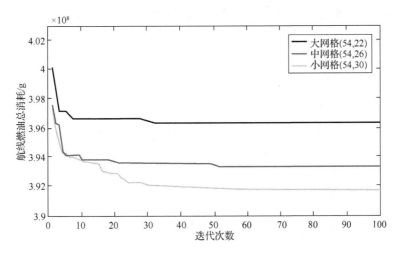

图 7.4　不同网格情况下算法收敛测试结果（扫封底二维码查看彩图）

2. 联合优化结果

在目标海域网格化处理的基础上，基于上述的 PSO 算法，可实现船舶航线航速联合优化模型的求解，主要包括以下步骤。

步骤 1：进行粒子的初始化。根据网格划分结果，在经度和纬度方向上分别划分 26 个和 54 个位置点，基于这些位置点，算法初始化 N_s 个具有 49 维的粒子。其中，前 24 维表示粒子的位置，后 25 维表示相邻网格之间的船舶航速，每个粒子的速度是随机产生的。需要注意的是，经过优化计算后，粒子的位置在经度变化方向上严格处于网格格点之上，但在纬度变化方向上可能位于相邻网格之间。

步骤 2：计算粒子的适应度值。以式（7.6）为适应度函数来计算粒子的适应度值，此适应度值即为船舶航次总油耗，油耗计算可通过所建立的油耗模型来实现。在此基础上，确定个体极值和群体极值。然后，将每个粒子的适应度值与个体极值和群体极值进行比较，从而获得更新后的粒子最佳位置。

步骤 3：更新粒子的速度和位置。可基于式（7.14）和式（7.15）动态更新粒子的速度和位置，不断进行此过程，直到满足式（7.7）～式（7.9）中的时间限制和船舶运行物理限制。

步骤 4：迭代运算和终止。判断算法是否满足终止条件，如果满足终止条件，则算法结束，并输出最终的优化结果；反之，则返回步骤 2 继续进行迭代运算，直到满足算法的终止条件为止。

联合优化模型智能求解算法的相关参数设置如表 7.1 所示。通过前文所建立的航线航速联合优化模型和智能求解算法，可以获得船舶航线航速联合优化结果，包括最佳航行位置和相邻位置间的最佳航速，通过获得船舶划分网格上的船舶最佳航行位置，可获得船舶的最优航线。图 7.5 展示了目标航次船舶原始航线和采用联合优化方法获得的最优航线。

表 7.1　联合优化模型智能求解算法的相关参数

名称	参数
加速常数 c_1	2
加速常数 c_2	2
最大惯性权重 ω_{max}	0.9
最小惯性权重 ω_{min}	0.4
最大迭代次数 $iter_{max}$	100

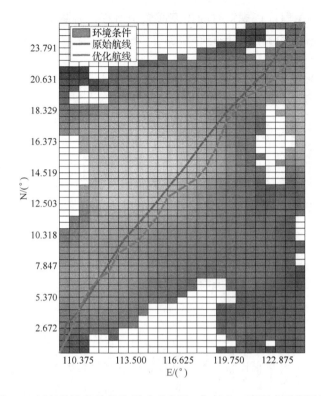

图 7.5　目标航次航线优化前后示意图（扫封底二维码查看彩图）

3. 优化结果分析

　　基于优化结果可知，采用船舶航线和航速的联合优化方法所得出的最优航线与原航线相比，整体方向和趋势相似，但在某些航路点位置上有所不同，经过优化后的航线避开了环境较为恶劣的海域，其可证实联合优化方法的有效性。该方法可以综合考虑多种环境因素的影响，提高船舶的能效水平，并可以有效规避气象条件恶劣的海域，提高船舶的安全性。

　　此外，为了分析验证船舶航线及航速优化的节能效果，进行了优化前后船舶航速及油耗的对比分析，其中，不同位置的原始航速和优化航速对比分析如图 7.6 所示，原始航线相邻位置和优化后最佳航线相邻位置的船舶油耗量对比分析如图 7.7 所示。可以看出，在整条航线上，优化后的总油耗相比优化前有所降低，但是在部分航段上，优化后的油耗会高于优化前的油耗。这是因为在联合优化模型中，时间约束是非常重要的一项，船舶需要在规定的时间内完成整个航程，同时又需要保证整条航线的船舶能效水平最佳，因此，在部分航段上需要进行船舶航速和燃油消耗的权衡与折中。例如，在优化后的航线中，部分航段较原航线航行距离更长，为了保证在规定时间内完成整个航程，需要适当提高船舶航速，进而会导致该航段内的船舶油耗略有增加。

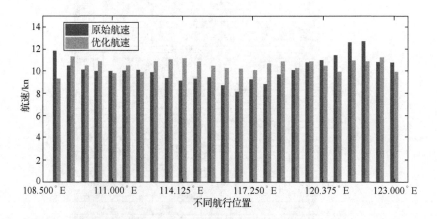

图 7.6　优化前后相邻位置点间船舶航速对比分析（扫封底二维码查看彩图）

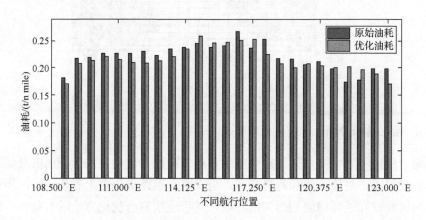

图 7.7　优化前后相邻位置点间船舶油耗量对比分析（扫封底二维码查看彩图）

　　此外，部分航段虽然航行距离较短，但由于环境条件较为恶劣，因此油耗也会略有增加。例如，航段 11～13、航段 15、航段 19 和航段 21～23。除了这些航段外，大部分航段在优化后的油耗都低于在原航线航行情况下的油耗。船舶的燃油消耗受到航速和多种环境因素的综合影响，因此，在进行船舶燃油消耗的优化时，需要综合考虑多种因素，以得到全局最优解。

　　图 7.8 对比分析了船舶在原航线的 CO_2 排放量与优化航线的 CO_2 排放量，从图 7.7 和图 7.8 可以看出，不同的航行环境条件和航速会影响船舶油耗和 CO_2 排放量，因此，充分考虑航行环境条件的影响，通过航线和航速的联合优化可以有效提高船舶能效水平，并降低 CO_2 排放量。

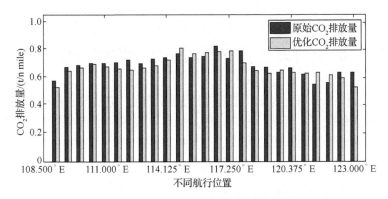

图 7.8　优化前后相邻位置点间的船舶 CO_2 排放量对比分析

（扫封底二维码查看彩图）

为了进一步验证船舶航线与航速联合优化方法的有效性，开展了联合优化前后目标航次船舶燃油消耗总量和 CO_2 排放总量的对比分析，如表 7.2 所示。

表 7.2　联合优化前后燃油消耗和 CO_2 排放总量对比分析

项目	航程 /n mile	平均航速 /kn	航次油耗总量 /t	CO_2 排放总量 /t
原始航线	1858.80	10.35	410.80	1279.23
优化后航线	1889.80	10.53	393.33	1224.83
优化效果/%	—	—	4.25	4.25

根据上述分析结果可知，基于联合优化方法获得的最佳航线在航行距离方面比原始航线长，主要原因为原始航线没有考虑气象海况对船舶能耗的影响，而更注重于实现航行距离最短的目标。所采用的航线航速联合优化模型充分考虑了气象海况对船舶燃油消耗的影响，优化后的航线可以避开恶劣气象海域，然而这也导致了航行距离的增加。此外，在联合优化模型中，航行时间受到限制，为了满足船舶航行时间的要求，优化后船舶在整条航线上的平均航速要略高于原始航线上的平均航速。但是，相较于原始航线及航行模式，采用这种优化方法可降低燃油消耗约 4.25%，单航程可节省燃油约 17.47t，具有较好的节能效果。因此，采用航线和航速联合优化方法可有效降低船舶营运成本，进而可以提高航运企业的经济效益。

另外，根据 CO_2 对比分析结果可知，与原始航行模式相比，采用船舶航线航速联合优化方法可减少船舶 CO_2 排放量 54.4t，因此，船舶航线和航速联合优化方法可以有效降低船舶温室气体排放。

7.2　时变要素影响下船舶能效动态联合优化方法

船舶营运能效水平受航行环境等多因素的影响，这些因素往往具有一定的时空差异性和多变性[3-4]。因此，考虑时变航行环境要素和运行条件影响的船舶航线航速动态联合智能优化方法，可以进一步挖掘船舶能效提升的潜力，对提高船舶营运的经济性，以及降低 CO_2 排放量具有重要意义[5-6]。

7.2.1　船舶能效时空分布特征分析

船舶能效时空分布特征分析是实现船舶能效动态联合优化的关键。在船舶航行环境和运行状态数据时空分布分析的基础上，可以挖掘船舶能耗与航行条件等因素的动态特性，从而为船舶航线航速动态联合优化方法的研究奠定基础[7]。

1. 能效数据获取

为了分析航行环境及能源消耗等参数的时空分布特征，需获取以下数据：①航行数据，包括船舶航速和航行轨迹等；②动力系统运行数据，包括主机转速、轴功率、油耗等能效相关数据；③航行环境数据，包括风速、风向、浪高等。其中，使用 GPS 获取船舶航行轨迹；由计程仪获得船舶航速；通过轴功率仪获得轴功率；采用燃油流量计对船舶油耗量进行测量。此外，通过 ECMWF 获取航行环境数据。能效相关数据的具体采集方式及传感器的安装位置如表 7.3 所示，所获得的数据可用于实时显示和辅助决策分析。同时，数据采集系统可将采集到的数据打包发送到岸上的数据信息平台，为船舶运营管理的分析与决策提供数据支持。

表 7.3　具体采集方式及传感器的安装位置

采集数据名称	采集设备	安装位置	设备示意图
航行轨迹	GPS	驾驶台	
船舶航速	计程仪	船底及驾驶台	

续表

采集数据名称	采集设备	安装位置	设备示意图
轴功率	轴功率仪	轴系	
油耗	燃油流量计	燃油管路	

2. 时空分布特征分析

航行区域内不同位置复杂多变的航行环境对船舶航行阻力的影响不同，从而影响船舶的能耗水平。因此，有必要分析航行区域内环境要素和船舶能耗的时空分布特征，以便进行航线及航速的动态联合优化，从而进一步降低船舶能耗。本章以印尼巽他海峡到中国舟山航行区域为例，开展航行环境及目标船舶能耗的时空分布特征分析。

目标船配备了上述船舶能效数据采集系统，可获取所需的船舶导航数据、能效数据和航行环境数据等。为了保证浪高、风速、风向信息获取的准确性，采用 ECMWF 获取的环境信息作为数据源，并采用最小的网格间隔 0.125°×0.125°。为了保证数据的有效性，对数据进行了清洗和预处理，包括：①对异常值进行识别和处理；②由于船舶采集的数据与气象数据的时间间隔和位置数据不一致，采用三维线性插值方法获取航区不同位置及不同时间的实时气象动态数据。

通过采用上述数据处理方法，所获得的部分有效数据如表 7.4 所示。

表 7.4　部分有效数据

数据采集日期	经度 /(°)	纬度 /(°)	轴功率 /kW	航速 /kn	油耗 /(g/m)	风速 /(m/s)	风向 /(°)	浪高 /m
2015-12-28 10:00	108.446 E	3.226 N	10380	11.80	104.33	7.54	228.58	1.55
2015-12-28 10:10	108.466 E	3.254 N	10450	11.90	100.87	7.60	228.05	1.57
2015-12-28 10:20	108.485 E	3.281 N	10670	11.90	106.04	7.66	227.55	1.58
2015-12-28 10:30	108.504 E	3.307 N	10610	11.80	99.11	7.73	227.07	1.60
2015-12-28 10:40	108.524 E	3.335 N	10500	11.90	100.87	7.79	226.60	1.61
2015-12-28 10:50	108.543 E	3.361 N	10390	11.80	106.94	7.86	226.15	1.63
2015-12-28 11:00	108.563 E	3.387 N	10350	11.90	98.28	7.94	225.69	1.64
...	...	...	...	...	...	...	...	...

　　基于上述数据分析获得的风速和浪高信息的时空分布情况分别如图 7.9 和图 7.10 所示，从图中可以看出，不同航行位置和不同时段的风速和浪高存在明显差异，这些航行环境的差异将影响船舶的能源消耗。当航行环境恶劣时，会导致船舶阻力的增加，从而增加船舶的能耗。此外，船舶的能耗也与船舶航速有关。因此，实现船舶航线航速的动态联合优化对进一步挖掘船舶能效的提升潜力至关重要。其关键是充分考虑航行环境的时空分布特征，实现船舶在不同航线和航速下的能耗预测，进而采用船舶航线航速动态联合智能优化算法，实现船舶能效的动态优化决策与控制。

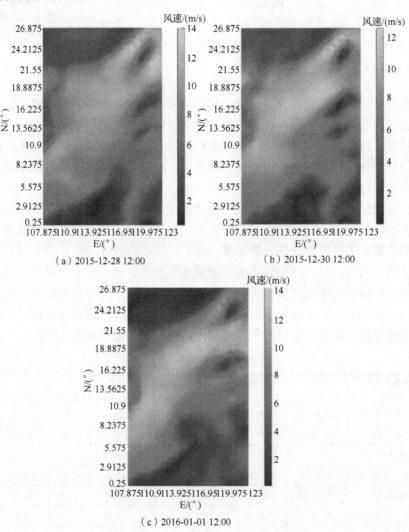

（a）2015-12-28 12:00　　　　　　　　　（b）2015-12-30 12:00

（c）2016-01-01 12:00

图 7.9　部分风速的时空分布特征（扫封底二维码查看彩图）

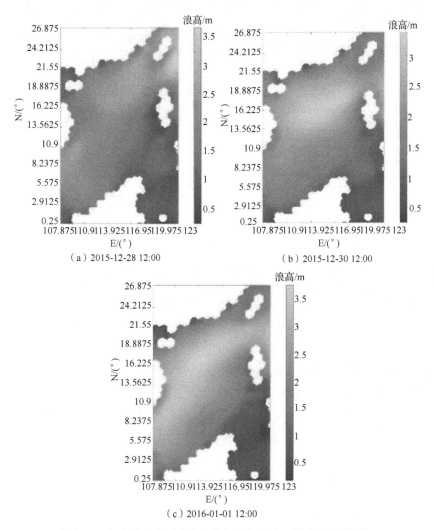

图 7.10　部分浪高的时空分布特征（扫封底二维码查看彩图）

7.2.2　基于时空分布特征分析的船舶能耗预测

1. 考虑多因素的船舶能耗模型

考虑多因素的船舶能耗分析与建模过程主要包括以下步骤。

步骤 1：根据环境因素和船舶航速等参数，计算分析船舶航行阻力。

步骤 2：通过式（7.17）及图 7.11 所示的螺旋桨敞水特性曲线得到螺旋桨的推进系数和扭矩系数。

$$\frac{K_{\mathrm{t}}}{J^2} = \frac{R}{\rho(1-t)(1-w)^2 V_s^2 D^2} \tag{7.17}$$

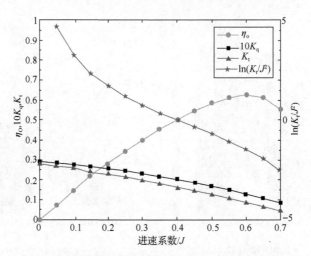

图 7.11　螺旋桨敞水特性曲线（扫封底二维码查看彩图）

步骤 3：利用式（7.18）推导计算，可得到螺旋桨的转速。

$$J = \frac{V_A}{nD} = \frac{(1-w)V_s}{nD} \qquad (7.18)$$

步骤 4：通过式（7.19）计算获得主机输出功率，并通过图 7.12 中主机油耗率特性曲线获得主机的油耗率。

$$P_B = \frac{2\pi k \rho n^3 D^5 K_q}{\eta_S \eta_G \eta_R} \qquad (7.19)$$

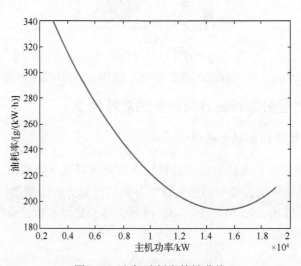

图 7.12　主机油耗率特性曲线

步骤 5：最后，根据式（7.20）计算获得船舶主机油耗。

$$q = \frac{kP_{\mathrm{B}}g_{\mathrm{main}}}{3600V_s} \tag{7.20}$$

式中，q 为船舶单位航行距离的主机油耗；g_{main} 为主机油耗率。

　　根据上述建立的船舶能耗模型可知，船舶单位航行距离的油耗随船舶阻力的变化而变化，其主要受航速、风速、风向和浪高的影响。因此，为了获得最优的能源利用效率，需在航行区域内获取最优航线，并根据不同位置的环境特点，在航线上的各个区域采用最优航速，其对降低船舶能耗及温室气体排放至关重要。

2. 船舶能耗预测分析方法

　　在给定速度和特定的航行环境条件下，可通过船舶能耗计算方法和航行环境的时空分布特征，对航行区域内的船舶能耗进行分析和预测。图 7.13 为某特定航速和实时航行环境下目标船舶在航行区域内的能耗预测分析结果。可以看出，在不同的航行条件下及不同的航行位置，船舶的能耗具有一定的差异。环境温和的区域有利于降低船舶能源消耗，从而减少 CO_2 排放量。某些环境恶劣的区域会增加船舶航行的阻力，进而增加船舶能耗，导致较高的 CO_2 排放量。因此，在航行区域内同时确定最优航线和航速对提升船舶能效水平至关重要。

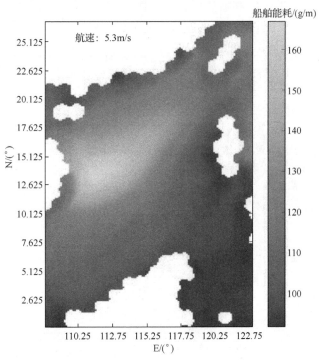

图 7.13　船舶能耗预测分析结果（扫封底二维码查看彩图）

7.2.3　航线航速动态联合智能优化方法

1. 动态联合智能优化实现方法

船舶航线和航速的动态联合优化不仅考虑了航速与航线之间的相互影响，而且充分考虑了航行环境的时变性和动态性，具体优化过程如图 7.14 所示。船舶离港前可获得出发港至目的港的整个航行区域的环境信息，然后采用本章所提出的船舶航线航速联合优化方法，可决策出对应时间步长下相邻航路点之间的最优航线和航速。按照此优化决策结果，船舶将以当前步长决策的最优航速 $V(1, 1)$ 航行到所决策的航行位置 $P^t(\text{lat}^1, \text{lon}^1)$，即 A_1。在航行的过程中，航行环境会不断发生变化，因此需更新航行位置 A_1 至 B 港航行区域内的航行环境信息，以实现船舶航线及航速的动态优化。当到达 $P^t(\text{lat}^1, \text{lon}^1)$ 之前，可以在第二时间步长中再次获得基于更新后的航行环境信息所重新决策的优化结果。当船到达 A_1 后，将以重新决策获得的最优航速 $V(1, 2)$，航行至该时间步长下的优化位置 $P^t(\text{lat}^2, \text{lon}^2)$，以此类推，直到船舶到达目的港为止。这种动态联合优化充分考虑了航行环境的时变性，保证了每一时间步长内系统的运行状态都是最优的，这意味着船舶在每个时间步长都可以以最优的航线和航速航行，从而有效减少船舶能耗和温室气体排放。其中，第 t 个时间步长下各航段的航行距离可通过式（7.21）计算获得。

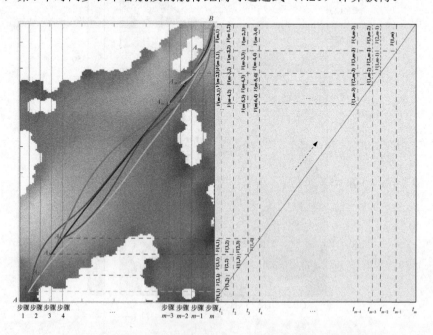

图 7.14　动态联合优化过程的示意图（扫封底二维码查看彩图）

$$S^t = R_e 2a\sin\left(\sqrt{(\sin(a^t/2)^2) + \cos(x^{t-1}\pi/180)\cos(x^t\pi/180)\sin(b^t/2)^2}\right) \quad (7.21)$$

式中，S 为各分航段的航行距离；t 为时间步长；x 为纬度值；R_e 为地球半径。a^t 和 b^t 可通过式（7.22）和式（7.23）计算获得。

$$a^t = x^{t-1}\pi/180 - x^t\pi/180 \quad (7.22)$$

$$b^t = y^{t-1}\pi/180 - y^t\pi/180 \quad (7.23)$$

式中，y 为经度值。

整个航程总的燃油消耗可通过式（7.24）计算获得。

$$Q_{\text{total}} = \sum_{t=0}^{M}(q^t S^t) \quad (7.24)$$

式中，Q_{total} 表示航程总的燃油消耗；M 为总的时间步长；q^t 表示时间步长为 t 时，位置 $P^{t-1}(x,y)$ 与位置 $P^t(x,y)$ 之间的单位距离油耗，是位置 $P^{t-1}(x,y)$ 与位置 $P^t(x,y)$ 之间船舶航速 V^t 及航行环境因素的函数。

综上所述，船舶航线航速动态联合优化是一个多维非线性优化问题，其优化目标及约束条件如式（7.25）～式（7.29）所示。

$$\min \quad Q_{\text{total}} = \sum_{t=0}^{M}(q^t S^t) \quad (7.25)$$

$$P^M\left(x_i, y_i\right) = P\left(\text{lat}_{\text{final}}, \text{lon}_{\text{final}}\right) \quad (7.26)$$

$$T_{\text{total}} = \sum_{t=0}^{M}(S^t/V^t) \leqslant T_{\text{limit}} \quad (7.27)$$

$$V_{\min} < V^t < V_{\max} \quad (7.28)$$

$$N_{\min} < N^t < N_{\max} \quad (7.29)$$

式中，T_{limit} 为最大允许航行时间；T_{total} 为航次总航行时间；$N_{\min}$ 和 $N_{\max}$ 分别为发动机转速的最小值和最大值；$V_{\min}$ 和 $V_{\max}$ 分别为船舶航速的最小值和最大值。

其中，式（7.25）为优化目标函数；式（7.26）和式（7.27）是确保船舶能在给定的时间内到达目的地的约束条件；式（7.28）和式（7.29）分别是航速和发动机转速的物理约束。

系统在时间步长 t 时的状态信息主要包括船舶当前位置和当前环境信息，即系统扰动，如式（7.30）和式（7.31）所示。那么，在时间步长为 t 时，系统的状态方程如式（7.32）所示。

$$Y_s(t) = P^t(x_i, y_i) \quad (7.30)$$

$$d_s(t) = [V_{g,t}, V_{\text{wind},t}, D_{\text{wind},t}, H_t, P^t(x_i, y_i)] \quad (7.31)$$

$$Y_s(t+1) = F_s\left(Y_s(t),\, u_s(t),\, d_s(t)\right) \tag{7.32}$$

式中，$Y_s(t)$ 为系统状态；$V_{\mathrm{g},t}$ 是船舶对地航速；$V_{\mathrm{wind},t}$ 是风速；$D_{\mathrm{wind},t}$ 是风向；H_t 是浪高；$P^t(x_i, y_i)$ 表示航路点；$d_s(t)$ 为系统扰动；$u_s(t)$ 为系统输入。

2. 动态联合智能优化算法与控制过程

1）动态联合智能优化算法

基于所建立的考虑多因素的船舶能耗模型，通过采用 MPC 策略和 PSO 算法，提出了一种航线航速动态联合智能优化方法[8]。所构建的基于 MPC 策略的航线航速动态联合智能优化过程包括以下步骤。

步骤 1：当时间步长 $k=1$ 时，初始化系统状态和系统扰动（包括航行环境和初始航路点）。

步骤 2：若 $k \leqslant M$，则执行步骤 3；否则执行步骤 7。

步骤 3：通过式（7.30）和式（7.31）计算得到时间步长为 k 时的系统当前状态 $Y_s(k)$ 和扰动 $d_s(k)$。

步骤 4：采用 PSO 算法求解式（7.25）～式（7.29）中的非线性优化模型，得到时间步长为 k 时的模型最优解$(x_k,\cdots,x_M,y_k,\cdots,y_M)$，将其作为系统的输入 $u_s(k)$。

步骤 5：利用式（7.32）执行最优解的第一步，即(x_k,y_k)，得到一个新的系统状态 $Y_s(k+1)$。

步骤 6：执行 $k=k+1$，并返回步骤 2。

步骤 7：结束循环。

其中，基于 PSO 算法求解优化问题主要包括以下步骤。

步骤 1：初始化维度为 $2(M-k)$ 的一群粒子（k 表示第 k 个时间步长）。前 $M-k$ 维表示每个时间步长的纬度值，后 $M-k$ 维表示每个时间步长的经度点。粒子的适应度值由式（7.25）计算，通过比较适应度值，确定粒子的个体极值和群体极值。

步骤 2：更新这些粒子的速度和位置。粒子的位置随速度而变化，可通过式（7.33）和式（7.34）更新粒子的速度和位置。

$$\tilde{V}^{\tau+1} = \omega\tilde{V}^\tau + c_1 r_1(\tilde{p}_{\mathrm{best}}^\tau - \tilde{X}^\tau) + c_2 r_2(\tilde{g}_{\mathrm{best}}^\tau - \tilde{X}^\tau) \tag{7.33}$$

$$\tilde{X}^{\tau+1} = \tilde{X}^\tau + \tilde{V}^{\tau+1} \tag{7.34}$$

式中，τ 为当前迭代次数；$\tilde{p}_{\mathrm{best}}$ 表示个体极值；$\tilde{g}_{\mathrm{best}}$ 表示群体极值；$\tilde{X}$ 和 $\tilde{V}$ 分别表示粒子的位置和速度；r_1 和 r_2 是 0 和 1 之间的随机数；c_1 和 c_2 表示学习因子；ω 是惯性权重。

步骤 3：对满足式（7.26）～式（7.29）要求的每个粒子重新计算适应度值，并更新粒子和种群的极值。

步骤 4：迭代步骤 2 和步骤 3，直到满足算法终止条件，进而得到优化模型的最优解。

2）能耗优化控制过程

根据上述算法所设计的基于 MPC 策略的航线航速动态联合优化控制器示意图如图 7.15 所示。控制器每一时间步长计算一次最优解，然后将其反馈给系统，从而补偿环境参数连续时变引起的优化误差。通过所设计的控制器，可以实现不同航行条件下船舶航线航速的动态联合优化，从而实现船舶能效的动态优化，以保证船舶能效实时最优。

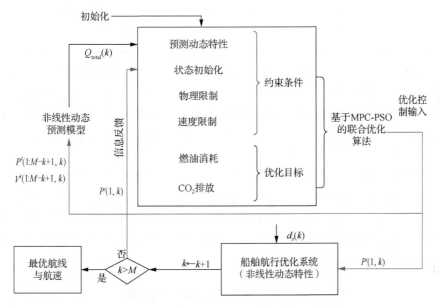

图 7.15　航线航速动态联合优化控制器示意图

7.2.4　动态联合优化结果分析

以某大型散货船为研究对象，通过实例分析本节所提出的航线航速动态联合优化方法的有效性，目标船主要参数如表 7.5 所示。

表 7.5　目标船主要参数

名称	参数	名称	参数
船长	327m	设计航速	14.5kn
型深	29m	叶片数量	5 片
船宽	55m	螺旋桨直径	9.7m
最大载重	297959t	发动机额定功率	19000kW
船舶吃水	21.4m	发动机额定转速	73r/min

基于 PSO 算法的航线航速动态联合优化所需参数如表 7.6 所示，在此基础上，基于所构建的航线航速动态联合优化模型与算法，可以得到各时间步长的船舶航行位置和航速优化结果。

表 7.6　基于 PSO 算法的航线航速动态联合优化所需参数

名称	参数
c_1	2
c_2	2
ω_{max}	0.9
ω_{min}	0.4
$iter_{max}$	100

其中，该航线各时间步长的最佳航速如表 7.7 所示，表中的每一行数据代表每个时间步长的最佳船舶航速。第一行的船舶航速优化结果，即第一时间步长的优化结果，表示不采用 MPC 策略的优化结果。无 MPC 策略的能效优化方法，只执行在第一时间步长时的优化结果。然而，连续时变的航行环境会导致优化结果的偏差，从而无法获得每个时间步长的最佳能效水平。相比而言，每一行第一列所示的优化结果，即为每个时间步长的第一个优化结果，表示采用 MPC 策略时船舶航速的动态优化结果。通过对每个时间步长的参数进行实时更新，获得动态优化结果，可提高优化精度和鲁棒性。不同优化方法的优化结果存在明显差异，即表中第一行的结果与每行第一列的结果存在明显差异，其是由航行环境信息预测值与实际值存在偏差所造成的。

表 7.7　航线各时间步长的最佳航速　　　　　单位：kn

时间步长	对应的不同航段								
	1	2	3	4	…	25	26	27	28
1	12.13	7.17	11.08	9.29	…	10.34	10.50	10.13	11.08
2		9.41	11.16	10.92	…	9.62	10.94	10.75	10.92
3			10.77	10.56	…	9.84	10.94	10.42	11.08
4				10.75	…	9.87	10.50	10.50	11.08
…					…	…	…	…	…
25						9.74	10.50	10.36	11.33
26							10.50	10.36	11.33
27								10.36	11.41
28									11.49

根据优化结果，基于本节所提出的动态联合智能优化方法，在每个时间步长可实现航线和航速的联合优化决策，从而降低船舶油耗量和 CO_2 排放量。为验

证本节所提出的动态联合智能优化方法的有效性, 对优化前后的船舶油耗量和 CO_2 排放量进行了对比分析。其中, 采用无 MPC 策略的联合优化方法的优化航线和原始航线的比较分析见图 7.16。基于 MPC 的动态联合优化方法的优化航线和原始航线的比较分析见图 7.17。另外, 采用原始运行模式和不同优化方法的船舶总油耗量和 CO_2 排放量如表 7.8 所示。其中, CO_2 排放量是通过将油耗量乘以其 CO_2 转换因子计算获得的。可以看出, 原始运行模式由于没有充分考虑航行环境对能源利用效率的影响, 并不是最节能的。在不使用 MPC 策略的情况下, 与原始运行模式相比, 采用航线航速联合智能优化方法可降低油耗和 CO_2 排放量约 6.43%。但由于该模型没有考虑航行环境的时变性, 其能效水平仍具有一定的优化空间。本书所提出的基于 MPC 的动态联合智能优化方法, 与原始运行模式相比, 可降低油耗和 CO_2 排放量约 6.82%。因此, 基于 MPC 策略的动态联合优化方法充分考虑了连续时变的环境条件, 比无 MPC 策略的联合优化方法更能有效地降低船舶油耗和 CO_2 排放量。虽然基于 MPC 优化方法的航行距离较长, 船舶平均航速较原来的工作模式稍高, 但由于优化航线的环境较温和, 航行阻力减小, 船舶能效水平仍然更好。采用该动态联合优化方法可实现单航次节油约 28.03t, 降低 CO_2 排放量约 87.28t。因此, 该动态联合智能优化方法可以进一步降低船舶能耗和温室气体排放, 对促进航运业的绿色化发展具有重要意义。

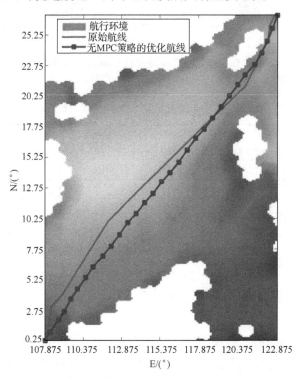

图 7.16　无 MPC 策略的优化航线和原始航线

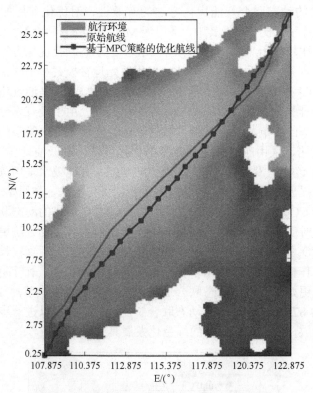

图 7.17　基于 MPC 策略的优化航线和原始航线
（扫封底二维码查看彩图）

表 7.8　船舶总油耗量和 CO_2 排放量对比分析

运行模式	航行距离 /n mile	平均航速 /kn	油耗量 /t	CO_2 排放量 /t	优化效果 /%
原始运行模式	1858.80	10.35	410.80	1279.23	—
无 MPC 策略的 联合优化	1827.86	10.17	384.39	1196.99	6.43
基于 MPC 策略的 联合优化	1829.97	10.19	382.77	1191.95	6.82

7.3　本 章 小 结

为充分挖掘船舶能效的提升潜力，本章提出了一种船舶航线航速联合智能优化方法，充分考虑海洋气象条件对船舶能耗的影响，将船舶的航线与航速进行联合优化，以进一步提高船舶的能效水平。在航行海域网格化处理的基础上，构建了船舶航线航速联合优化模型和优化算法，分析结果表明，该联合优化算法可降低船舶油耗量和 CO_2 排放量 5%左右。

此外，在充分考虑船舶能效影响要素时变性的基础上，提出了一种考虑航行环境时空分布特征的船舶航线航速动态联合智能优化方法。在航行环境时空分布特征分析基础上，构建了考虑多时变环境要素的船舶能耗模型，实现了不同航行环境条件下船舶能耗的分析与预测。在此基础上，通过采用模型预测控制策略和群智能算法，实现了时变要素影响下的船舶航线航速动态联合智能优化，其可以进一步提高船舶能效水平。分析结果表明，与原始运行模式相比，由于船舶能效动态联合优化方法充分考虑了各环境参数和运行参数的时变性，可以进一步降低船舶能耗和 CO_2 排放量。相较于静态的航线航速联合优化方法，该动态联合优化方法具有更好的能效优化效果。

参 考 文 献

[1] 李嘉源. 基于时空分布特征的船舶能效联合优化方法研究[D]. 大连: 大连海事大学, 2021.

[2] WANG K, LI J Y, HUANG L Z, et al. A novel method for joint optimization of the sailing route and speed considering multiple environmental factors for more energy efficient shipping[J]. Ocean Engineering, 2020, 216: 107591.

[3] 魏照坤. 风浪影响下的集装箱船舶航速优化[D]. 大连: 大连海事大学, 2018.

[4] WANG X Y, FENG K, WANG G, et al. Local path optimization method for unmanned ship based on particle swarm acceleration calculation and dynamic optimal control[J]. Applied Ocean Research, 2021, 110: 102588.

[5] 王凯. 基于营运数据分析的内河船队能效优化方法研究[D]. 武汉: 武汉理工大学, 2018.

[6] WANG K, LI J Y, YAN X P, et al. A novel bi-level distributed dynamic optimization method of ship fleets energy consumption[J]. Ocean Engineering, 2020, 197: 1-13.

[7] WANG K, XU H, LI J Y, et al. A novel dynamical collaborative optimization method of ship energy consumption based on a spatial and temporal distribution analysis of voyage data[J]. Applied Ocean Research, 2021, 112: 1-13.

[8] YAZDANI D, NASIRI B, AZIZI R, et al. Optimization in dynamic environments utilizing a novel method based on particle swarm optimization[J]. International Journal of Artificial Intelligence, 2013, 11(13): 170-192.

第8章　新能源混合动力船舶能效智能优化方法

新能源混合动力船舶能效智能优化是提高新能源利用效率及船舶综合能效水平的关键，本章通过对船舶新能源应用技术进行分析，针对大型远洋船舶新能源应用的特点，开展了风帆助航船舶能效优化理论与方法研究，可为新能源混合动力船舶智能优化管理提供理论和技术支持。

8.1　船舶清洁能源应用技术分析

水路交通的能源形态包括一次能源和二次能源。其中，一次能源是指从自然界取得未经改变直接利用的能源，如原油、天然气、风能、太阳能、海洋能、潮汐能等。一次能源又可分为可再生能源（风能、太阳能、海洋能、潮汐能、生物质能）和非再生能源（石油、天然气）。二次能源是指一次能源经过加工转换后得到的能源，包括电能、汽油、柴油、液化天然气和氢能等。二次能源又可以分为过程性能源和含能体能源。过程性能源是指可以通过物质运动或流动过程产生能量的能源，电能是一种应用最广的过程性能源。含能体能源是指包含能量的物质，其中，汽油和柴油是目前应用最广的含能体能源。

目前，船舶能源应用形式多样化，风能、太阳能、海洋能、石油、天然气、电能等能源在不同场景均有所应用，船舶应用能源形态如图8.1所示。虽然风能、太

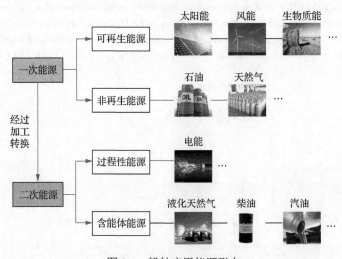

图 8.1　船舶应用能源形态

阳能、石油、天然气、电能等能源在水路交通不同场景均有所应用，但不同能源
具有不同的特点和优势[1]。

8.1.1　风能应用技术分析

海上的风能资源较为丰富，风能的有效利用对提高船舶的绿色化水平具有重
要意义。目前，海上风能的利用形式主要包括风力发电和风帆助航等。其中，风
力发电在船舶上的应用与研究相对较少。基于海上特定的环境与条件，风帆助航
船舶的研究与应用获得了世界各国的广泛关注，近年来得到了快速发展和应用。
风帆助航船舶通过风帆将风能转换为船舶航行的辅助动力，从而降低船舶能耗和
温室气体排放[2-3]。

目前，风帆的类型主要有天帆、风翼、转筒帆等。其中，天帆形状类似于风
筝，通过牵引绳和船体相连，如图 8.2 所示，具有不占用甲板空间等优势。风翼
的剖面类似于机翼，如图 8.3 所示，根据其剖面形式可以分为层流型、圆弧型、
普通型、卧背型等，通过驱动装置可实现风翼的升降和旋转。除此之外，转筒帆
等新型风帆也获得了广泛的研究和应用。

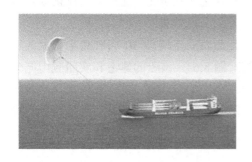

图 8.2　天帆　　　　　　　　　　　　　　　图 8.3　风翼

风帆助航技术应用的关键在于风帆空气动力学分析与优化设计、风帆助航船
舶混合动力系统设计、典型航线风力资源分析，以及风帆运行状态和能效优化
控制技术等方面。由于风帆助航技术具有较好的节能效果，很多国家先后开展
了该技术的研究，并实现了实船测试与应用。2020 年，日本商船三井与大岛造
船合作研发了采用风帆助航技术的巴拿马型散货船"Wind Challenger"，通过采
用可伸缩的翼型风帆将风能转化为船舶航行的辅助推力，可以减少 5%～8%的
温室气体排放，在有效提高船舶能效水平的同时可以显著提高船舶营运的经济
效益。2016 年，德国的艾纳康公司研发了"E-ship1"船舶，见图 8.4。该船安装

了 4 个旋转式的铝制结构转筒帆，该风帆可以有效地利用海上风力资源，节能效果可达 30%。

图 8.4　　"E-ship1"船舶

20 世纪 80 年代，我国就开始了风帆助航技术的研究，目前已取得重要的突破。2018 年 1 月，江苏海通海洋工程装备有限公司为维多利亚游轮公司建造的"AFROS"轮（图 8.5）是全球首艘装有风帆节能装置的散货船。该船全长 199.9m，型宽 32.26m，风帆转子高度为 18m，最大转速达 450r/min。通过采用风帆助推技术每天可以降低主机油耗 4t 左右，具有较好的节能效果。

2018 年 10 月，大连船舶重工集团为招商轮船建造了 30 万吨超大型原油船（very large crude carrier，VLCC）"凯力轮"（图 8.6），该船的建造和实船应用充分证明了翼型风帆在 VLCC 节能减排方面的应用效果。"凯力轮"在风帆尺寸及船舶吨位等方面都具有一定的先进性，表明我国在风帆助航技术与系统的研发和推广应用方面取得了重要进展。

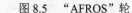

图 8.5　　"AFROS"轮

图 8.6　　凯力轮

此外，大连船舶重工集团为招商轮船打造的新一代节能环保型超大型原油船"新伊敦"轮如图 8.7 所示。该船配备了第二代大型硬质风翼，风翼升起高度约

40m，单翼总表面积可达 1200m²，风翼的结构采用了轻质、高强的碳纤维复合材料。风翼的控制系统可以实现风帆的一键升降、自动旋转等功能，可以根据船舶航行环境、风力资源特征、船舶运动状态等实时信息，自动控制风翼运行在最佳角度，从而有效提升风翼的助推效果。

图 8.7　"新伊敦"轮

8.1.2　太阳能应用技术分析

太阳能是一种重要的可再生清洁能源，作为一次能源，其具有可再生、无污染的显著特点，在后化石燃料时代，太阳能将成为主要的自然能源之一。尽管太阳能技术在日常生活中已得到广泛应用，但将其作为交通运输工具动力能源的研究起步较晚。此外，由于太阳能能量密度不高，受天气条件的影响较大，太阳能作为大型远洋船舶航行动力能源的研究还有待进一步深入分析与验证[4]。

2010 年，由全球最大的晶体硅太阳能电池生产商尚德电力投资，中国船舶科学研究中心设计制造了中国第一艘太阳能混合动力游船"尚德国盛"号，如图 8.8 所示。该船顶部安装了高 10m、宽 5m 的"太阳翼"，其年发电总量可达17841kW·h，相当于每年可以节约标准煤 6.28t 左右，同时每年可降低 CO_2 排放约15.71t。

2012 年，武汉理工大学等单位基于"中远腾飞"轮开展了太阳能应用关键技术研究，该轮如图 8.9 所示，在船舶甲板上安装了 540 块太阳能电池板，构建了总容量为 143.1kW 的太阳能光伏系统，并应用了世界领先的 120kW 光伏离并网技术。该太阳能光伏系统的应用，可降低柴油发电机 120～143kW 的功率消耗。基于实船分析测试，在阳光充足的情况下，假设每天可提供 16h 的供电，则每天可节省燃油消耗约 0.46t。

此外，随着太阳能应用技术研究的不断深入和发展，其效率、可靠性和稳定性均有了较大的提升，太阳能光伏发电在船舶上的应用可以促进船舶的绿色化和低碳化发展。然而，由于太阳能的能量密度相对较低，一定程度上依赖外界的天气条件，因此，太阳能在大型远洋船舶上的应用主要作为辅助的能源供给，并配备储能系统共同为船舶提供能量。

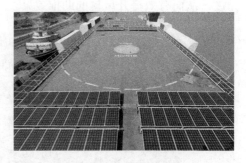

图 8.8　"尚德国盛"号　　　　　　　　图 8.9　"中远腾飞"轮

8.1.3　替代燃料应用技术分析

随着航运业绿色化水平的不断提升和发展，替代燃料的应用获得了广泛的关注[5]。目前，典型的船用替代燃料有 LNG、甲醇、氨、氢等，其对比分析如表 8.1 所示。

表 8.1　典型的船用替代燃料对比分析

燃料	液态储存	安全性能	应用现状
LNG	低温（−163℃），燃料舱需耐超低温	易燃易爆，常温气态，超低温	标准规范齐全，技术方案成熟，已有较多船舶应用案例
甲醇	常温，常规燃料舱特涂	易燃易爆，常温液态，有毒	标准规范和技术方案相对成熟，有少量船舶应用案例
氨	低温（−33℃），燃料舱需耐低温	易燃易爆，常温气态，剧毒	已有初步应用但尚不成熟，仍处于研究阶段
氢	低温（−253℃），燃料舱需耐超低温	易燃易爆，常温气态，超超低温	氢燃料电池有较好的应用，氢内燃机仍处于研究阶段

LNG 在船舶上的应用较早，并且随着相关应用技术的不断研究和探索，LNG 燃料在船舶上的应用取得了较大进展，从储存到供给再到利用都具有一定的经验。LNG 燃料的减排效果较为明显，可降低 CO_2 排放量 25%左右。

近几年，甲醇在船舶上的应用展现出了较大的潜力，其作为一种重要的有机化工原料，在全球范围内从生产到运输再到加注都有着较为成熟的应用体系，因此其作为船用燃料具有明显的优势。国际上已研发了船用甲醇燃料发动机，如德国曼公司的 ME-LGI 系列的发动机。此外，瓦锡兰公司开发了与 Wartsila 32 甲醇燃料发动机相结合的甲醇燃料供应系统,进一步促进了甲醇燃料在船舶上的应用。采用甲醇燃料可有效降低船舶温室气体排放。此外,采用甲醇加水乳化技术或后处理技术, NO_x 排放可以满足 IMO Tier III 的要求。

氨是一种非常有前景的清洁燃料,2050 年全球氨产量预计达到 1.5 亿吨,设有大规模氨燃料储存设施的港口约 120 座,为氨燃料在船舶上的应用奠定了基础。氨燃料可直接作为发动机的燃料,也可用于燃料电池。目前,船用氨燃料发动机和氨燃料电池虽然已有初步的应用,但尚不成熟。氨作为船用燃料能有效减少硫氧化物、CO_2 以及颗粒物的排放,通过尾气处理后的氮氧化物排放也可满足 IMO Tier III 的要求[6]。

氢是目前已知能源中最为清洁的燃料,其燃烧不会产生 CO_2 和其他污染物。其来源较为广泛,全球氢产量约为 6500 万吨,且在逐年上升。氢燃料可直接用作发动机的燃料,也可用于燃料电池。目前氢燃料发动机仍处于研究阶段,而氢燃料电池在船舶上的应用已获得了广泛的研究,但是氢燃料电池在使用寿命和技术性能等方面仍存在缺陷,难以满足大型远洋船舶的能量需求。

综上,几种典型替代燃料动力装置技术性能对比分析如表 8.2 所示。

表 8.2　几种典型替代燃料动力装置技术性能对比分析

项目	LNG 发动机	甲醇发动机	氢燃料电池
功率等级	单机最大可达 80MW	单机最大可达 16MW	500kW（多模块）
瞬态性能	较好	好	较差
使用寿命	25～30 年	25～30 年	5000～10000h
技术成熟度	高	中等	高

8.1.4　远洋船舶清洁能源适用性分析

随着国际社会对节能减排的关注度不断提高,航运业的温室气体排放控制已刻不容缓。可再生清洁能源的开发与应用是实现船舶绿色化发展的重要方向。替代燃料的应用尚处于起步和发展阶段,其在大型远洋船舶上的应用还有待进一步研究。太阳能能量密度相对较低,一定程度上依赖于外界天气条件,太阳能在大型远洋船舶上的应用主要体现为辅助的能源供给。而风能全球储量丰富,远洋船舶加装风帆助航系统可有效利用海洋风力资源,是现阶段实现船舶节能减排的一种重要且有效的举措[7-8]。

8.2　风帆助航船舶能效分析与评价

船舶排放大量的污染气体会给大气和海洋环境带来较大的危害。为了解决船舶温室气体排放问题，国际海事组织于 2011 年通过了 MARPOL 附则Ⅵ的修正案，根据该修正案，EEDI 成为所有 2013 年 1 月 1 日或之后签约的新造船舶的强制性标准。EEDI 指数越高，能源效率越低，如式（8.1）所示。

$$
\text{EEDI}=\frac{\begin{array}{l}\left(\displaystyle\sum_{j=1}^{M}f_j\right)\left(\displaystyle\sum_{i=1}^{n\text{ME}}P_{\text{ME}(i)}C_{\text{FME}(i)}\text{SFC}_{\text{ME}(i)}\right)+\left(P_{\text{AE}}C_{\text{FAE}}\text{SFC}_{\text{AE}}\right)\\[6mm]+\left(\left(\displaystyle\sum_{j=1}^{M}f_j\sum_{i=1}^{n\text{PTI}}P_{\text{PTI}(i)}-\sum_{i=1}^{n\text{eff}}f_{\text{eff}(i)}P_{\text{AEeff}(i)}\right)C_{\text{FAE}}\text{SFC}_{\text{AE}}\right)\\[6mm]-\left(\displaystyle\sum_{i=1}^{n\text{eff}}f_{\text{eff}(i)}P_{\text{eff}(i)}C_{\text{FME}}\text{SFC}_{\text{ME}}\right)\end{array}}{f_i\text{Capacity}V_{\text{ref}}f_w}
\tag{8.1}
$$

对于大多数船舶（散货船、油轮、气体船、滚装船、普通货船、冷藏货船、无冰级标准推进系统配置的组合船），公式可简化为

$$
\text{EEDI}_{\text{attained}}=\frac{P_{\text{ME}}C_{\text{FME}}\text{SFC}_{\text{ME}}+P_{\text{AE}}C_{\text{FAE}}\text{SFC}_{\text{AE}}}{f_i\text{DWT}V_{\text{ref}}}
\tag{8.2}
$$

式中，P_{ME} 为主机最大持续功率的 75%；C_{FME} 为主机油耗与 CO_2 排放之间的无量纲换算系数；SFC_{ME} 为主机燃油消耗率；P_{AE} 为正常海况下最大负荷所需的辅机功率；C_{FAE} 为辅机油耗与 CO_2 排放之间的无量纲换算系数；SFC_{AE} 为辅机燃油消耗率；f_i =1+(0.08LWT/DWT)，指的是适用于按通用结构规则建造的船舶，其中 LWT 为船舶自重，DWT 为夏季吃水线的载重；V_{ref} 为航速；P_{PTI} 为轴带发电机额定功率的 75%；f_{eff} 为创新能效技术可用系数；P_{eff} 指通过能效技术（如风帆、太阳能等）减少的主机所需功率，按主机最大持续功率（maximum continuous rating，MCR）的 75%折算；P_{AEeff} 指能效技术（如储能装置、废热回收系统）减少的辅机所需功率，按辅机额定功率的 75%折算；Capacity 指载重吨。

根据 EEDI 计算公式，采用新能源技术可以减小 EEDI 值。风能作为一种清洁能源，是目前大型远洋船舶上应用效果较好的替代能源。

目前，已经有许多关于风翼对 EEDI 影响的研究，以一艘大型散货船为例，通过对风帆空气动力学原理进行分析，得出风帆最大推力系数图谱；然后，结合风速风向概率分布函数，构建了风帆节约功率的长期预测模型，如式（8.3）所示。

$$
\Delta P=\sum_{j=1}^{l}\sum_{k=1}^{m}\overline{p}\left(V_{\text{T}k},\theta_{\text{T}j}\right)F_k\left(V_{\text{T}k}\right)F_j\left(\theta_{\text{T}j}\right)
\tag{8.3}
$$

式中，ΔP 为长期预测风帆综合节约功率；V_{Tk} 为真风速在各级风速下的平均速度；θ_{Tj} 为各类风的真风向角；F_k、F_j 分别为年均风速和风向频率分布函数。

另一种计算 EEDI 减小率的方法是将风帆助推系统的可用有效功率 P_{eff} 和创新能效技术可用系数 f_{eff} 的乘积来表示，如式（8.4）所示。

$$f_{eff}P_{eff} = (\frac{0.5144V_{ref}}{\eta_T}\sum_{i=1}^{m}\sum_{j=1}^{n}F(V_{ref})_{ij}W_{ij}) - (\sum_{i=1}^{m}\sum_{j=1}^{n}P(V_{ref})_{ij}W_{ij}) \qquad (8.4)$$

式中，η_T 表示主机功率为 75%MCR 时各主驱动装置的总效率；$F(V_{ref})$ 为推力矩阵，表示在参考航速 V_{ref} 下不同风速和风向角下风帆产生的推力；W_{ij} 为风况概率矩阵，是基于不同风速和风向角发生的概率所形成的矩阵。

风帆推力矩阵如表 8.3 所示。其中，$f_{i,j}$ 表示相应风速和风向角组合下的推力。此外，根据全球海运贸易航线的长期气象统计数据修订的风况概率矩阵如表 8.4 所示。

表 8.3　风帆推力矩阵

风速/(m/s)	风向角/(°)				
	0	5	10	···	5m
0	$f_{1,1}$	$f_{1,2}$	$f_{1,3}$	···	$f_{1,m+1}$
1	$f_{2,1}$	$f_{2,2}$	$f_{2,3}$	···	$f_{2,m+1}$
2	$f_{3,1}$	$f_{3,2}$	$f_{3,3}$	···	$f_{3,m+1}$
⋮	⋮	⋮	⋮		⋮
23	$f_{24,1}$	$f_{24,2}$	$f_{24,3}$	···	$f_{24,m+1}$
24	$f_{25,1}$	$f_{25,2}$	$f_{25,3}$	···	$f_{25,m+1}$
⋮	⋮	⋮	⋮		⋮
n	$f_{n+1,1}$	$f_{n+1,2}$	$f_{n+1,3}$	···	$f_{n+1,m+1}$

表 8.4　风况概率矩阵

风速/(m/s)	风向角/(°)				
	0	5	10	···	5m
0	$w_{1,1}$	$w_{1,2}$	$w_{1,3}$	···	$w_{1,m+1}$
1	$w_{2,1}$	$w_{2,2}$	$w_{2,3}$	···	$w_{2,m+1}$
2	$w_{3,1}$	$w_{3,2}$	$w_{3,3}$	···	$w_{3,m+1}$
⋮	⋮	⋮	⋮		⋮
23	$w_{24,1}$	$w_{24,2}$	$w_{24,3}$	···	$w_{24,m+1}$
24	$w_{25,1}$	$w_{25,2}$	$w_{25,3}$	···	$w_{25,m+1}$
⋮	⋮	⋮	⋮		⋮
n	$w_{n+1,1}$	$w_{n+1,2}$	$w_{n+1,3}$	···	$w_{n+1,m+1}$

通过将风况概率矩阵转化为 EEDI 参考航速下的风况概率矩阵，并考虑操作风帆所需要的功率来分析风帆对船舶 EEDI 的贡献。此外，也可根据选定目标船装帆前后主机输出功率的不同，分别计算装帆前后的 EEDI 值，从而计算出风帆的使用对 EEDI 的贡献。

以上研究方法主要是基于计算装帆后，风帆对推进功率的贡献值来计算 EEDI 的变化，而没有在船舶建造时计算出相应的 EEDI，缺乏船舶设计时直接通过航线风场给出的相应的 EEDI 值。因此，为避免风帆参数限制，可采用基于风向频率及风速频率直接计算节能系数 f_{eff} 的方法，如式（8.5）所示。但该方法在计算 f_{eff} 时，由于对一些影响因素进行理想化处理，使得 f_{eff} 的分析具有一定的局限性。

$$f_{\text{eff}} = g(n)g(v)\eta \tag{8.5}$$

式中，$g(n)$为风向频率；$g(v)$为风速频率，在一定时间范围内，为同一风级小时数与各风级总小时数的比值。

8.3　风翼助航船舶能效联合智能优化方法

基于风翼助航船舶的特点和优势，本节主要以提升风翼助航船舶的风能利用效率及其能效水平为目标，开展风翼助航船舶能效联合智能优化方法的研究与分析。

8.3.1　风翼助航船舶混合动力系统架构分析

风翼助航船舶由风翼和柴油机共同为船舶提供动力，混合动力系统配置形式如图 8.10 所示。在符合风翼安装条件的船舶上加装风翼助推系统，以此来实现不同航行条件及运行工况下风翼与柴油机的优势互补，从而降低船舶主机的输出功率和能耗[9]。

当航行环境满足风翼使用条件时，便可升起风翼，利用风能来为船舶提供辅助推力，从而提高船舶能效水平。然而，风翼助推力的大小和方向会随着风力状态及风翼攻角的变化而变化，为了最大化地利用风能，需根据风速风向传感器实时采集的数据，通过所搭载的风翼控制系统对风翼状态进行实时的调整和控制，从而使风翼运行在最佳推力状态。目前，所采用的风翼多为伸缩可升降式，对于风翼与主机的控制可在驾驶台或机舱集控室实现，当船舶风速风向传感器监测到航行环境恶劣时，可通过控制系统收起风翼，从而使柴油机作为单一动力源，

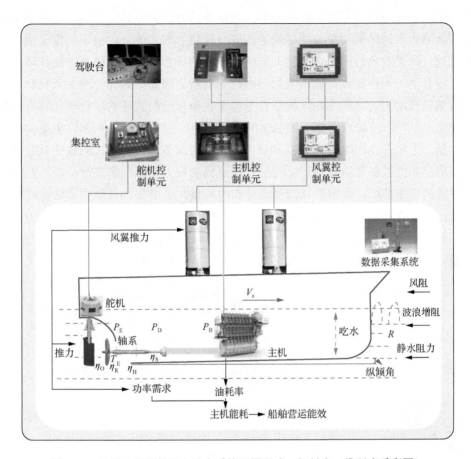

图 8.10　风翼助航船舶混合动力系统配置形式（扫封底二维码查看彩图）

这样可以保证船舶航行的安全性。通过船舶运行状态及航行环境、能效参数的感知和分析，可以评估船舶的实时油耗及其能效水平。此外，建立船舶柴油机转速与风翼攻角的联合优化模型，可以实现混合动力系统能效的联合优化，在提高混合动力系统运行稳定性的同时，有效提高船舶能效水平[10]。由此可见，风翼助航船舶能效水平提升的关键在于对海洋风力资源的最大化应用，也就是基于海洋风力资源的分析及风翼助航船舶能效优化模型，通过风翼状态与船舶柴油机的联合优化控制来降低船舶能耗。其中，混合动力系统能效优化模型与算法是提升风翼助航船舶能效水平的基础和前提。

8.3.2　风翼攻角与船舶航速联合优化实现方法

海洋环境参数（风、浪、流等）不仅影响风翼助航船舶的航行状态，还对风翼的助推效果具有一定的影响，进而影响船舶的能耗水平。因此，风帆助航船舶在不同航行环境条件下的运行状态和能效水平具有较大差异。目前，尚缺乏考虑各种影响因素的风翼攻角与船舶航速的联合优化方法。此外，由于气象环境、船舶航速、风翼攻角等因素对风翼助航船舶能耗的综合影响，使得复杂航行环境条件下混合动力船舶能效优化决策与控制较为复杂。因此，为充分挖掘风翼助航船舶能效提升潜力，实现不同环境条件下风翼攻角与船舶航速的联合优化具有重要现实意义[11-12]。风翼攻角与船舶航速的联合优化过程如图 8.11 所示，主要实现过程包括：①从 ECMWF 获取风速和风向等气象海况信息，并通过船载能效管理系统获取船舶能效等数据信息；②对航行区域内的风力资源信息进行分析，获得风力资源的分布特征；③根据风力资源分布的特点，采用 k 均值聚类算法进行航段划分；④建立风翼攻角和船舶航速联合优化模型，确定与风翼最大辅助推力所对应的最佳风翼攻角，以及最佳的船舶航速，从而使船舶油耗和温室气体排放最小；⑤通过实例验证联合优化方法的有效性，并对能效优化效果进行分析。

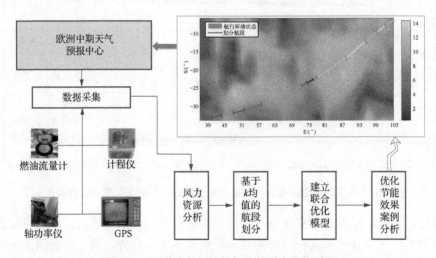

图 8.11　风翼攻角与船舶航速的联合优化过程

8.3.3　风翼助航船舶能效联合优化模型与智能优化算法

1. 风翼助航船舶能效联合优化模型

对于以柴油机为单一动力的船舶，仅采用主机提供动力以克服船舶航行阻力，而对于配备风翼的风帆助航混合动力船舶，其由柴油机和风翼共同为船舶提供动力。基于能量传递关系分析的风翼助航船舶能效模型构建过程如图 8.12 所示[13]。

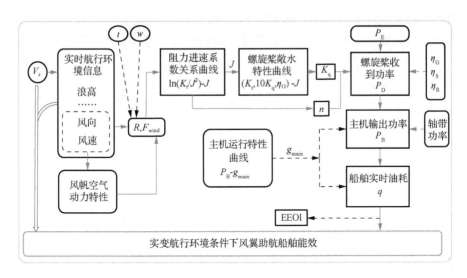

图 8.12　能效建模过程示意图

风翼的使用改变了原有的"船-机-桨"之间的能量传递关系。分析"船-机-桨-翼"之间的能量传递关系是风帆助航船舶混合动力系统能耗建模的基础。其中,船舶航行阻力与推力的关系如式 (8.6) 所示。

$$R = T_{eff} + T_{wind} \tag{8.6}$$

式中,R 为船舶航行阻力;T_{eff} 是螺旋桨的有效推力;T_{wind} 是风翼的辅助推力。

从上式可以看出,螺旋桨和风翼共同提供推力以克服船舶的航行阻力,在给定的航速下,当风翼提供的辅助推力增加时,可以减小柴油机的动力输出,从而降低主柴油机的输出功率和油耗。在特定的航速下,螺旋桨的推力可由式 (8.7) 计算获得。

$$T_{prop} = \frac{T_{eff}}{(1-t)k} = \frac{R - T_{wind}}{(1-t)k} \tag{8.7}$$

式中,T_{prop} 是螺旋桨的推力;t 为推力减额系数;k 是螺旋桨的数量。

其中,船舶航行阻力主要包括静水阻力、波浪增阻和空气阻力,可通过式 (8.8)计算获得。

$$R = R_{T} + R_{aw} + R_{a} \tag{8.8}$$

式中,R 为船舶航行阻力;R_{T} 为静水阻力;R_{aw} 为波浪增阻;R_{a} 为空气阻力。

风翼受力分析如图 8.13 所示,根据风翼受力情况,风对风翼的作用可以分解为垂直于相对风向的升力 F_{L} 和沿着相对风向的阻力 F_{D},对应的无量纲升力系数

和阻力系数分别为 C_L 和 C_D。图 8.14 为风翼助推力系数 C_X 和侧推力系数 C_Y 关系示意图，当风翼攻角为 α_1，即风翼垂直于船舶航向且与风翼升阻曲线相切时，风翼助推力系数要大于其他风翼攻角的助推力系数，风翼运行在此攻角下可以最大化地利用风力资源，从而可以有效地为船舶航行提供辅助推力。

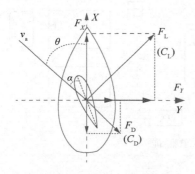 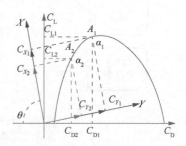

图 8.13　风翼受力分析图　　　　　图 8.14　C_X 和 C_Y 关系示意图

升力系数和阻力系数随风翼攻角 α 的变化而变化，通过升力与阻力的合成与分解，可以得到沿船舶航行方向的风翼助推力和沿船舷方向的风翼侧推力，分别如式（8.9）和式（8.10）所示。

$$F_X = F_L \sin\theta - F_D \cos\theta \tag{8.9}$$

$$F_Y = F_L \cos\theta + F_D \sin\theta \tag{8.10}$$

式中，F_X 为沿船舶航行方向的风翼助推力；F_Y 为沿船舷方向的风翼侧推力；θ 为风向角。其中，船舶垂直于相对风向的升力 F_L 和沿相对风向的阻力 F_D，分别如式（8.11）和式（8.12）所示。

$$F_L = \frac{C_L \rho_a v_a^2 S_w}{2} \tag{8.11}$$

$$F_D = \frac{C_D \rho_a v_a^2 S_w}{2} \tag{8.12}$$

式中，v_a 为相对风速，ρ_a 为空气密度；S_w 为风翼侧投影面积。

在计算船舶柴油机输出功率时，由于风翼沿船舶航行方向的推力抵消了部分船舶航行的阻力，因此，船舶柴油机的输出功率 P_B 可用式（8.13）表示。

$$P_B = \frac{\left(R_{\text{ship}} - N_k F_X\right) V_s}{k \eta_S \eta_G \eta_O \eta_H \eta_R} \tag{8.13}$$

式中，N_k 表示安装风翼的个数；η_S 表示轴系传递效率；η_G 表示齿轮箱传递效率；η_R 表示螺旋桨相对旋转效率；η_H 和 η_O 分别表示船体效率和螺旋桨敞水效率。

综上所述，船舶单位航行距离的主机油耗量 Q_B 可通过式（8.14）计算获得。

$$Q_B = \frac{P_B g_{main}}{V_s} = f_Q(\alpha,\ V_s,\ v_a,\ \zeta_A) \tag{8.14}$$

式中，g_{main} 为船舶主机油耗率，它与发动机功率密切相关；α 为风翼攻角；ζ_A 为浪高。目标船舶主机的油耗率特性曲线如图 8.15 所示，通过此曲线可以获得柴油机在不同运行负荷下的主机油耗率值。

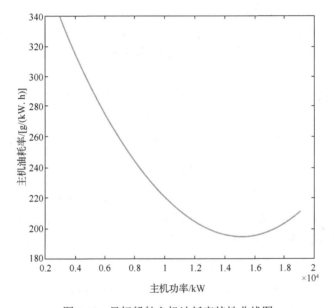

图 8.15　目标船舶主机油耗率特性曲线图

基于所建立的风翼助航船混合动力系统油耗模型，可以获得不同航速和风翼攻角下船舶实时油耗。以航次总油耗为目标函数，以航行时间等为约束条件，以各航段对应的船舶航速和风翼攻角为优化变量，建立了风翼助航船舶能效联合优化模型，如式（8.15）~式（8.19）所示。

$$\min\quad Q_{total} = \sum_{i=1}^{M}\left(\left(f_Q\left(\alpha_i,\ V_{s,i},\ v_{a,i},\ \zeta_{A,i}\right)\right)S_i\right) \tag{8.15}$$

$$T_{total} = \sum_{i=1}^{M}\left(S_i / V_{s,i}\right) < T_{limit},\ \forall i \in (1,2,\cdots,M) \tag{8.16}$$

$$N_{min} < n_i < N_{max},\ \forall i \in (1,2,\cdots,M) \tag{8.17}$$

$$V_{\min} < V_{s,i} < V_{\max}, \ \forall i \in (1,2,\cdots,M) \tag{8.18}$$

$$\alpha_{\min} < \alpha_i < \alpha_{\max}, \ \forall i \in (1,2,\cdots,M) \tag{8.19}$$

式中，M 表示航段总数量；i 表示第 i 个航段；n 为柴油机转速；S 表示航行距离；V_s 为船舶航速；T_{limit} 为最大允许航行时间。

2. 能效联合智能优化算法

本节采用适用于求解非线性优化问题的 PSO 算法来实现风翼攻角与船舶航速的联合优化决策。基于 PSO 算法的不同航行环境条件下最佳风翼攻角和船舶航速的联合智能优化主要包括以下步骤。

步骤 1：初始化 N 个 M 维粒子，表示不同航段对应的船舶航速，通过式（8.15）计算每个粒子的适应度值。然后，通过比较这些适应度值，获得个体最优值和群体最优值。

步骤 2：更新每个粒子的速度和位置。粒子的速度和位置可通过式（8.20）和式（8.21）进行更新。

$$V^{k+1} = \omega V^k + c_1 r_1 (p_{\text{best}}^k - X^k) + c_2 r_2 (g_{\text{best}}^k - X^k) \tag{8.20}$$

$$X^{k+1} = X^k + V^{k+1} \tag{8.21}$$

式中，k 表示当前迭代次数；p_{best} 表示个体极值；g_{best} 表示群体极值；X 表示粒子的位置；V 表示粒子的速度；c_1 和 c_2 表示学习因子；r_1 和 r_2 是随机数；ω 是惯性权重，可通过式（8.22）获得。

$$\omega = \omega_{\max} - (\omega_{\max} - \omega_{\min})\text{iter}_{\text{current}} / \text{iter}_{\max} \tag{8.22}$$

式中，$\omega_{\max}$ 表示最大惯性权重；$\omega_{\min}$ 表示最小惯性权重；$\text{iter}_{\text{current}}$ 表示当前迭代次数；$\text{iter}_{\max}$ 表示最大迭代次数。

步骤 3：重新计算满足式（8.16）～式（8.19）约束条件的每个粒子的适应度值，然后，更新个体极值和群体极值。

步骤 4：转到步骤 2，迭代运算，直到算法收敛，最终得到优化结果，即优化后的不同航段的船舶最佳航速，以及不同航段上的最佳风翼攻角。

8.3.4　风翼助航船舶能效优化效果分析

1. 研究对象

基于风翼的运行特点及经济性和可靠性等方面考虑，应用风翼助推系统的船舶应具备船型宽大、主甲板上层建筑规模小、主甲板满足翼型帆的操作需求等特点。对象船舶的主要参数如表 8.5 所示，此船搭载了能效管理系统，可以实现主

机油耗、功率、转速，以及船舶航速、航行位置等数据的采集，从而为船舶能耗
分析奠定了数据基础。

表 8.5　对象船舶主要参数

名称	参数	名称	参数
长度	327m	设计速度	14.5kn
型深	29m	螺旋桨叶片数	5 片
型宽	55m	螺旋桨直径	9.7m
载重	297959t	发动机额定功率	19000kW
吃水	21.4m	发动机额定转速	73r/min

　　本案例旨在分析目标船舶安装风帆并采用本节所提出的联合优化方法的能耗
优化效果，从而为该船应用风帆及其优化管理提供参考。综合考虑船舶尺度、甲
板实际布置情况，以及风翼旋转机构及风翼本身所需空间等方面，本案例拟采取
风帆并列的布置方案。此方案的优点在于既能增加风帆面积，提高风能的利用效
率，又不至于单个风帆面积过大而影响驾驶人员的视野。除此之外，风帆并列布
置能够有效节省甲板的占用面积，提高甲板空间利用效率。本案例中，风翼的具
体参数如表 8.6 所示。

表 8.6　风翼参数

风翼高度/m	风翼投影面积/m^2	风翼弦长/m	展弦比
40	960	24	1.67

2. 风翼空气动力学特性分析

　　在风翼受力分析的过程中，风翼的升力系数和阻力系数是计算风翼助推力和
侧推力的重要参数，可以通过风洞实验获得。目标风翼的升力系数和阻力系数的
对应关系如图 8.16 所示。

　　根据风翼的升力系数和阻力系数及风向角，可以计算获得风翼的助推力系数
和侧推力系数，分别如式（8.23）和式（8.24）所示。

$$C_X = C_L \sin\theta - C_D \cos\theta \tag{8.23}$$

$$C_Y = C_L \cos\theta + C_D \sin\theta \tag{8.24}$$

则风翼助推力和侧推力可分别通过式（8.25）和式（8.26）计算获得。

$$F_X = \frac{C_X \rho_a v_a^2 S_w}{2} \tag{8.25}$$

$$F_Y = \frac{C_Y \rho_a v_a^2 S_w}{2} \tag{8.26}$$

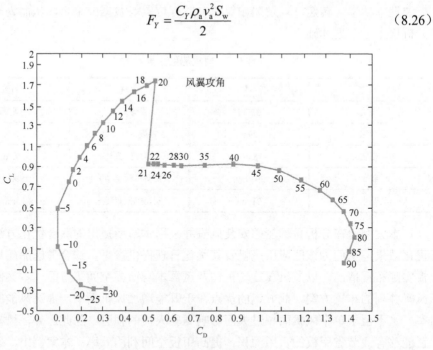

图 8.16　风翼 C_D-C_L 曲线图

　　综上所述，当不同风向角下的风翼助推力系数最大时，可最大化地利用风力资源，为船舶的航行提供辅助动力，从而降低船舶能耗和温室气体排放。不同风向角及风翼攻角下的风翼助推力系数如图 8.17 所示。此外，不同风向角下的最大风翼助推力系数如图 8.18 所示。

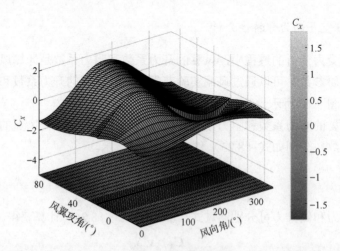

图 8.17　不同风向角及风翼攻角下的风翼助推力系数（扫封底二维码查看彩图）

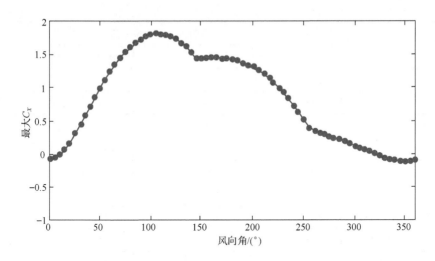

图 8.18　不同风向角下的最大风翼助推力系数

3. 风力资源分析及航段划分

航行区域内风力资源的统计分析是实现风翼助航船舶能耗优化的基础和前提。航行区域内的风力资源不仅决定了风翼助航船舶能否投入使用，还影响着风能的利用效率及其对船舶能耗优化的贡献。在本案例研究中，目标航行区域内风力资源的季节特征明显，并且该地区的风力资源在相同的季风期间较为稳定，因此，有助于风翼助航船舶的实际应用。

通过 ECWMF 获取本案例分析所需的风速、风向及浪高数据，数据收集频率为每 6 小时一次。此外，对获取的数据进行以下预处理。

（1）利用三维线性插值法获取不同位置、不同时间的实时环境数据。

（2）对经纬度方向的风场分量进行矢量合成，得到风速和风向的最终数据。

综上，所获得的某一时刻（2015-06-26 18:00）不同经纬度的部分风速和风向数据，分别如表 8.7 和表 8.8 所示。

表 8.7　不同经纬度的风速信息（2015-06-26 18:00）　　　单位：m/s

纬度/(°)	经度/(°)							
	37.625	37.750	37.875	38.000	···	104.750	104.875	105
−6.375	2.68	2.71	2.83	2.91	···	2.74	2.43	2.19
−6.500	2.82	2.73	2.76	2.83	···	2.83	2.52	2.29

续表

纬度/(°)	经度/(°)							
	37.625	37.750	37.875	38.000	···	104.750	104.875	105
−6.625	2.96	2.87	2.78	2.76	···	2.95	2.64	2.42
−6.750	2.99	2.90	2.81	2.79	···	3.26	2.96	2.73
−6.875	2.97	2.88	2.88	2.88	···	3.66	3.36	3.14
−7.000	2.95	2.94	2.97	2.98	···	4.06	3.76	3.54
···	···	···	···	···	···	···	···	···
−33.125	4.56	4.63	4.69	4.76	···	2.81	2.81	2.82
−33.250	4.54	4.61	4.67	4.73	···	2.44	2.43	2.43
−33.375	4.53	4.59	4.65	4.71	···	2.08	2.05	2.04
−33.500	4.53	4.58	4.64	4.70	···	1.74	1.68	1.64

表 8.8　不同经纬度的风向信息（2015-06-26 18:00）　　单位：(°)

纬度/(°)	经度/(°)							
	37.625	37.750	37.875	38.000	···	104.750	104.875	105.000
−6.375	318.01	319.52	321.84	323.10	···	278.78	278.29	278.93
−6.500	317.62	317.70	319.19	320.54	···	284.47	284.71	285.97
−6.625	317.29	317.36	317.43	317.85	···	289.77	290.58	292.35
−6.750	319.18	319.31	319.45	314.90	···	292.37	293.37	295.15
−6.875	322.23	322.46	316.85	311.92	···	293.51	294.51	296.14
−7.000	325.34	319.84	313.90	309.14	···	294.44	295.39	296.90
···	···	···	···	···	···	···	···	···
−33.125	356.54	356.07	355.61	355.16	···	253.69	256.00	258.25
−33.250	358.56	358.07	357.56	357.08	···	247.61	250.28	252.89
−33.375	0.88	0.34	359.82	359.32	···	238.83	241.87	244.96
−33.500	3.82	3.25	2.68	2.14	···	224.63	227.94	231.52

　　基于获得的数据，对区域内的风速和风向进行了时空分布特征分析，从而为风翼助航船舶航行优化及能效管理奠定基础。图 8.19 和图 8.20 分别给出了该航行区域内风速和风向的时空分布特征。

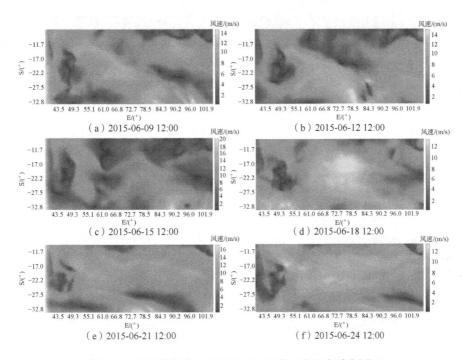

图 8.19　风速的时空分布特征（扫封底二维码查看彩图）

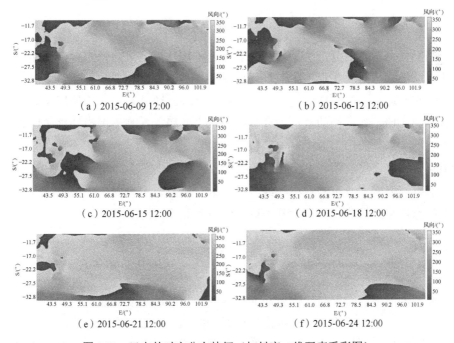

图 8.20　风向的时空分布特征（扫封底二维码查看彩图）

　　此外，图 8.21 给出了基于风玫瑰图的风力资源分布特征。从图中可以看出，在给定的时间内，风向基本上集中在 270°～345°，风速主要集中在 6～12m/s。由此可见，该航行区域内相对稳定的风向和风速，可为风翼助推技术的应用提供有利条件。

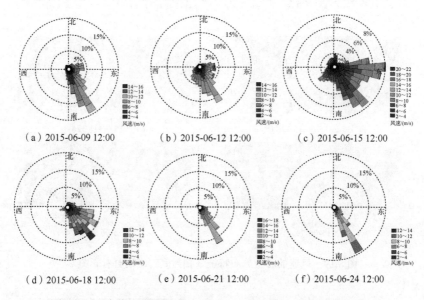

图 8.21　目标航行区域内的风玫瑰图（扫封底二维码查看彩图）

　　基于风力资源的分析结果可知，航线内不同位置的风力资源存在明显差异。因此，航线划分对于实现不同航行环境条件下的能耗优化非常重要。可以采用聚类算法来实现基于航行环境差异分析的航段划分。通过采用 k 均值聚类算法，将具有相同环境条件特征的航行位置划分为一个航段。在基于聚类结果航段划分的基础上，可实现基于航段划分的风翼攻角和船舶航速的联合优化。采用该方法可以避免频繁调整风翼攻角和主机转速，有利于联合优化方法的实际应用。图 8.22 为基于航行环境聚类分析的目标航线的航段划分结果。可以看出，根据航行环境条件的特点，整条航线可以分为若干风力资源明显不同的航段。

　　4. 能耗优化结果分析

　　以某典型航次为例，对风翼助航船舶能耗和 CO_2 排放量进行分析，以验证风翼助航船舶能效联合智能优化方法的有效性。基于所建立的能耗模型和风能资源的统计分析结果，采用本节所提出的风帆助航船舶能效联合优化算法，可以得到不同海况和运行条件下的船舶最佳航速和风翼攻角。其中，基于 PSO 算法的风翼助航船舶联合智能优化算法所需的相关参数如表 8.9 所示。采用该方法，获得优化后的各航段的船舶航速和最佳风翼攻角分别如图 8.23 和图 8.24 所示。

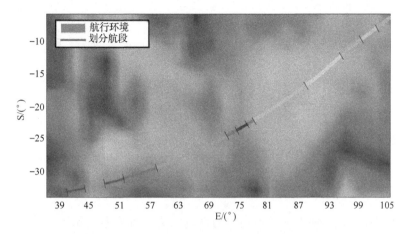

图 8.22　基于航行环境聚类分析的航段划分结果

（扫封底二维码查看彩图）

表 8.9　联合智能优化算法相关参数

c_1	c_2	w_{max}	w_{min}	$iter_{max}$	N	M
2	2	0.9	0.4	50	20	14

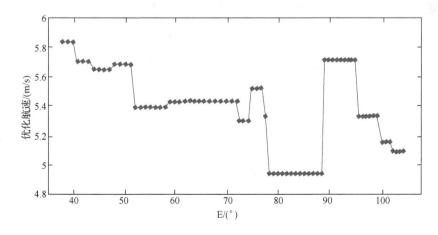

图 8.23　不同航行位置的船舶优化航速

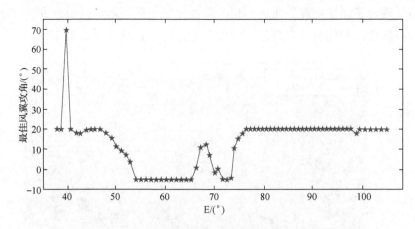

图 8.24　不同航行位置的最佳风翼攻角

最佳风翼攻角下所对应的风翼推力系数如图 8.25 所示。此外，采用风翼助航混合动力系统及本节所提出的能效联合优化方法前后的船舶油耗和 CO_2 排放量分别如图 8.26 和图 8.27 所示。从图中可以看出，采用风翼助航混合动力系统及能效联合优化方法，在多数情况下，可以有效降低船舶油耗，尽管油耗降低的百分比有所不同，其主要原因是不同的风向角导致风能的利用效率不同。当相对风向角在 0°～40°时，由于风翼辅助推力较弱，因此油耗优化效果较弱。当风向角接近90°时，风翼辅助推力较强，油耗优化效果较好，船舶油耗和 CO_2 排放量最低。需要说明的是，当助推力系数小于 0 时，不再使用风翼。

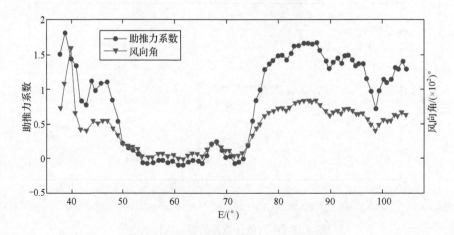

图 8.25　最佳风翼攻角下的助推力系数

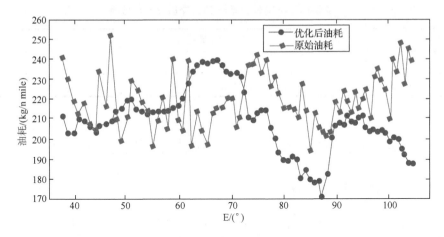

图 8.26　不同航行位置的船舶油耗对比分析

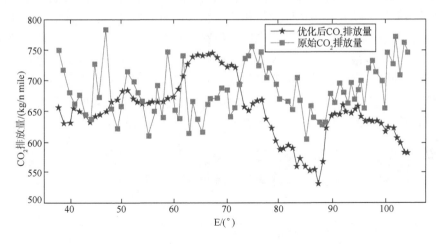

图 8.27　不同航行位置的 CO_2 排放量对比分析

此外，由于航行时间的限制，船舶在某些位置需要提高航速，以确保准时到达目的港，这导致船舶油耗和 CO_2 排放量有所增加。虽然部分航段的船舶油耗和 CO_2 排放量高于原始运行模式，但采用风翼助航混合动力系统及其能效联合优化方法，可以有效降低航次船舶总油耗和 CO_2 排放量。采用风翼助航混合动力系统及其能效联合优化方法前后的船舶总油耗和 CO_2 排放量如表 8.10 所示，单航次可节省燃油约 39.72t。因此，其可以有效提高航运公司的经济性。与此同时，采用风翼助航混合动力系统及其能效联合优化方法，可降低 CO_2 排放量约 4.5%。因此，风翼助航船舶混合动力系统及能效联合优化方法的应用具有较好的节能减排效果。

表 8.10　航次总油耗与 CO_2 排放量对比分析

项目	装风翼优化模式	无风翼原始模式
总油耗/t	845.25	884.97
总 CO_2 排放量/t	2632.10	2755.80

8.4　风翼助航船舶能效多源协同智能优化方法

8.4.1　多源协同智能优化实现方法

　　船舶远洋航行时，通过选择大圆航线航行可缩短航行距离，但通常不是最节省燃料的航线，基于航行环境等因素的影响决策出最佳的航线可有效提高船舶能效水平。与此同时，船舶的油耗量会随着航行环境及船舶航速的变化而变化，因此，通过不同航行环境条件下的航速优化决策也可以有效提高船舶能效水平。此外，由于航行环境的不同，风向角也不同，但存在一个对应的最佳风翼攻角，使得风翼的助推力系数最大。综上，风翼助航船舶能效水平受船舶航线、航速及风翼攻角等因素的综合影响，并且诸要素彼此关联，只有实现不同航行条件下风翼攻角与船舶航线及航速的多源协同优化，才能进一步挖掘船舶能效的提升潜力。风翼助航船舶能效多源协同优化方法实现过程如图 8.28 所示[14]。

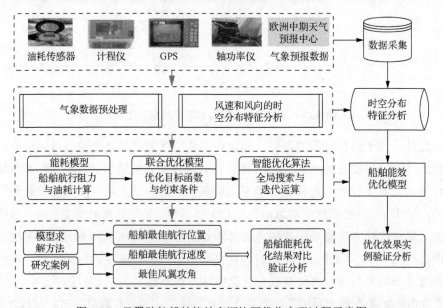

图 8.28　风翼助航船舶能效多源协同优化实现过程示意图

　　目标船舶航行所经过海域的气象环境数据，如浪高、风速、风向等信息，可通过 ECMWF 获取。船舶的油耗、航程、轴功率、经纬度及风翼攻角等数据可分别通过燃油流量计、计程仪、轴功率计、GPS 及角度传感器进行采集和存储。在此基础上，构建考虑多航行环境要素影响的风翼助航船舶能耗模型。同时，针对目标航行区域，根据经度及纬度信息进行网格化处理，以获取网格位置的航行海况信息。所建立的风翼助航船舶航线、航速及风翼攻角协同优化模型，旨在确定船舶航行的最佳网格位置，以及所对应的风翼攻角和船舶航速。最终，通过智能优化算法对该模型进行求解，从而决策出船舶的最佳航行位置、航速及风翼攻角，实现船舶航线、航速及风翼攻角的多源协同智能优化，并通过案例分析验证多源协同智能优化方法的有效性。

　　在进行船舶海域网格化处理时，需要结合航行距离以及船舶实际操作情况，将海域划分为大小合适的网格，如图 8.29 所示，在经度方向将航行海域分为 N 列网格，并设置纬度方向的网格大小与经度方向网格大小相同。由于船舶特定航次的起始位置与终止位置是确定的，且多源协同优化需决策出船舶各个航行位置点，以及各个位置点之间的船舶最佳航速和风翼最佳攻角。因此，需确定 $3N-4$ 个优化变量，分别为 $N-2$ 个船舶航行位置变量、$N-1$ 个船舶航速变量，以及 $N-1$ 个风翼攻角变量。

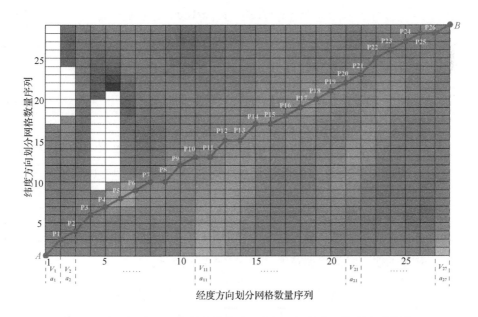

图 8.29　能效多源协同智能优化方法示意图（扫封底二维码查看彩图）

8.4.2　多源协同优化模型与算法

1. 多源协同优化模型

风翼助航船舶整个航线的燃油消耗计算可通过将上文所述单位距离的油耗乘以船舶航行的总距离求得。因此，需计算获得船舶航次总的航行距离，由于对船舶航行海域进行网格化处理时，网格划分是按照经纬度数值进行划分的，但高纬度区域的经纬度线分布密度要远大于低纬度区域，也就是说每个网格在地理上的实际距离并不相等。因此，需基于经纬度信息来计算任意网格之间的实际航行距离，如式（8.27）所示。

$$S_{i,i+1} = R_e 2a \sin\left(\sqrt{\sin(a/2)^2 + \cos(x_i \pi/180)\cos(x_{i+1} \pi/180)\sin(b/2)^2}\right) \quad (8.27)$$

式中，$S_{i,i+1}$ 表示位置 $P_i(x_i, y_i)$ 和位置 $P_{i+1}(x_{i+1}, y_{i+1})$ 之间的航行距离；x_i 表示不同位置的纬度值；R_e 表示地球半径；a 和 b 可通过式（8.28）和式（8.29）获得，其中，y_i 表示不同位置的经度值。

$$a = x_i \pi/180 - x_{i+1} \pi/180 \quad (8.28)$$

$$b = y_i \pi/180 - y_{i+1} \pi/180 \quad (8.29)$$

在获得船舶航行距离后，结合前文的船舶单位距离的油耗，便可计算获得船舶整个航次的油耗，如式（8.30）所示。

$$Q_{\text{total}} = \sum_{i=0}^{m}\left(q_{i,i+1} S_{i,i+1}\right) = f\left(V_{i,i+1}, S_{i,i+1}, \alpha_{i,i+1}\right) \quad (8.30)$$

式中，Q_{total} 表示位置 A 和位置 B 之间总油耗；$q_{i,i+1}$ 表示位置 $P_i(x_i, y_i)$ 和位置 $P_{i+1}(x_{i+1}, y_{i+1})$ 之间单位距离的油耗；$\alpha_{i,i+1}$ 表示每一航行位置的最佳风翼攻角，它是与船舶航速 $V_{i,i+1}$ 以及位置 $P_i(x_i, y_i)$ 和位置 $P_{i+1}(x_{i+1}, y_{i+1})$ 之间的航行环境要素有关的函数；$S_{i,i+1}$ 表示位置 $P_i(x_i, y_i)$ 和位置 $P_{i+1}(x_{i+1}, y_{i+1})$ 之间的航行距离。

在获得船舶各个航段的航行距离和航速之后，船舶总航行时间可通过将该航线上各个航段的航行时间相加获得，如式（8.31）所示。

$$T_{\text{total}} = \sum_{i=0}^{m} T_{i,i+1} = \sum_{i=0}^{m}\left(S_{i,i+1}/V_{i,i+1}\right) \quad (8.31)$$

式中，T_{total} 表示位置 A 和位置 B 之间航行的总时间；$T_{i,i+1}$ 表示位置 $P_i(x_i, y_i)$ 和位

置 $P_{i+1}(x_{i+1}, y_{i+1})$ 之间的航行时间；$S_{i,i+1}$ 表示位置 $P_i(x_i, y_i)$ 和位置 $P_{i+1}(x_{i+1}, y_{i+1})$ 之间的航行距离；$V_{i,i+1}$ 表示位置 $P_i(x_i, y_i)$ 和位置 $P_{i+1}(x_{i+1}, y_{i+1})$ 之间的船舶航速。

结合上文所建立的风翼助航船舶能耗模型，可计算获得不同航行环境、不同航线和航速下的总油耗和航行时间。船舶航线、航速及风翼攻角的协同优化是一个复杂的多变量、多约束的优化问题，该协同优化模型的优化目标及约束条件如下所示。

$$\min \quad Q_{\text{total}} = \sum_{i=0}^{m}\left(q_{i,i+1}S_{i,i+1}\right) = \sum_{i=0}^{m} f\left(V_{i,i+1}, S_{i,i+1}, \alpha_{i,i+1}\right) \tag{8.32}$$

$$T_{\text{total}} \leqslant T_{\text{limit}} \tag{8.33}$$

$$V_{\min} < V_{i,i+1} = S_{i,i+1} / T_{i,i+1} < V_{\max} \tag{8.34}$$

$$N_{\min} < N_{i,i+1} < N_{\max} \tag{8.35}$$

$$\alpha_{\min} \leqslant \alpha_{i,i+1} \leqslant \alpha_{\max} \tag{8.36}$$

式（8.32）为多源协同优化的目标函数，其中各航段的航速、航行位置及风翼攻角为优化变量；式（8.33）为航期约束条件，其目的在于保证船舶在规定时间抵达目的港，T_{limit} 为最大允许航行时间；式（8.34）表示船舶航速要求，$V_{\min}$ 和 $V_{\max}$ 分别表示最小航速和最大航速；式（8.35）表示船舶主机转速要求，$N_{\min}$ 和 $N_{\max}$ 分别表示最小主机转速和最大主机转速；式（8.36）代表风翼攻角要求，$\alpha_{\min}$ 和 $\alpha_{\max}$ 分别表示最小风翼攻角和最大风翼攻角。

2. 多源协同智能优化算法

对于船舶航线、航速及风翼攻角的协同优化决策，关键在于通过采用智能优化算法求解所建立的多源协同优化模型，从而获得全局最优解。PSO 算法对非线性、多目标优化问题具有较强的全局搜索能力，可以获得多源协同优化模型的全局最优解。基于 PSO 算法的多源协同优化模型求解过程如图 8.30 所示，具体包括以下步骤。

步骤 1：对粒子群进行初始化，对多源协同优化算法所使用的粒子群体进行初始化设置，包括粒子群的规模、初始粒子的飞行位置和飞行速度等。

步骤 2：依据目标函数，进行每个粒子的适应度值 fit[i] 计算。

步骤 3：获得个体极值 $p_{\text{best}}(i)$，并将每个粒子的适应度值 fit[i] 与之进行比较，若 fit[i] < $p_{\text{best}}(i)$，则用 fit[i] 对 $p_{\text{best}}(i)$ 进行替换更新。

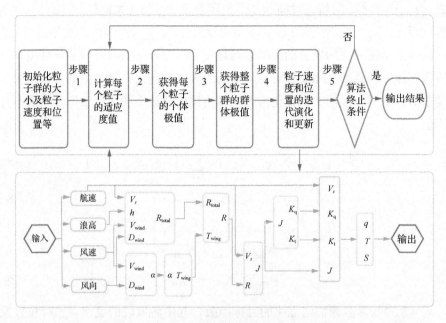

图 8.30　基于 PSO 算法的多源协同优化模型求解

步骤 4：获得群体极值 $g_{\text{best}}(i)$，并将每个粒子的适应度值 fit[i] 与之进行比较，若 fit[i] < $g_{\text{best}}(i)$，则用 fit[i] 对 $g_{\text{best}}(i)$ 进行替换更新。

步骤 5：根据式（8.37）和式（8.38）对粒子的速度和位置进行迭代更新。并对边界条件进行处理，判断算法是否满足终止条件。若符合算法终止条件，则结束算法并输出最优解；若不符合终止条件，则返回步骤 2 继续进行计算，直至满足算法终止条件为止。

$$v_{ij}(t+1) = \omega v_{ij}(t) + c_1 r_1(p_{\text{best}}(t) - x_{ij}(t)) + c_2 r_2(g_{\text{best}}(t) - x_{ij}(t)) \qquad （8.37）$$

$$x_{ij}(t+1) = x_{ij}(t) + v_{ij}(t+1) \qquad （8.38）$$

式中，v_{ij} 是粒子的速度，$v_{ij} \in [-v_{\max}, v_{\max}]$，$v_{\max}$ 是常数，是对粒子人为设定的限制速度；t 为当前迭代次数；ω 为惯性权重；c_1 和 c_2 为常数；r_1 和 r_2 是 [0, 1] 范围内的随机数，用来增加粒子在飞行时的随机性；p_{best} 为个体极值；x_{ij} 为粒子的位置；g_{best} 为群体极值。

此外，在搜索过程中，可以对 ω 进行动态调整，算法前期赋予其较大的值，加强其全局搜索能力，以便快速找到全局最优解可能存在的区域。随着算法的

运行不断减小 ω 值，从而使算法后期具有较大概率向全局最优解位置收敛，如式（8.39）所示。

$$\omega = \omega_{\max} - \frac{(\omega_{\max} - \omega_{\min})t}{T_{\max}} \qquad (8.39)$$

式中，$\omega_{\max}$ 表示最大惯性权重；$\omega_{\min}$ 表示最小惯性权重；$T_{\max}$ 表示最大迭代次数。

8.4.3　多源协同智能优化效果分析

以某大型散货船为研究对象，进行风翼助航船舶能效多源协同智能优化方法的理论节能效果分析，从而为该船应用风帆及其能效优化管理提供参考。

1. 风帆空气动力学特性分析

风帆的空气动力学特性分析的主要方法有试验方法、理论分析及数值模拟。试验方法所得到的结果真实可信，它是理论分析和数值模拟的基础。然而，试验往往受到模型尺寸、流场扰动和测量精度的限制；此外，试验还会受到人力、物力等方面的限制。理论分析方法的优点在于所得结果具有普遍性，是指导试验和数值计算方法的理论基础。但是，对于复杂流体，理论分析往往无法给出解析结果。随着计算机技术和 CFD 仿真计算的不断发展和完善，使用 CFD 仿真计算软件对风帆周围的流场进行数值模拟，从而获得所需的风帆空气动力学特性已成为一种重要且有效的方法。

1）风帆几何模型

建立良好的几何模型是数值模拟分析的先决条件，几何模型的正确与否直接影响数值模拟计算的结果。显然几何模型与实物越接近，则数值模拟结果就会越精确。然而，由于物理实体的复杂性，难以建立与实物完全一样的模型，但需最大限度地接近实物。翼型风帆主要结构尺寸如表 8.11 所示。采用 SolidWorks 软件，按照由低阶元素到高阶元素（点→线→面→体）的方式对翼型风帆进行实体建模，建立的翼型风帆几何模型如图 8.31 所示。

表 8.11　翼型风帆主要结构尺寸

风帆高度/m	风帆投影面积/m²	最大宽度/m	展弦比
50	750	15	3.333

图 8.31　翼型风帆几何模型（扫封底二维码查看彩图）

2）计算域的建立

通过 Fluent 自带的 Geometry 与 Meshing 组件完成计算域的建立。为模拟风帆在海面上的实际情况，计算域越大越好，但考虑到计算机的计算能力与时间成本，计算域的大小参考几何模型的尺寸而合理设置。经综合考虑，计算域选取 6 个边界面，分别为流入界面（in-let）、流出界面（out-let）、外边界（open）、上边界（top）、下边界（ground）和帆体（wing），其剖面为一个半径为 90m 半圆的前半区和一个边长为 150m 的矩形后半区，风帆位于半圆中心，风帆上表面到计算域上边界及风帆下表面到计算域下边界都设置为 50m，计算域如图 8.32 所示。

Meshing 提供了一种流程化、高效的网格划分方案，采用 poly-hexcore 网格对计算域进行网格划分，网格总数为 198 万，网格划分结果如图 8.33 所示。

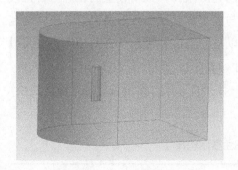

图 8.32　计算域图

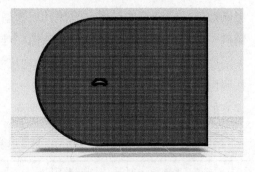

图 8.33　网格划分图

3）模型求解

利用 Fluent 软件对已经做好网格划分的计算域进行求解，本节采用的计算风速为 36.5m/s，因此，可将空气的流动视为不可压缩流体的流动，其控制方程为三维不可压缩的 N-S 方程和三维连续性方程，湍流模式采用 k-ε 模型。初始参数设置为压力 101325Pa、空气密度 1.225kg/m³、温度 288.16K，并定义各边界面的边界条件。此外，通过采用风帆不动、改变风向的方法来处理攻角的变化。通过计算，所获得的 0°、20°和 40°攻角下翼型风帆的数值分析结果分别如图 8.34～图 8.39 所示。

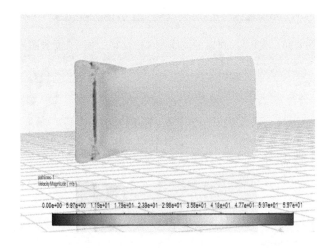

图 8.34　攻角为 0°时的流线图（扫封底二维码查看彩图）

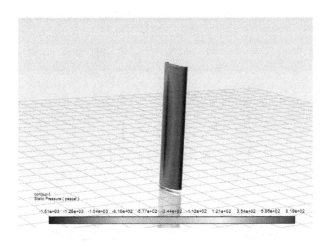

图 8.35　攻角为 0°时的压力云图（扫封底二维码查看彩图）

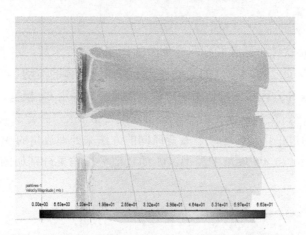

图 8.36　攻角为 20°时的流线图（扫封底二维码查看彩图）

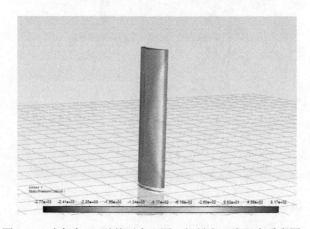

图 8.37　攻角为 20°时的压力云图（扫封底二维码查看彩图）

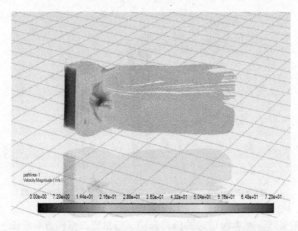

图 8.38　攻角为 40°时的流线图（扫封底二维码查看彩图）

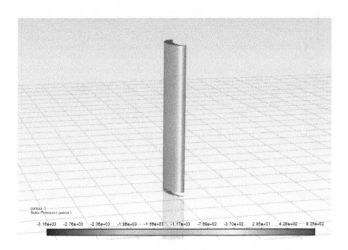

图 8.39　攻角为 40°时的压力云图（扫封底二维码查看彩图）

　　基于风帆的空气动力学特性分析，获得了不同风翼攻角下翼型风帆的升力系数和阻力系数，分别如图 8.40 和图 8.41 所示。所得系数可用于计算翼型风帆在不同攻角和不同风速下产生的推力。此外，为了获得最大风翼助推力，最大推力系数的分析至关重要。不同风向角和风翼攻角下的风翼推力系数如图 8.42 所示。风翼攻角的优化目标是获得特定风向角下的最大推力系数。

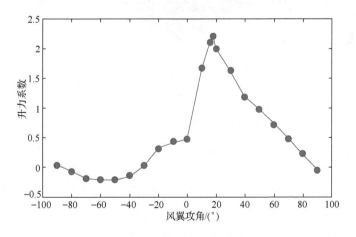

图 8.40　不同风翼攻角下升力系数

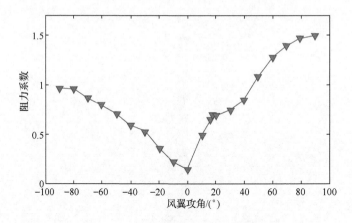

图 8.41　不同风翼攻角下阻力系数

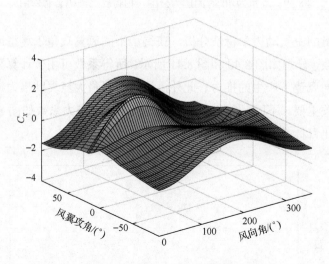

图 8.42　风翼推力系数（扫封底二维码查看彩图）

2. 多源协同智能优化结果分析

基于所建立的多源协同优化模型和风力资源时空分析结果，采用 PSO 算法可以获得不同条件下的风翼助航船舶最优航线、航速及风翼攻角。图 8.43 和图 8.44 给出了优化后的航行路线和各航段中的船舶航速。此外，优化后的风翼攻角和风翼推力系数分别如图 8.45 和图 8.46 所示。

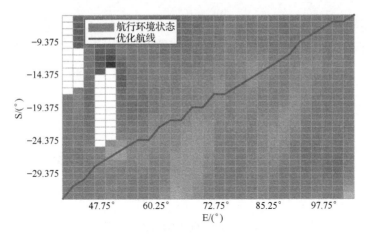

图 8.43　优化后的航行路线（扫封底二维码查看彩图）

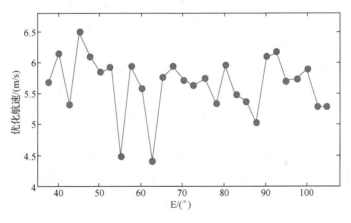

图 8.44　优化后的船舶航速（扫封底二维码查看彩图）

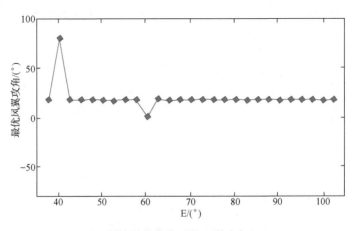

图 8.45　优化后的风翼攻角

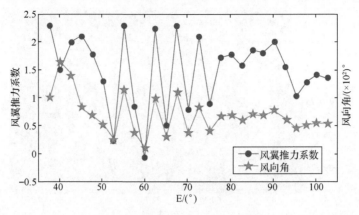

图 8.46　优化后的风翼推力系数

　　另外，采用风翼助航船舶能效多源协同优化方法前后的船舶油耗和 CO_2 排放量分别如图 8.47 和图 8.48 所示，其中，CO_2 排放量通过油耗量与燃油的碳排放因子相乘计算获得。从图中可以看出，采用多源协同优化方法在大部分位置都可以有效降低船舶油耗。然而，不同航段内的节能效果具有一定的差异，其主要原因是不同航段的风力资源不同，影响了风能的利用效率和风翼的助推效果。如图 8.49 所示，当风向角在 90°～130° 之间时，风翼助推效果较好，可以为船舶提供更大的助推力，从而获得较好的节能效果。此外，由于整个航程的时间限制，船舶需在某些航段提高航速，以确保按时到达目的港，从而导致燃油消耗和 CO_2 排放量有所增加，在某些特定航段甚至超过原始运行模式下的燃油消耗和 CO_2 排放量。尽管如此，采用多源协同智能优化方法可有效降低船舶整个航次的总油耗和 CO_2 排放量。

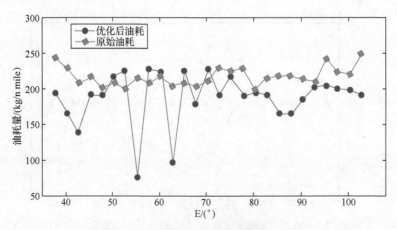

图 8.47　不同航行位置油耗对比分析

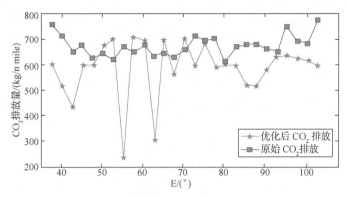

图 8.48　不同航行位置 CO_2 排放量对比分析

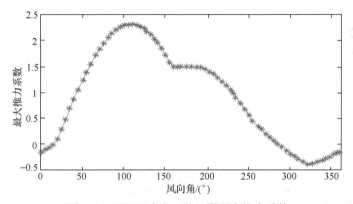

图 8.49　不同风向角下的风翼最大推力系数

对象船舶采用风帆助推系统和多源协同智能优化方法前后的航次总油耗和 CO_2 排放量如表 8.12 所示。从表中可以看出，与无风帆原始运行模式相比，整个航程的油耗和 CO_2 排放量可以减少 8.9%。意味着采用风帆和多源协同优化方法单航次可减少燃油 79.11t，可以有效地提高航运公司的经济效益。此外，通过采用风帆助推系统和多源协同优化方法，可降低 CO_2 排放量约 246.35t。如果采用更多的风帆或风力资源更为丰富时，节能减排效果会更好。综上，采用风帆助推系统和能效多源协同智能优化方法对促进航运业的绿色化发展具有重要意义。

表 8.12　航次总油耗和 CO_2 排放量

项目	无风帆原始运行模式	有风帆多源协同优化模式
总油耗/t	884.97	805.86
总 CO_2 排放量/t	2755.80	2509.45
优化效果/%	8.9	8.9

8.5　本章小结

本章开展了船舶新能源应用技术分析，包括风能、太阳能，以及替代燃料应用技术的综合分析。在此基础上，针对风能在大型远洋船舶上应用的优势，论述了风帆助航船舶能效智能优化技术。在风翼助航船舶能效分析与评价的基础上，提出了风翼助航船舶能效智能优化方法，通过构建风翼攻角与船舶航速的协同优化模型与智能算法，有效提高了风翼助航船舶的营运能效水平。

此外，为进一步挖掘风翼助航船舶能效的提升潜力，建立了风翼助航船舶航线、航速及风翼攻角的多源协同优化模型。该模型通过考虑航线、航速、风翼攻角和航行环境要素之间的相互作用关系，可以进一步提高风翼助航船舶的能效水平。在此基础上，提出了一种基于群智能启发式算法的能效多源协同智能优化方法，实现了船舶航线、航速及风翼攻角的智能协同优化决策，在充分利用风力资源的同时，可使风翼助航混合动力系统始终处于最佳运行状态，从而进一步提高了风翼助航船舶的能效水平，其对促进航运业的绿色化与智能化发展具有重要意义。

参 考 文 献

[1] WANG K, XUE Y, XU H, et al. Joint energy consumption optimization method for wing-diesel engine-powered hybrid ships towards a more energy-efficient shipping[J]. Energy, 2022, 245: 1-15.

[2] 严新平, 徐立, 袁成清. 船舶清洁能源技术[M]. 2 版. 北京: 国防工业出版社, 2015.

[3] WANG K, GUO X, ZHAO J H, et al. An integrated collaborative decision-making method for optimizing energy consumption of sail-assisted ships towards low-carbon shipping[J]. Ocean Engineering, 2022, 266: 1-15.

[4] 严新平. 新能源在船舶上的应用进展及展望[J]. 船海工程, 2010, 39(6): 111-115, 120.

[5] HUANG Z X, HUANG L Z, WANG K, et al. Key technology of energy efficiency modeling and optimization for wing sailboats[C]. 6th International Conference on Transportation Information and Safety(ICTIS), 2021: 379-385.

[6] 胡以怀. 新能源与船舶节能技术[M]. 北京: 科学出版社, 2015.

[7] DONG S Y, HUANG L Z, WANG K, et al. The joint optimization technology of sailing speed and route for sea-going ships[C]. 6th International Conference on Transportation Information and Safety(ICTIS), Wuhan, China, 2021: 1206-1212.

[8] 王迪, 孙培廷, 张跃文, 等. 风翼助航船舶风翼攻角控制策略[J]. 大连海事大学学报, 2019, 45(1):1-10.

[9] MA Y, BI H X, HU M Q, et al. Hard sail optimization and energy efficiency enhancement for sail-assisted vessel[J]. Ocean Engineering, 2019, 173: 687-699.

[10] 马冉祺. 风翼助航船动力装置操纵研究[D]. 大连: 大连海事大学, 2014.

[11] MA R Q, WANG Z Y, WANG K, et al. An evaluation method for energy saving of sail-assisted ship based on wind resource analysis of typical route[J]. Journal of Marine Science and Engineering, 2023, 11(4): 1-22.

[12] 李元奎. 风力助航船舶航线优化模型及智能算法研究[D]. 大连: 大连海事大学, 2014.

[13] XING H, SPENCE S, CHEN H. A comprehensive review on countermeasures for CO_2 emissions from ships[J]. Renewable and Sustainable Energy Reviews, 2020, 134: 110222.

[14] 董思邑. 风翼助航船舶的航速航线联合优化方法研究[D]. 大连: 大连海事大学, 2022.

第 9 章　船舶能效优化管理技术应用与发展趋势分析

通过能效优化管理技术应用与发展趋势分析可以了解相关技术的发展情况和实际应用效果，从而可为不同船舶选择合理的能效优化技术提供参考。本章主要开展了能效优化管理技术碳减排效果与应用效果前景分析、面向法规要求的船舶能效优化管理技术发展分析，并总结分析了船舶能效优化管理技术的发展趋势与发展路径，以期为船舶能效优化技术的发展与应用提供参考。

9.1　能效优化管理技术碳减排效果与应用前景分析

船舶能效优化管理技术与方法的研究与应用，可以有效降低船舶能源消耗和温室气体排放，因此其推广应用对实现船舶的节能减排具有重要意义。本节开展了能效优化管理技术碳减排效果分析，并在此基础上，进行了能效优化管理技术的应用前景分析。

9.1.1　能效优化管理技术碳减排效果分析

1. 碳减排效果分析方法

基于船舶营运节能影响因素与优化方法分析，以及不同船型节能技术研究与应用分析可知，船舶营运管理节能技术主要有船舶航速与航线优化，以及船舶航行姿态优化决策等。基于不同能效优化管理技术的应用案例分析，可以获得不同优化技术与方法的能耗优化潜力，即不同优化方法对船舶能耗降低的百分比。在此基础上，通过所消耗燃料的碳排放因子，可以实现不同营运管理节能技术的碳减排效果分析，其中，不同类型燃料的碳排放因子如表 9.1 所示。

表 9.1　不同类型燃料的碳排放因子

燃料类型	碳排放因子（t CO_2/t 燃料）
柴油/汽油	3.186
轻燃油（LFO）	3.151
重燃油（HFO）	3.114
液化石油气（LPG）	2.985
液化天然气（LNG）	2.693

　　不同能效优化管理技术的碳减排效果分析流程如图 9.1 所示。面向散货船、集装箱船、油轮等典型船舶，基于目标船的特点，获取船舶的营运信息及航行环境等信息，主要包括船舶的装载量、航速、主机转速、主机功率、油耗，以及风速、风向、浪高等数据信息。在此基础上，分析采用船队优化管理技术、航速优化技术、航线优化技术、最佳纵倾优化决策技术、主动力系统能耗优化技术、集成优化控制等技术前后的船舶能耗水平，统计采用不同能效优化管理技术后船舶能耗降低比例，再根据燃料的碳排放因子，分析获得不同能效优化管理技术的碳减排效果。

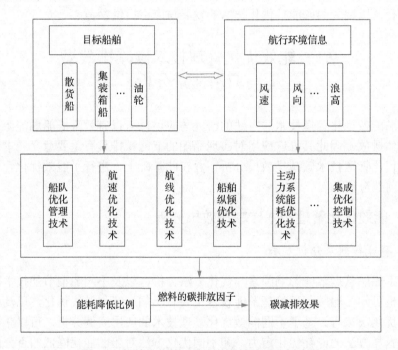

图 9.1　能效优化管理技术碳减排效果分析流程

2. 碳减排效果统计分析

　　基于上述碳减排效果分析方法与流程，在归纳总结国内外大量文献资料及调研的基础上，分析了不同能效优化管理技术的碳减排效果，如表 9.2 所示。基于此表可得以下几点结论。

　　（1）在船队优化管理技术方面，采用设备利用率优化与提升技术可以降低碳排放 5%～20%，具体案例分析可以降低碳排放 5.5%[1]。采用北极航线可以实现降低碳排放 25%～60%，具体案例分析可以降低碳排放 27%。采用缩短港口时间如泊位分配等可以降低碳排放 0.1%～1%，具体案例分析可以降低碳排放 1%。根据以上数据，在船队优化管理技术中采取北极航线可以显著减少船舶油耗，而缩短港口时间对船舶能耗影响相对较小。

（2）在降速航行方面，采用船舶降速航行技术可以有效降低船舶燃料成本和碳排放，根据速度降低程度的不同，可以降低碳排放 20%～60%。但降速航行会造成船舶航行时间的延长，从而导致运输效率的下降，可能需要配备更多的船舶来满足货物的运输需求。

（3）通过采用岸电技术（即到港船舶使用岸电）可以降低碳排放 1%～10%，因此，通过岸电技术的应用可有效降低船舶在港时的碳排放水平，从而减少对港口以及周围区域的环境污染[2]。

（4）在船舶航次优化方面，采用航线优化技术可以降低碳排放 0.1%～5%，采用航速优化可以降低碳排放 1%～10%，此外，纵倾优化、压载水优化可以降低碳排放 1%～10%[3-7]。

（5）在船舶维护保养方面，采用船体清污技术可以降低碳排放 1%～10%，具体案例分析可以降低碳排放 5%，采用螺旋桨清污技术可以降低碳排放 0.5%～8%，该方法可以通过减少阻力有效地减少船舶能量损失，从而减少碳排放。

（6）在人为因素方面，采用视情维修技术可以降低碳排放 1%～10%，具体案例分析可以降低碳排放 2%；采用提高能源意识、关注度、激励及运营改进等方法可以降低碳排放 1%～2%，在条件比较好的情况下，可以降低碳排放 10%左右[8]。

表 9.2 营运节能措施碳减排效果统计分析

能效优化管理技术	具体措施描述	不同情况碳减排潜力
船队优化管理技术	设备利用率优化与提升	5%～20%, 5.5%
	北极航线	25%～60%, 27%
	缩短港口时间，如泊位分配等	0.1%～1%, 1%
降速航行	船舶降速航行	20%～60%
岸电技术	到港船舶使用岸电	1%～10%
航次优化	航线优化	0.1%～5%
	航速优化	1%～10%
	纵倾优化、压载水优化	1%～10%
船舶维护保养	船体清污	1%～10%, 5%
	螺旋桨清污	0.5%～8%
人为因素	视情维修	1%～10%, 2%
	能源意识、关注度、激励、运营改进	1%～2%, 10%

综上所述，北极航线降低碳排放效果最为显著，但适用船舶较少且北极航行环境比较严苛。降速航行、设备利用率提升与优化、航次优化能够有效降低船舶的碳排放，并且能够适用于不同的船型、航线与运营阶段[9]。

需要指出的是，相应技术或操作措施对于不同的船舶及营运场景，其节油潜力存在一定差异，意味着相关技术和操作措施对环境及营运条件较为敏感。因此，在实施技术和操作措施以减少船舶 CO_2 排放量的同时，不能忽视环境及营运条件对减排效果的影响。此外，与其他技术措施相比，降速航行和航次优化等技术措施具有更好的碳减排效果。然而，单独的技术或措施难以实现国际海事组织设定的减排目标。另外，多项技术或操作措施的总体节油潜力并不是单项技术或操作措施碳减排效果的简单叠加，针对不同类型不同营运条件的船舶，如何合理选取多种节能措施来实现船舶碳减排效果的最大化，对实现低碳航运的发展目标具有重要的意义[10-11]。

9.1.2　能效优化管理技术应用前景分析

基于国内外大量文献资料的归纳总结及实船应用案例分析，在船舶营运管理节能技术发展现状、船舶营运节能影响因素与优化方法、典型船型节能技术研究与应用、营运管理节能技术的碳减排效果等方面系统分析的基础上，开展了不同营运节能技术的应用前景分析，如表 9.3 所示。

表 9.3　能效优化管理技术应用前景简析

技术名称	技术成熟度	经济性	法规完备性	碳减排效果
动力系统监测技术	较好	较好	一般	较好
航速优化技术	很好	很好	较好	很好
装载优化技术	好	好	好	一般
航线优化技术	较好	较好	好	好
船队优化管理技术	好	好	较差	较好
集成优化控制技术	一般	一般	一般	较好

基于能效优化管理技术的前景分析可知，航速优化技术具有最好的应用前景，其技术成熟度相对较高。并且，其碳减排效果较好，因不需要改造船舶、不影响航期等特点而具有较好的经济性。

航线优化技术相对较为成熟，国内外已有相应系统，其经济性取决于航次成本和船载软件购买成本，在恶劣天气或需及时到港时其经济性较为显著，碳减排效果处于航速优化技术与装载优化技术之间。

虽然国内外有装载优化技术的案例分析，但在实船应用中仍然存在一些问题或限制，比如船舶稳定性及压载水的调控等问题，并且其碳减排效果相对较低，经济性及法规完备性处于中等水平。

船队优化管理技术与集成优化控制技术具有较好的碳减排效果，但目前尚处于研究与测试阶段，其技术成熟度和法规完备性有待进一步提升。另外，该技术成本相对较高，也一定程度上影响了其推广应用。

9.2　面向法规要求的船舶能效优化管理技术发展分析

随着 MARPOL 的生效，需采取更有效的措施来进一步提高船舶能效水平，以满足 MARPOL 的要求。本节从面向法规要求的船舶碳排放数据监测技术、面向法规要求的船舶能效分析技术、面向法规要求的船舶能效提升技术等方面，开展了面向法规要求的船舶能效优化管理技术发展分析。

1. 面向法规要求的船舶碳排放数据监测技术

EEXI 是针对现有船舶，从设计角度对船舶单位货物载重吨和单位海里的 CO_2 排放量的计算，而 CII 则是针对船舶实际营运中的单位货物载重吨和单位海里的 CO_2 排放量的计算。在 MARPOL 中，对船舶碳排放数据的准确监测至关重要[12]。目前，主要是在船舶油耗监测的基础上，通过船舶油耗乘以碳排放因子来计算获得船舶碳排放量，其核心是如何有效监测船舶油耗，常用的方法是通过安装流量计来测量船舶主机的油耗[13]。显然，这种监测方法需要在船上安装流量计等相应的硬件设备，从而增加了成本，如果流量计出现故障可能会影响船舶主机燃油的正常供应，从而会对船舶主机的正常运行产生影响。另外，船舶油耗也可通过理论计算获得，然而这种方法难以精确量化实际运行复杂环境等因素的影响，与实际情况具有一定的差异。此外，对船舶碳排放的监测也可以通过仪器直接测量获得，通过烟囱等处直接测量船舶碳排放，其精度较高且对于各类碳排放源均适用，然而，其成本也非常高。综上，为了实现船舶能效的准确分析与评估，开展行之有效的船舶碳排放数据监测技术研究非常重要[14]。

2. 面向法规要求的船舶能效分析技术

为使船舶更好地实现法规履约，对船舶的能效情况进行挖掘分析是必不可少的。影响船舶能效的因素较为复杂，其不仅与船舶自身运行状态有关，还受航行环境、装载情况，以及航线和租期等因素影响。现有的船舶能效评价手段单独从船舶油耗入手，并未考虑外部环境影响，难以体现船舶的实际能效水平。大数据分析技术的发展为解决此问题提供了新的思路和方法。将大数据技术应用在船舶能效分析上具有巨大的潜力和利用价值，通过收集船舶进出港信息、燃油消耗、载货量、航程、船舶姿态等影响船舶能效的大量数据，采用大数据挖掘分析方法可以获得船舶在不同运行条件下的能效水平，从而可以为管理人员的优化操作提供辅助决策建议，避免完全依照经验操作的不足，使得船舶可以在不同航行环境条件及不同运行工况下持续运行在能效最佳状态，其对促进船舶能效的精细化管理至关重要。

3. 面向法规要求的船舶能效提升技术

EEXI 强调采用减排效果明显、技术成熟度高的技术方案来提升船舶的能效水平。相关研究表明，目前有约 60%的营运油船和散货船能够达到 EEXI 要求，然而，尚有大量现有船舶难以满足 EEXI 的要求，但可以通过相应技术措施来提高船舶的 EEXI 水平，如采取限制主机功率、使用低碳燃料、优化螺旋桨性能，以及使用风帆助推、气泡减阻等方法和措施[15]。

（1）船舶航线优化。该措施虽然不需要对船舶进行改造，但由于其节能效果有限，难以满足日益严格的排放法规的要求，难以实现碳减排的长期目标。

（2）降低功率/降速航行。通过采取该措施，可以满足 EEXI 的要求，然而，其也存在一些实际问题，如影响船期、降低服务水平、无法满足运输需求等。此外，部分船型具有最小装机功率的要求限制，因此，从长远来看，采用此方法的效果也会不断减弱。

（3）应用水动力节能技术。该技术措施国内外研究比较深入，也有很多应用的案例，如采用船体线型优化、基于水动力分析设计的高效螺旋桨等。

（4）采用主辅机节能技术。通过改善主机燃烧性能、采用新型轴带发电系统，以及高效余热利用装置等措施，来提高主辅机的能源利用效率，达到节能的目的。

（5）低碳/零碳燃料。通过采用 LNG、甲醇、氢气、氨气等替代燃料可以有效降低碳排放，目前 LNG 燃料应用较多，可以有效减少碳排放。

（6）采用创新技术。如采用风帆助航技术、气泡减阻技术，以及太阳能等清洁能源应用技术，可以有效降低船舶温室气体排放。

9.3　能效优化管理技术发展趋势与发展路径分析

9.3.1　能效优化管理技术发展趋势

随着船舶营运能效优化管理技术的不断发展，船舶能效优化管理技术的智能化、船舶能效优化管理方法的协同化，以及船舶能效优化管理系统的集成化是未来的重要发展趋势。船舶能效优化管理技术发展趋势与发展路径分析可为船舶能效优化管理技术的进一步发展和应用指明方向，其对加快推进船舶能效优化管理技术的推广应用具有重要意义。

1. 船舶能效优化管理智能化

船舶能效优化管理通过能耗的在线监测和船舶航行的优化决策与控制，可以提高船舶能源利用效率，进而提高船舶营运的经济性及其绿色化水平。船舶优化管理技术的研究与应用对我国履行 MARPOL，以及促进船舶的绿色化发展具有重要意义。传统的能效优化方法难以满足船舶智能化发展的需要，船舶能效优化管理智能化是大势所趋。《智能航运发展指导意见》的发布为智能航运未来的发展指明了方向。在船舶智能化发展的大背景下，随着大数据、人工智能、机器学习等技术的不断发展，面向智能船舶的智能能效管理技术的研究与应用尤为重要。通过采用大数据及人工智能技术，可以更快地整合、处理与分析数据，做出更优的管理决策，实现船舶能耗的降低与运行效率的提升，这无疑对促进船舶绿色、低碳、高效、智能化的发展，以及营运经济性的提升等方面都具有重要意义。

通过采用大数据技术与分析方法，可以实现全船用能的监测与统计分析，包括基于智能传感的能耗数据获取与传输，不同系统设备的能耗水平及其能耗占比，以及系统设备在不同时空维度下的能耗对比分析及分布规律挖掘等。此外，基于大量航行环境、船舶航行状态数据的深度挖掘分析，可探究复杂航行环境及船舶航行状态的时空分布特征，挖掘不同时空航行环境特征下船舶航行状态规律，进而实现航行环境与船舶航行状态的智能识别与表征。在此基础上，通过不同航行状态下航行环境与船舶能效数据的关联关系挖掘分析，可以获得船舶能耗影响要素及其与船舶能耗的动态响应关系，从而揭示诸要素对船舶能耗的影响规律，为基于机器学习的船舶能耗的分析与预测奠定重要基础。

此外，通过人工智能技术的研究与应用，可以实现基于自学习的船舶能耗模型在线优化，通过考虑多影响要素的复杂性和时空差异性，对基于实时信息的船舶能耗模型进行在线学习与参数自优化，可提高船舶能耗模型的准确性与多变航行条件下的适应性。在此基础上，通过采用智能优化决策算法，可以实现多变航行条件下船舶航速、航线的智能优化决策，从而提高船舶的能效水平。此外，通过先进的人工智能技术，可以弥补传统分析方法的不足，提高能效分析的完备性，建立更加准确适用的船舶能效优化管理方案。

2. 船舶能效优化方法协同化

目前船舶能效优化方案大多为船舶航线、航速、纵倾的独立优化，没有充分考虑航线、航速及纵倾优化的耦合作用关系，以及诸优化方法在多变环境要素下的协同性问题。独立优化方法虽然对船舶能耗提升起到一定的作用，但效果有限，没有充分考虑不同海洋气象条件及其与船舶航线和航速等因素之间的互相影响。例如，对于单一的航速优化方法，所建立的油耗模型缺乏对航线周围环境的考虑，具有一定的局限性，若将油耗模型结合航线周围实时的水文气象则可以实现更好的优化效果。因此，建立考虑多因素影响的多优化方法协同调控方案可进一步提升船舶的能效水平。

船舶营运能效不仅与船舶设计参数有关，而且与航行环境、船舶纵倾、能耗设备运行状态等因素有关，可以说船舶营运能效是多要素综合影响的结果。此外，海上船舶是一个复杂的能源系统，航行在不可预测、不断变化的环境条件下，系统各要素之间，以及其与外部环境和运行条件之间以高度复杂的非线性方式相互作用，实现多要素、多参数耦合作用下的船舶及动力系统的高效协同运行，是充分挖掘船舶节能潜力的关键。通过采用高效协同的船舶航线、航速、纵倾等联合优化方法，综合考虑诸优化方法的相互作用以及多环境因素对船舶能效的影响，可充分发挥诸优化方法对船舶能效提升的潜力，同时也可以实现基于多优化方法的营运船舶联合优化决策，其是船舶营运管理技术发展与应用的主要趋势。

3. 船舶能效优化管理系统集成化

船舶能效优化管理系统集成化是船舶能效优化管理技术的重要发展趋势，开发集船载能效数据采集系统与岸基能效数据分析平台于一体的船舶能效综合智能优化管理系统，可实现船载能效数据采集系统与岸基能效数据分析平台的信息实时共享与无缝链接。在此基础上，可实现集能效自主感知、数据智能分析、自学习、自更新、自决策、滚动优化于一体的船舶能效智能优化决策与控制。通过全力打造具有感知能力、决策思维能力、学习适应能力，以及自主决策协同控制能力的高端智能化控制系统，可实现船舶能效优化决策与控制的一体化，最终实现船舶能效的智能优化管理，实现船舶节能减排的目标。

9.3.2　能效优化管理技术发展路径

基于国内外文献资料的归纳总结及实船应用案例分析，在船舶营运管理节能技术发展现状、船舶营运节能影响因素与优化方法分析、典型船型节能技术研究与应用、营运管理节能技术的碳减排贡献度等方面分析的基础上，开展了能效优化管理技术的发展路径分析，如图 9.2 所示。

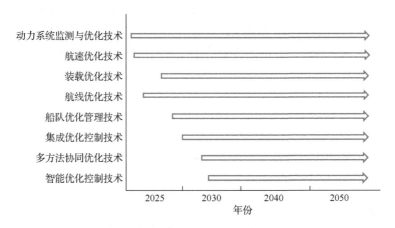

图 9.2　能效优化管理技术发展路径分析

　　基于能效优化管理技术的应用趋势分析，航速优化技术、动力系统监测与优化技术是当前可以推广应用的节能技术。船舶动力系统是船舶能耗的主要来源，动力系统的监测与优化技术是其他节能技术的基础，因此，船舶动力系统监测与优化技术的应用具有较好的发展应用前景。此外，航速优化技术因其技术成熟度较高且经济性较好，具有较好的推广应用前景。

　　航线优化技术的技术成熟度较高且节能减排效果较好，国内外已有相应的应用案例。因此，航线优化技术将会成为受航运企业欢迎的能效优化管理技术。

　　对于船舶装载优化技术，虽然国内外具有相应的研究分析案例，但在实船应用中仍然存在一些问题或限制，比如船舶稳性及压载水的实际调控等问题。并且，其减排效果相对较弱，经济性及法规完备性处于中等水平，随着相关技术的不断发展可实现推广应用。

　　由于存在技术复杂、成本投入高及法规不完备等问题，船队优化管理技术与集成优化控制技术的产业化推广应用还有待进一步发展。

　　多方法协同优化技术及智能优化控制技术是船舶能效智能优化未来发展的主要趋势，特别是在船舶智能化与绿色化发展的背景下，多方法协同优化技术可以有效提升船舶的能效水平，通过采用高效协同的船舶航线、航速、纵倾等联合优化方法，综合考虑各优化方法的相互作用以及多种环境因素对船舶能耗的影响，可充分发挥各优化方法对船舶能耗提升的潜力。此外，虽然国内外已着手开展船舶能效智能优化模型与算法的研究，然而建立集船舶能效自主感知、数据智能分析、自学习、自更新、自决策、滚动优化于一体的船舶能效智能优化决策与控制系统，还需要长期理论研究和技术积累才能实现产业化推广应用。

需要指出的是，相应技术的发展趋势分析取决于能效优化管理技术的研发与推广应用力度，其与国际海事法规、国家政策、市场需求以及研发投入等因素密切相关，随着国家低碳航运发展战略的实施，相关节能应用技术有望提前获得产业化推广应用。

9.4　本 章 小 结

本章从能效优化管理技术碳减排效果与应用前景分析、面向法规要求的船舶能效优化管理技术发展分析、能效优化管理技术发展趋势与发展路径分析等方面开展了分析研究。

目前，能效管理技术在典型的三大主力船型上均有所应用，但相关技术应用仍存在模型精度低、环境自适应弱等问题，模型的应用效果有待进一步提升。

由于日益严格的船舶能效法规的实施和生效，需推进面向法规要求的能效优化管理技术的发展和应用，从而使我国营运船舶能够满足日益严格的排放法规的要求。

在能效管理技术发展趋势与发展路径方面，船舶能效优化管理智能化、能效优化方法的协同化、能效优化管理系统的集成化将是船舶能效优化管理技术的重要发展趋势。其中，船舶智能能效管理技术是提高船舶智能化水平的重要一环。此外，建立多时变要素耦合作用下的船舶能效多源协同优化方法可进一步提升船舶的能效水平，充分挖掘船舶能效提升的潜力。另外，船舶能效优化管理系统的集成化也是未来船舶营运管理系统研发的重要发展方向。

参 考 文 献

[1] WANG K, LI J Y, YAN X P, et al. A novel bi-level distributed dynamic optimization method of ship fleets energy consumption[J]. Ocean Engineering, 2020, 197: 1-13.

[2] SCIBERRAS E A, ZAHAWI B, ATKINSON D J, et al. Cold ironing and onshore generation for airborne emission reductions in ports[J]. Proceedings of the Institution of Mechanical Engineers, Part M: Journal of Engineering for the Maritime Environment, 2016, 230(1): 67-82.

[3] 苏一, 张倩墨. 基于能效管理的船舶航速系统优化设计[J]. 上海船舶运输科学研究所学报, 2014, 37(2): 43-49.

[4] WANG K, YAN X P, YUAN Y P. Fuzzy logic method for ship energy efficiency decision-making model to determine optimal engine speed[J]. Sea Technology, 2015, 56(11): 45-46.

[5] 张宏森. 船舶航态/航速优化与实船油耗性能预报[D]. 哈尔滨: 哈尔滨工程大学, 2020.

[6] WANG K, YAN X P, YUAN Y P, et al. Dynamic optimization of ship energy efficiency considering time-varying environmental factors[J]. Transportation Research Part D: Transport and Environment, 2018, 62: 685-698.

[7]　CARRAL L, FERNÁNDEZ-GARRIDO C, VEGA A, et al. Importance of the Panama Canal in the reduction of CO_2 emissions from maritime transport[J]. International Journal of Sustainable Transportation, 2020, 14(7): 819-832.

[8]　JENSEN S, LÜTZEN M, MIKKELSEN L L, et al. Energy-efficient operational training in a ship bridge simulator[J]. Journal of Cleaner Production, 2018, 171: 175-183.

[9]　WAN Z, GE J W, CHEN J H. Energy-saving potential and an economic feasibility analysis for an Arctic route between Shanghai and Rotterdam: Case study from China's largest container sea freight operator[J]. Sustainability, 2018, 10(4): 921.

[10]　HALIM R A, KIRSTEIN L, MERK O, et al. Decarbonisation pathways for international maritime transport: A model-based policy impact assessment[J]. Sustainability, 2018, 10(7): 2243.

[11]　BOUMAN E A, LINDSTAD E, RIALLAND A I, et al. State-of-the-art technologies, measures, and potential for reducing GHG emissions from shipping-a review[J]. Transportation Research Part D: Transport and Environment, 2017, 52: 408-421.

[12]　周振阳. 船舶碳排放监测手段及限制方法研究[D]. 大连: 大连海事大学, 2015.

[13]　WANG K, YAN X P, YUAN Y P, et al. Design of ship energy efficiency monitoring and control system considering environmental factors[C]. The 3rd International Conference on Transportation Information and Safety, 2015: 451-455.

[14]　FAN A L, YAN X P, YIN Q Z. A multisource information system for monitoring and improving ship energy efficiency[J]. Journal of Coastal Research, 2016, 32(5): 1235-1245.

[15]　石珣. 现有船能效要求实施中需要关注的问题[J]. 中国船检, 2021(7): 39-42.

编　后　记

　　"博士后文库"是汇集自然科学领域博士后研究人员优秀学术成果的系列丛书。"博士后文库"致力于打造专属于博士后学术创新的旗舰品牌，营造博士后百花齐放的学术氛围，提升博士后优秀成果的学术影响力和社会影响力。

　　"博士后文库"出版资助工作开展以来，得到了全国博士后管委会办公室、中国博士后科学基金会、中国科学院、科学出版社等有关单位领导的大力支持，众多热心博士后事业的专家学者给予积极的建议，工作人员做了大量艰苦细致的工作。在此，我们一并表示感谢！

"博士后文库"编委会